The Elusive SAMURAI 4

LEBENSWILLE 1334

YU SEI MAT SUI

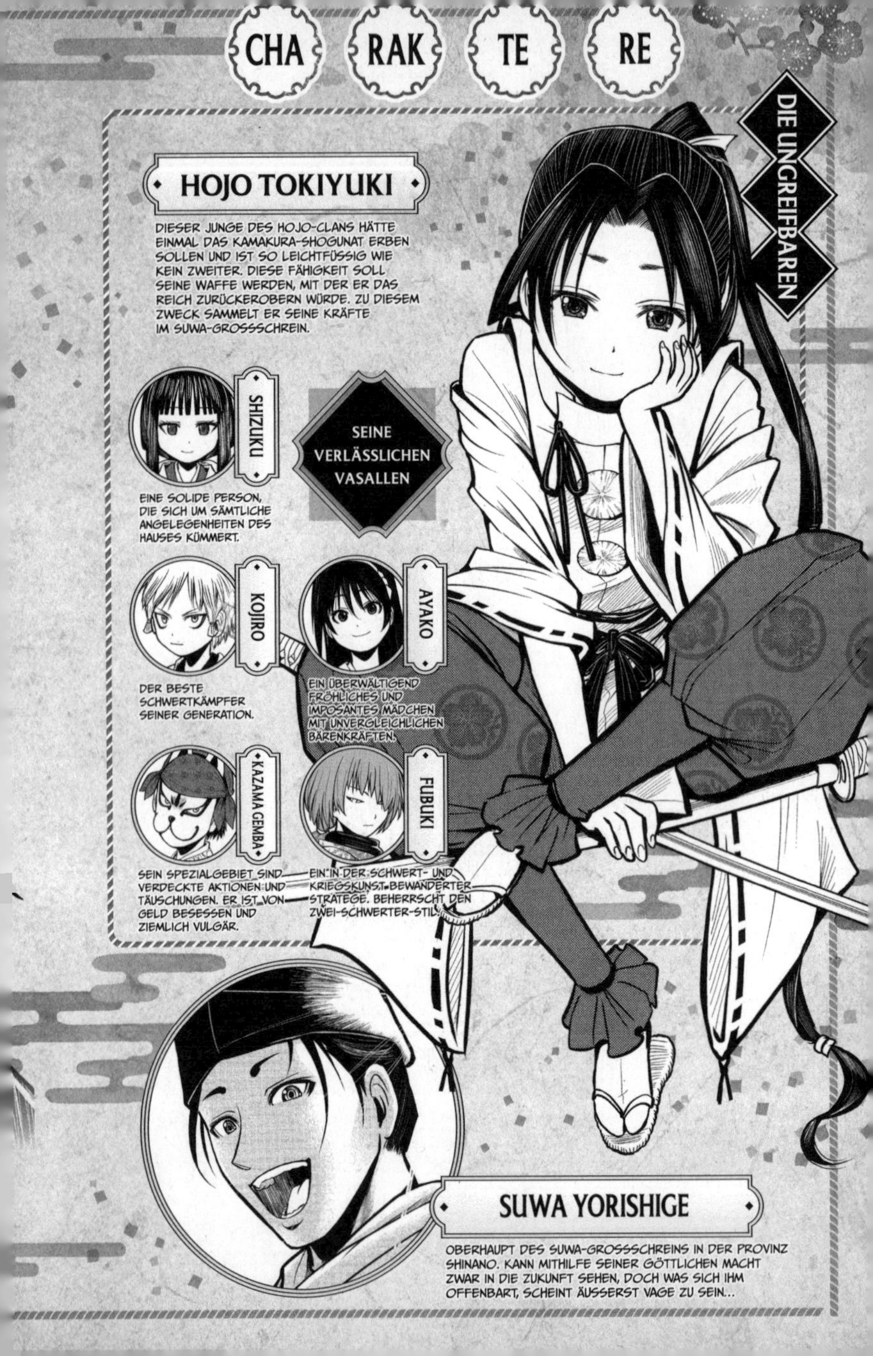
CHA RAK TE RE
DIE UNGREIFBAREN
HOJO TOKIYUKI
DIESER JUNGE DES HOJO-CLANS HÄTTE EINMAL DAS KAMAKURA-SHOGUNAT ERBEN SOLLEN UND IST SO LEICHTFÜSSIG WIE KEIN ZWEITER. DIESE FÄHIGKEIT SOLL SEINE WAFFE WERDEN, MIT DER ER DAS REICH ZURÜCKEROBERN WÜRDE. ZU DIESEM ZWECK SAMMELT ER SEINE KRÄFTE IM SUWA-GROSSSCHREIN.
SEINE VERLÄSSLICHEN VASALLEN
SHIZUKU
EINE SOLIDE PERSON, DIE SICH UM SÄMTLICHE ANGELEGENHEITEN DES HAUSES KÜMMERT.
KOJIRO
DER BESTE SCHWERTKÄMPFER SEINER GENERATION.
AYAKO
EIN ÜBERWÄLTIGEND FRÖHLICHES UND IMPOSANTES MÄDCHEN MIT UNVERGLEICHLICHEN BÄRENKRÄFTEN.
KAZAMA GEMBA
SEIN SPEZIALGEBIET SIND VERDECKTE AKTIONEN UND TÄUSCHUNGEN. ER IST VON GELD BESESSEN UND ZIEMLICH VULGÄR.
FUBUKI
EIN IN DER SCHWERT- UND KRIEGSKUNST BEWANDERTER STRATEGE. BEHERRSCHT DEN ZWEI-SCHWERTER-STIL.
SUWA YORISHIGE
OBERHAUPT DES SUWA-GROSSSCHREINS IN DER PROVINZ SHINANO. KANN MITHILFE SEINER GÖTTLICHEN MACHT ZWAR IN DIE ZUKUNFT SEHEN, DOCH WAS SICH IHM OFFENBART, SCHEINT ÄUSSERST VAGE ZU SEIN...

WAS BISHER GESCHAH...

HOJO TOKIYUKI HÄTTE EINMAL DAS KAMAKURA-SHOGUNAT ERBEN SOLLEN, WURDE MIT ASHIKAGA TAKAUJIS VERRAT JEDOCH AUS SEINER HEIMAT VERTRIEBEN, BIS ER SCHLIESSLICH DANK SUWA YORISHIGE UNTERSCHLUPF IN DER SUWA-DOMÄNE FAND. TOKIYUKI HATTE SICH VORGENOMMEN, EINE INVASION DER AN DER NÖRDLICHEN GEBIETSGRENZE AGIERENDEN SCHURKEN ZU VERHINDERN, UND KONNTE DEN GENERAL DER EROBERUNGSAMEISEN MITHILFE DER GEHEIMEN TECHNIK, DIE IHN DER ZWEI SCHWERTER FÜHRENDE STRATEGE FUBUKI GELEHRT HATTE, ERFOLGREICH BESIEGEN. YORISHIGE ERLANGTE ÜBERDIES NOCH SEINE VERLORENE GÖTTLICHE KRAFT ZURÜCK UND TOKIYUKI VERBRACHTE SEINE ZEIT FORTWÄHREND IN SUWA...

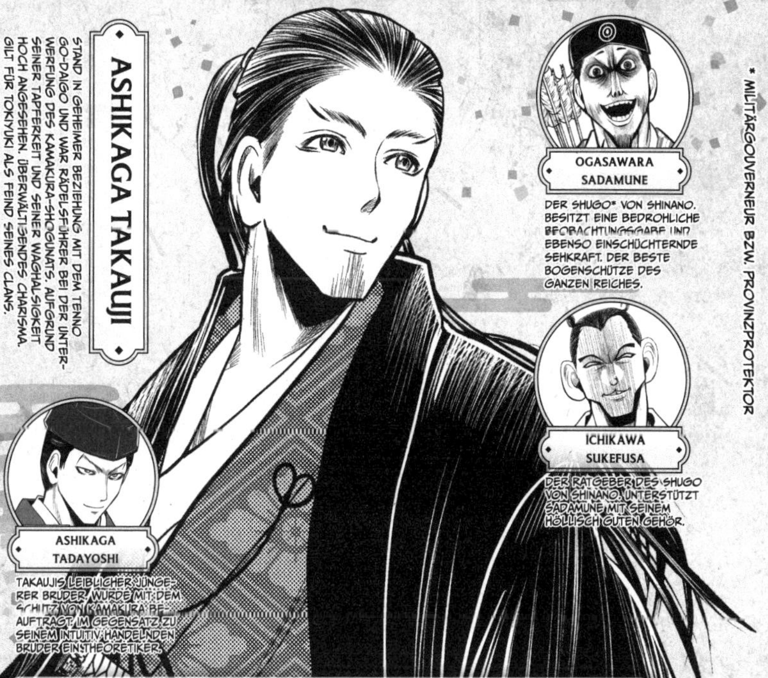

ASHIKAGA TAKAUJI

STAND IN GEHEIMER BEZIEHUNG MIT DEM TENNO GO-DAIGO UND WAR RÄDELSFÜHRER BEI DER UNTERWERFUNG DES KAMAKURA-SHOGUNATS. AUFGRUND SEINER TAPFERKEIT UND SEINER WAGHALSIGKEIT HOCH ANGESEHEN. ÜBERWÄLTIGENDES CHARISMA. GILT FÜR TOKIYUKI ALS FEIND SEINES CLANS.

OGASAWARA SADAMUNE

DER SHUGO* VON SHINANO. BESITZT EINE BEDROHLICHE BEOBACHTUNGSGABE UND EBENSO EINSCHÜCHTERNDE SEHKRAFT. DER BESTE BOGENSCHÜTZE DES GANZEN REICHES.

ICHIKAWA SUKEFUSA

DER RATGEBER DES SHUGO VON SHINANO. UNTERSTÜTZT SADAMUNE MIT SEINEM HÖLLISCH GUTEN GEHÖR.

ASHIKAGA TADAYOSHI

TAKAUJIS LEIBLICHER JÜNGERER BRUDER. WURDE MIT DEM SCHUTZ VON KAMAKURA BEAUFTRAGT. IM GEGENSATZ ZU SEINEM INTUITIV HANDELNDEN BRUDER EIN THEORETIKER.

* MILITÄRGOUVERNEUR BZW. PROVINZPROTEKTOR

ERLÄUTERUNG ZU DEN PROFILSEITEN

1333

KOMPETENZEN — EIGNUNG FÜR DIE NANBOKU-CHO-ZEIT**

- WAFFEN: INDIVIDUELLE KAMPFKRAFT MIT SCHWERT, BOGEN, ZU PFERD O. Ä.
- (SAMMELBEGRIFF FÜR GELEHRSAMKEIT, RASCHE AUFFASSUNGSGABE, STRATEGISCHES DENKEN O. Ä.)
- POLITIK: KRAFT, IM MACHTKAMPF ZU DOMINIEREN.
- KOMMANDO: KRAFT, POLITISCHE SYSTEME ODER VERBÜNDETE TRUPPEN ZU EINEN.
- CHARME: KRAFT, ANDERE MENSCHEN ANZUZIEHEN – UNABHÄNGIG VON GUT UND BÖSE.
- MUSTER: FAMILIENWAPPEN BZW. KIMONOMUSTER DER JEWEILIGEN PERSON.
- (JAHR): BEDEUTSAMKEIT DER JEWEILIGEN PERSON IM OBEN ANGEGEBENEN JAHR.
- GRAUSAMKEIT: SELBSTERHALTUNGSTRIEB IN RAUEN ZEITEN.
- (WERT): IST SIE ZU GROSS BZW. ZU NIEDRIG, KÖNNEN JE NACH SITUATION UNGEAHNTE KRÄFTE FREIGESETZT WERDEN.
- CHAOS: ANPASSUNGSFÄHIGKEIT WÄHREND SICH LAUFEND ÄNDERNDER UMGEBUNGEN ODER SITUATIONEN.
- REFORM: WILLE BZW. KREATIVITÄT, EINE NEUE WELT UNABHÄNGIG VOM ALTEN ZU ERSCHAFFEN.
- FLIEHEN & VERSTECKEN: FÄHIGKEIT, SICH IM VERBORGENEN AN DIE NEUE ZEIT ANZUPASSEN.
- FÄHIGKEIT: SPEZIELLE FÄHIGKEITEN DER JEWEILIGEN PERSON.
- NOTIZ
- ANMERKUNG

** 1336–1392

The Elusive SAMURAI

4 LEBENSWILLE 1334

INHALT

KAPITEL 26 ▲ KOKUSHI 1334

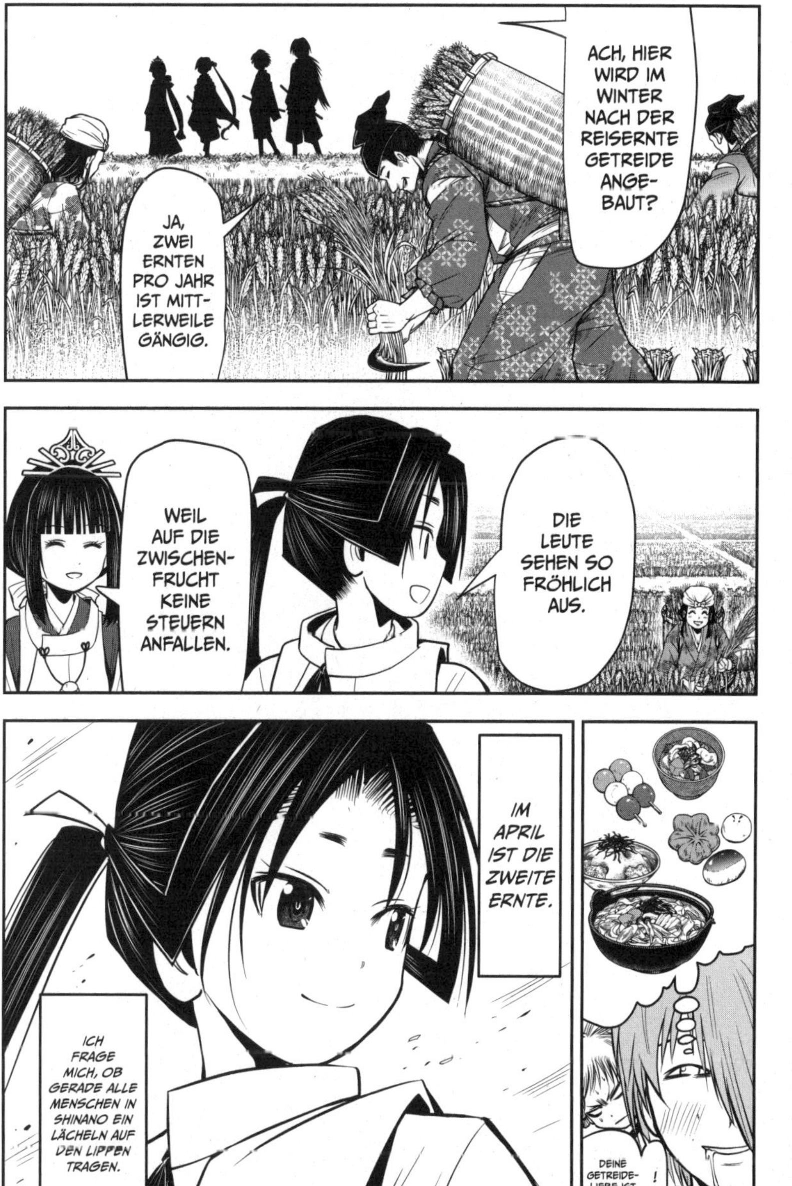

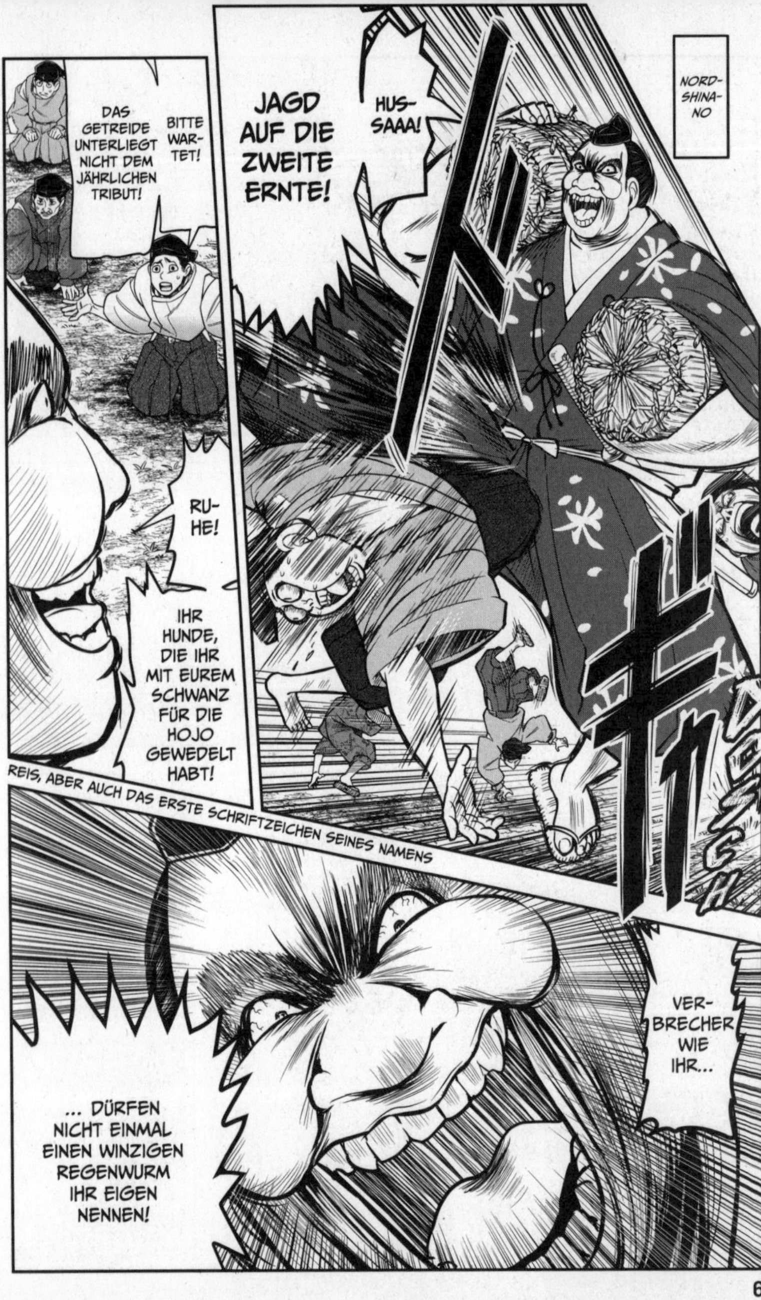
NORD-SHINANO
HUS-SAAA!
JAGD AUF DIE ZWEITE ERNTE!
DOSCH
BITTE WAR-TET!
DAS GETREIDE UNTERLIEGT NICHT DEM JÄHRLICHEN TRIBUT!
RU-HE!
IHR HUNDE, DIE IHR MIT EUREM SCHWANZ FÜR DIE HOJO GEWEDELT HABT!
REIS, ABER AUCH DAS ERSTE SCHRIFTZEICHEN SEINES NAMENS
VER-BRECHER WIE IHR...
... DÜRFEN NICHT EINMAL EINEN WINZIGEN REGENWURM IHR EIGEN NENNEN!

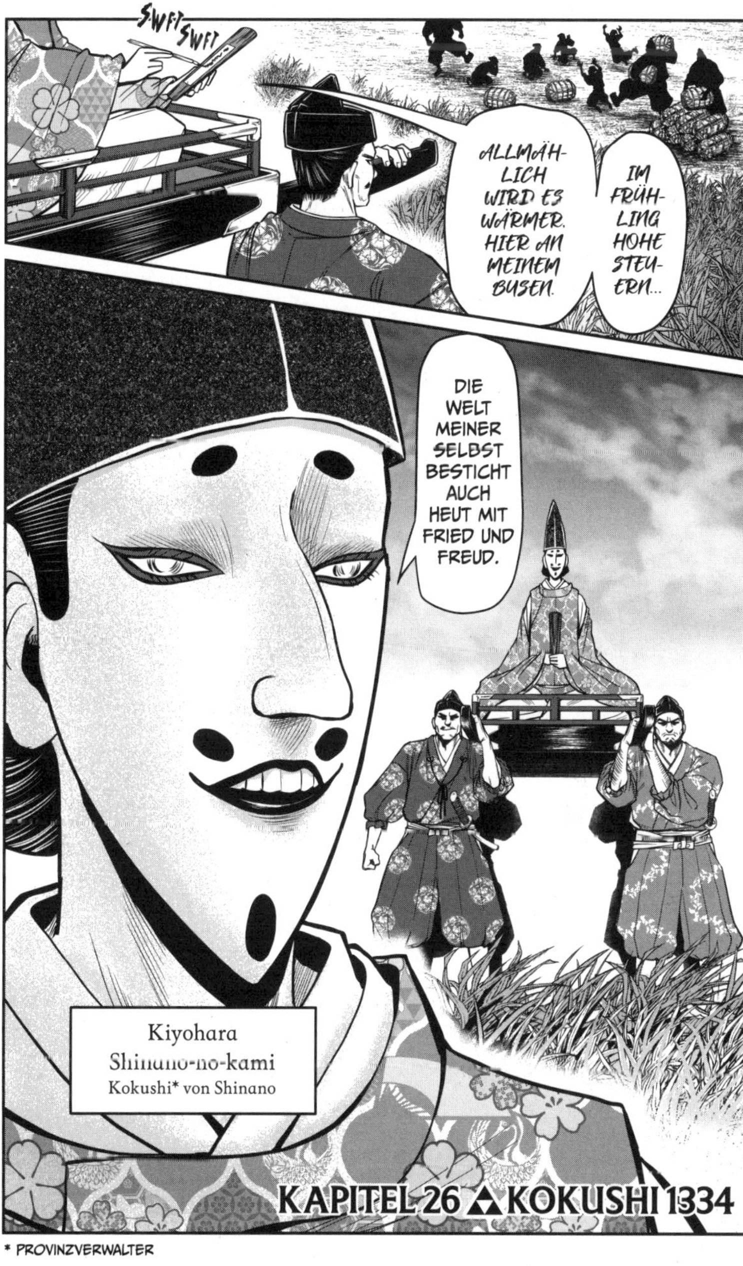

* PROVINZVERWALTER

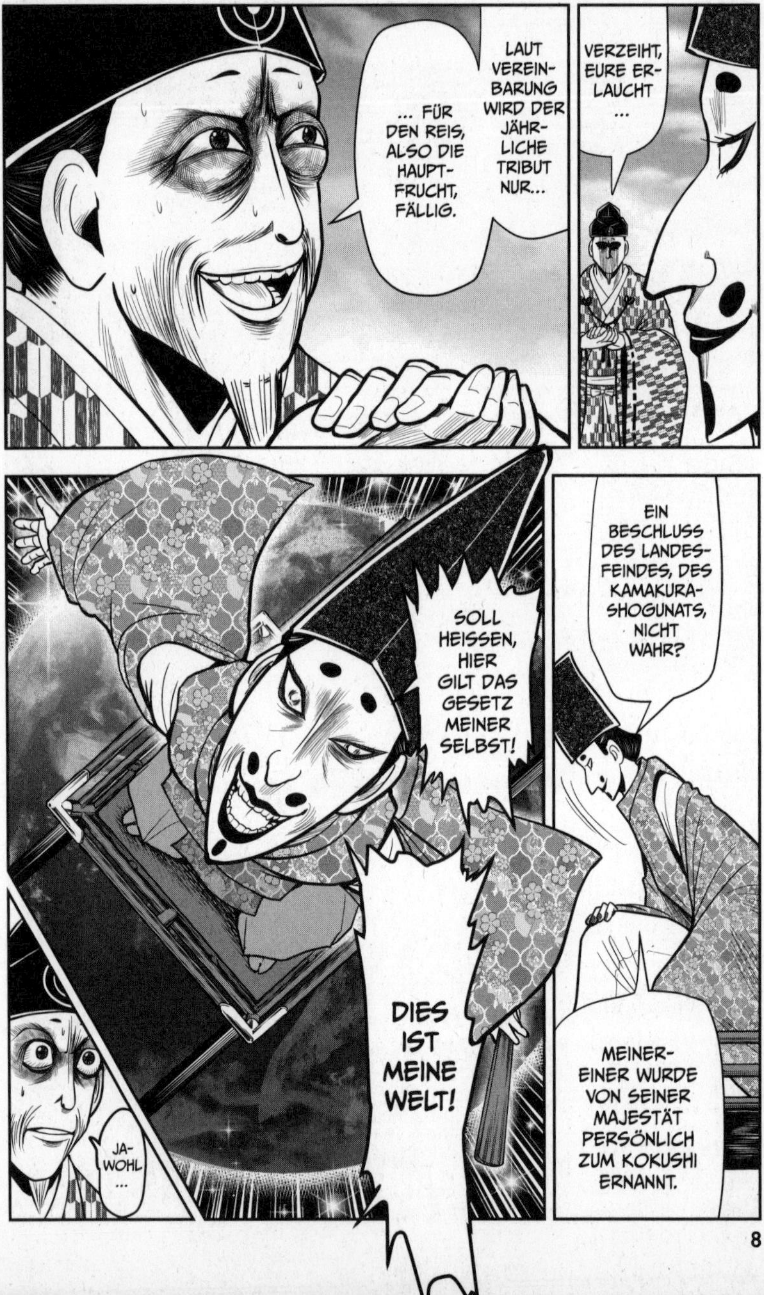
VERZEIHT, EURE ERLAUCHT ...
LAUT VEREINBARUNG WIRD DER JÄHRLICHE TRIBUT NUR...
... FÜR DEN REIS, ALSO DIE HAUPTFRUCHT, FÄLLIG.
EIN BESCHLUSS DES LANDESFEINDES, DES KAMAKURA-SHOGUNATS, NICHT WAHR?
MEINEREINER WURDE VON SEINER MAJESTÄT PERSÖNLICH ZUM KOKUSHI ERNANNT.
SOLL HEISSEN, HIER GILT DAS GESETZ MEINER SELBST!
DIES IST MEINE WELT!
JAWOHL ...

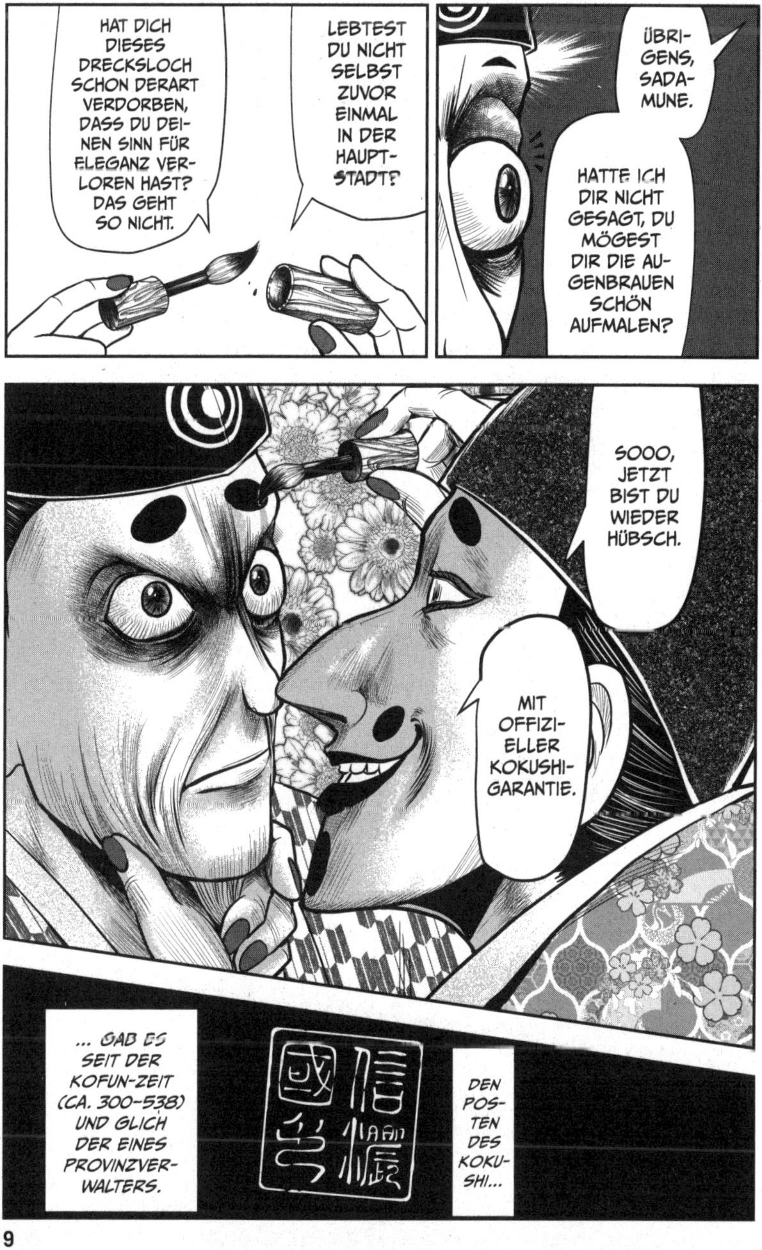
ÜBRIGENS, SADAMUNE.
HATTE ICH DIR NICHT GESAGT, DU MÖGEST DIR DIE AUGENBRAUEN SCHÖN AUFMALEN?
LEBTEST DU NICHT SELBST ZUVOR EINMAL IN DER HAUPTSTADT?
HAT DICH DIESES DRECKSLOCH SCHON DERART VERDORBEN, DASS DU DEINEN SINN FÜR ELEGANZ VERLOREN HAST? DAS GEHT SO NICHT.
SOOO, JETZT BIST DU WIEDER HÜBSCH.
MIT OFFIZIELLER KOKUSHI-GARANTIE.
DEN POSTEN DES KOKUSHI...
信濃國司
... GAB ES SEIT DER KOFUN-ZEIT (CA. 300-538) UND GLICH DER EINES PROVINZVERWALTERS.

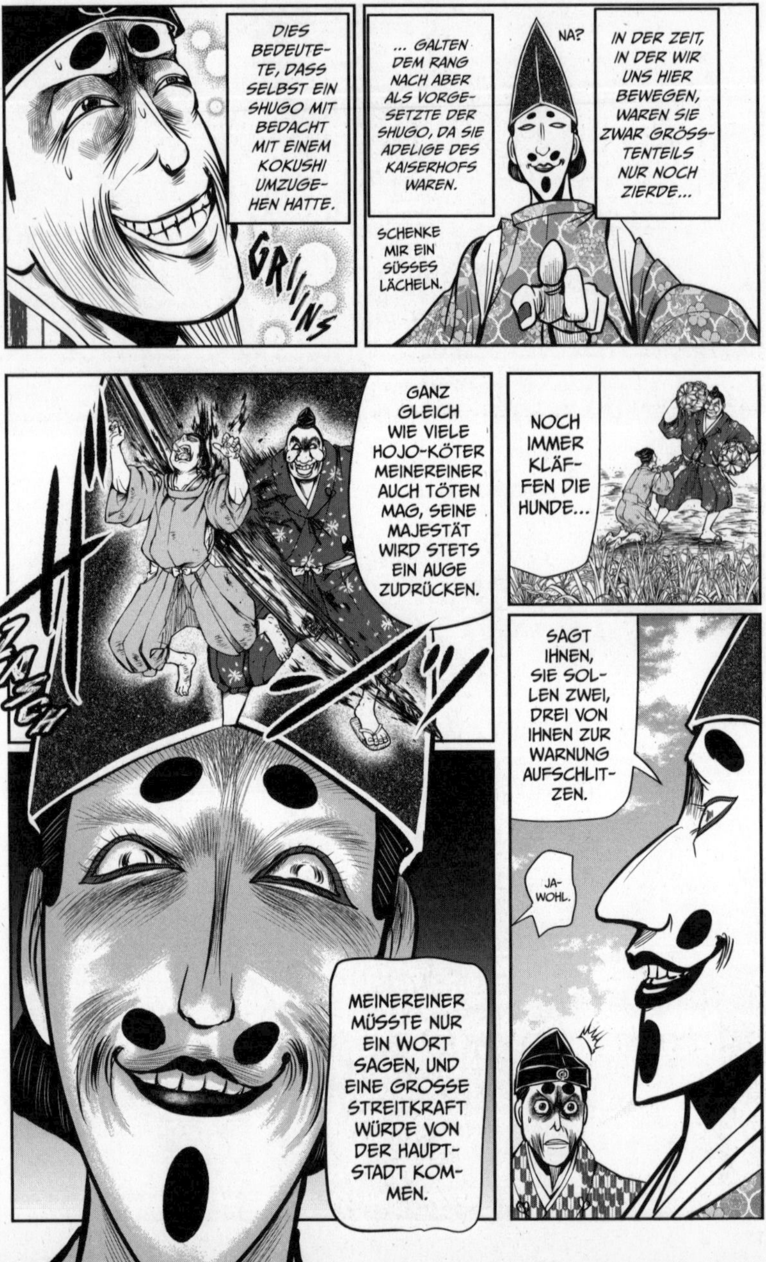
IN DER ZEIT, IN DER WIR UNS HIER BEWEGEN, WAREN SIE ZWAR GRÖSSTENTEILS NUR NOCH ZIERDE...
NA?
... GALTEN DEM RANG NACH ABER ALS VORGESETZTE DER SHUGO, DA SIE ADELIGE DES KAISERHOFS WAREN.
SCHENKE MIR EIN SÜSSES LÄCHELN.
DIES BEDEUTETE, DASS SELBST EIN SHUGO MIT BEDACHT MIT EINEM KOKUSHI UMZUGEHEN HATTE.
GRIIINS
NOCH IMMER KLÄFFEN DIE HUNDE...
GANZ GLEICH WIE VIELE HOJO-KÖTER MEINEREINER AUCH TÖTEN MAG, SEINE MAJESTÄT WIRD STETS EIN AUGE ZUDRÜCKEN.
ZASCH
SAGT IHNEN, SIE SOLLEN ZWEI, DREI VON IHNEN ZUR WARNUNG AUFSCHLITZEN.
JAWOHL.
MEINEREINER MÜSSTE NUR EIN WORT SAGEN, UND EINE GROSSE STREITKRAFT WÜRDE VON DER HAUPTSTADT KOMMEN.

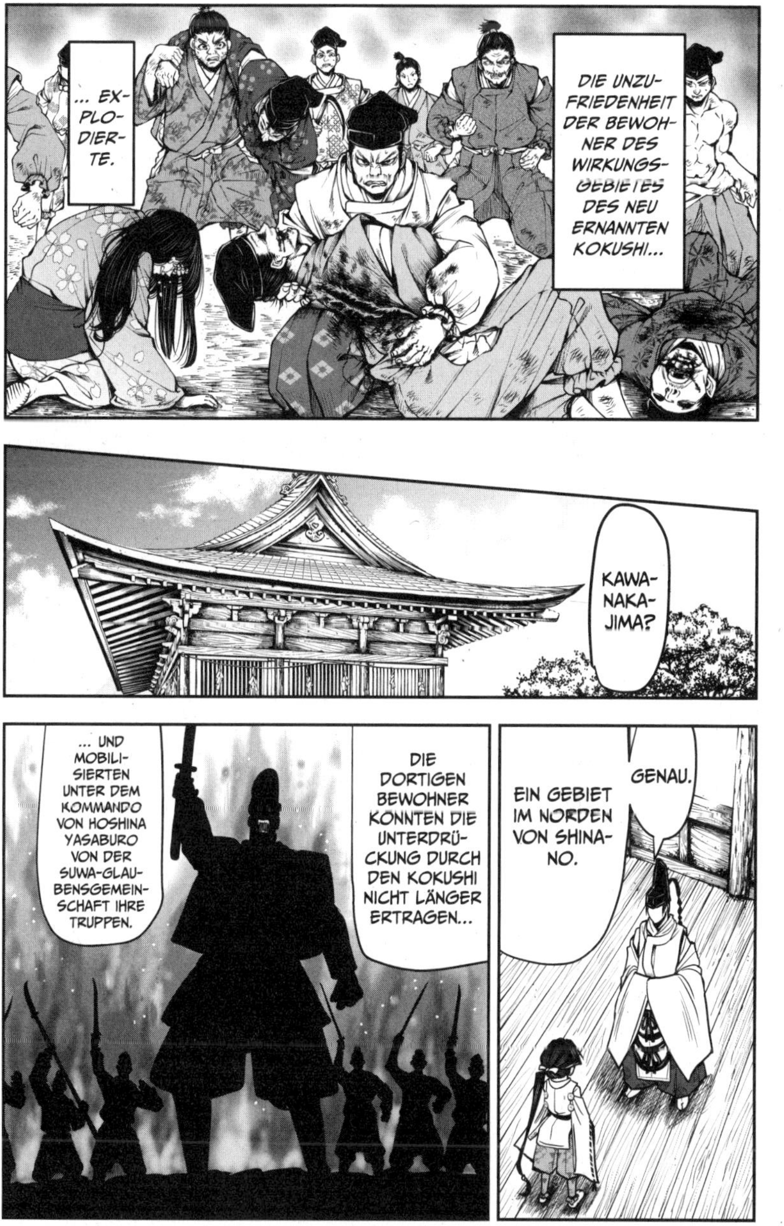
DIE UNZUFRIEDENHEIT DER BEWOHNER DES WIRKUNGSGEBIETES DES NEU ERNANNTEN KOKUSHI...
... EXPLODIERTE.
KAWANAKAJIMA?
GENAU.
EIN GEBIET IM NORDEN VON SHINANO.
DIE DORTIGEN BEWOHNER KONNTEN DIE UNTERDRÜCKUNG DURCH DEN KOKUSHI NICHT LÄNGER ERTRAGEN...
... UND MOBILISIERTEN UNTER DEM KOMMANDO VON HOSHINA YASABURO VON DER SUWA-GLAUBENSGEMEINSCHAFT IHRE TRUPPEN.

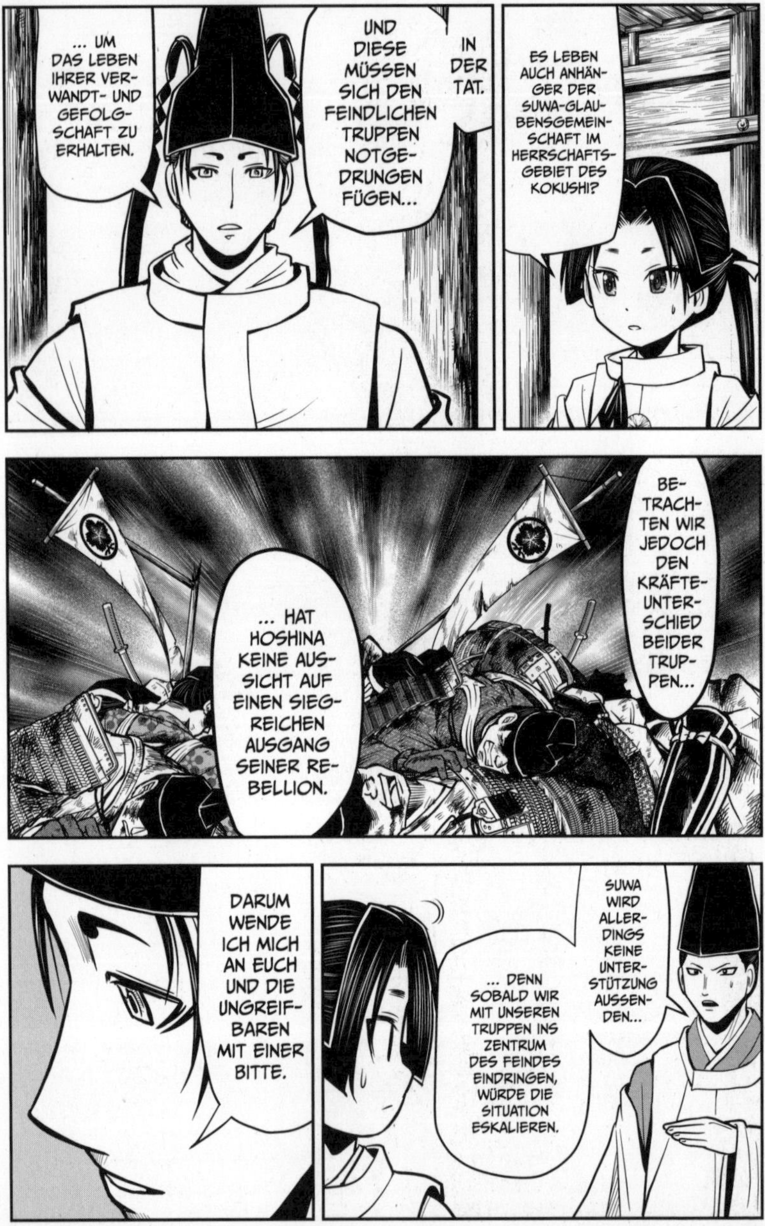
ES LEBEN AUCH ANHÄNGER DER SUWA-GLAUBENSGEMEINSCHAFT IM HERRSCHAFTSGEBIET DES KOKUSHI?
IN DER TAT.
UND DIESE MÜSSEN SICH DEN FEINDLICHEN TRUPPEN NOTGEDRUNGEN FÜGEN...
... UM DAS LEBEN IHRER VERWANDT- UND GEFOLGSCHAFT ZU ERHALTEN.
BETRACHTEN WIR JEDOCH DEN KRÄFTEUNTERSCHIED BEIDER TRUPPEN...
... HAT HOSHINA KEINE AUSSICHT AUF EINEN SIEGREICHEN AUSGANG SEINER REBELLION.
SUWA WIRD ALLERDINGS KEINE UNTERSTÜTZUNG AUSSENDEN...
... DENN SOBALD WIR MIT UNSEREN TRUPPEN INS ZENTRUM DES FEINDES EINDRINGEN, WÜRDE DIE SITUATION ESKALIEREN.
DARUM WENDE ICH MICH AN EUCH UND DIE UNGREIFBAREN MIT EINER BITTE.

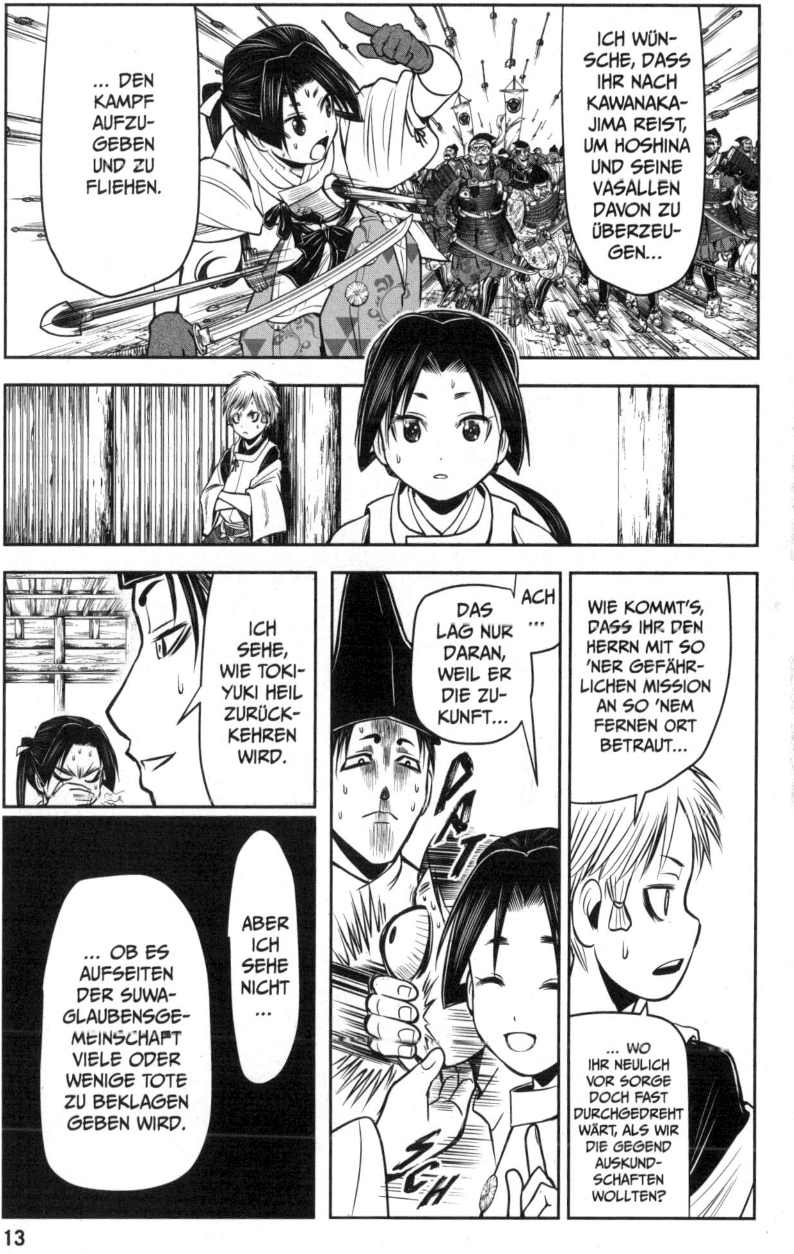
ICH WÜNSCHE, DASS IHR NACH KAWANAKAJIMA REIST, UM HOSHINA UND SEINE VASALLEN DAVON ZU ÜBERZEUGEN...
... DEN KAMPF AUFZUGEBEN UND ZU FLIEHEN.
WIE KOMMT'S, DASS IHR DEN HERRN MIT SO 'NER GEFÄHRLICHEN MISSION AN SO 'NEM FERNEN ORT BETRAUT...
... WO IHR NEULICH VOR SORGE DOCH FAST DURCHGEDREHT WÄRT, ALS WIR DIE GEGEND AUSKUNDSCHAFTEN WOLLTEN?
ACH ...
DAS LAG NUR DARAN, WEIL ER DIE ZUKUNFT...
PAT
SCH
ICH SEHE, WIE TOKIYUKI HEIL ZURÜCKKEHREN WIRD.
ABER ICH SEHE NICHT ...
... OB ES AUFSEITEN DER SUWA-GLAUBENSGEMEINSCHAFT VIELE ODER WENIGE TOTE ZU BEKLAGEN GEBEN WIRD.

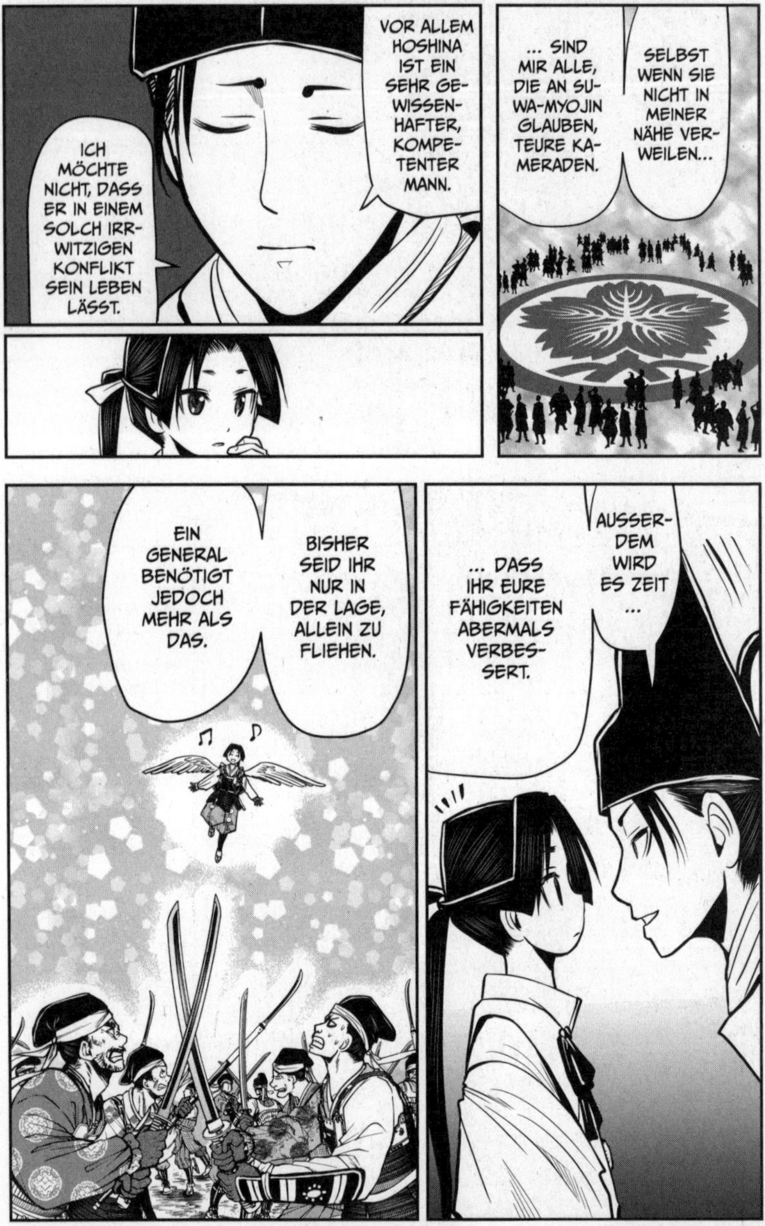
SELBST WENN SIE NICHT IN MEINER NÄHE VERWEILEN...
... SIND MIR ALLE, DIE AN SUWA-MYOJIN GLAUBEN, TEURE KAMERADEN.
VOR ALLEM HOSHINA IST EIN SEHR GEWISSENHAFTER, KOMPETENTER MANN.
ICH MÖCHTE NICHT, DASS ER IN EINEM SOLCH IRRWITZIGEN KONFLIKT SEIN LEBEN LÄSST.
AUSSERDEM WIRD ES ZEIT ...
... DASS IHR EURE FÄHIGKEITEN ABERMALS VERBESSERT.
BISHER SEID IHR NUR IN DER LAGE, ALLEIN ZU FLIEHEN.
EIN GENERAL BENÖTIGT JEDOCH MEHR ALS DAS.

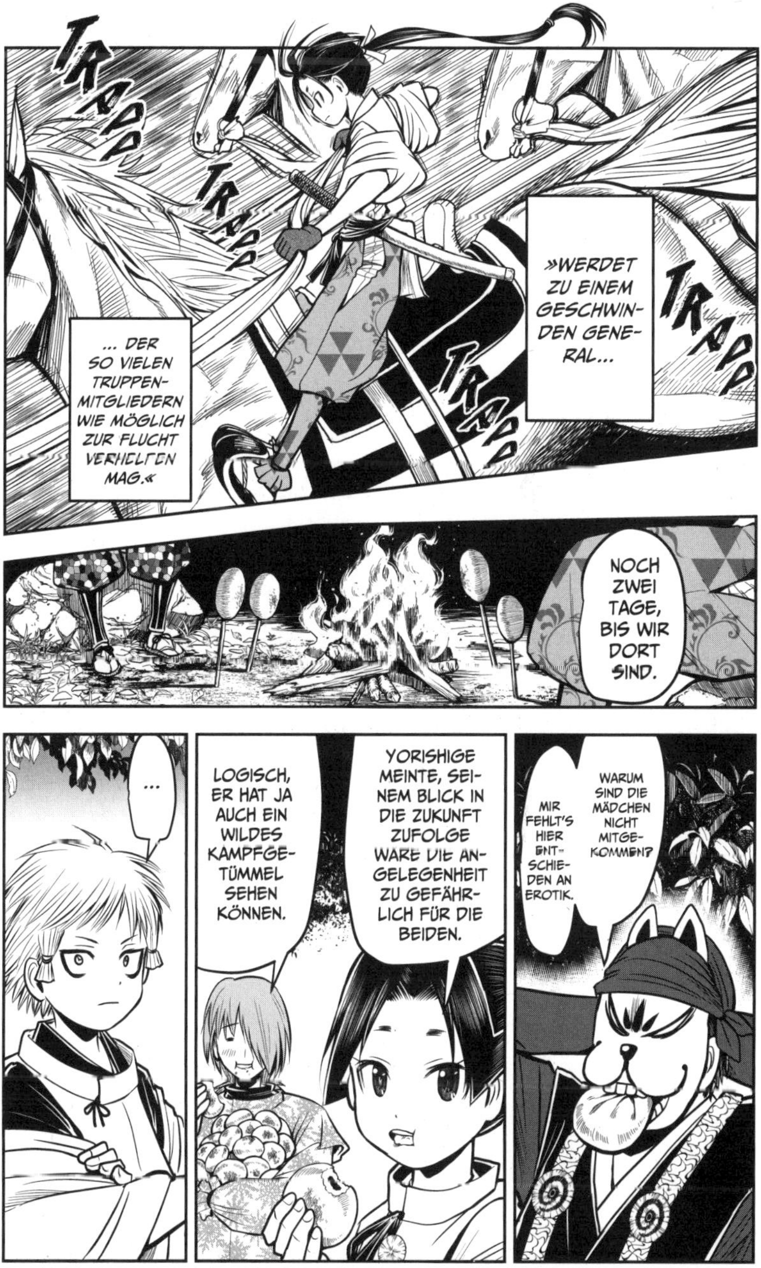
TRAPP TRAPP TRAPP
»WERDET ZU EINEM GESCHWINDEN GENERAL...
... DER SO VIELEN TRUPPENMITGLIEDERN WIE MÖGLICH ZUR FLUCHT VERHELFEN MAG.«
TRAPP
TRAPP
NOCH ZWEI TAGE, BIS WIR DORT SIND.
WARUM SIND DIE MÄDCHEN NICHT MITGEKOMMEN?
MIR FEHLT'S HIER ENTSCHIEDEN AN EROTIK.
YORISHIGE MEINTE, SEINEM BLICK IN DIE ZUKUNFT ZUFOLGE WÄRE DIE ANGELEGENHEIT ZU GEFÄHRLICH FÜR DIE BEIDEN.
LOGISCH, ER HAT JA AUCH EIN WILDES KAMPFGETÜMMEL SEHEN KÖNNEN.
...

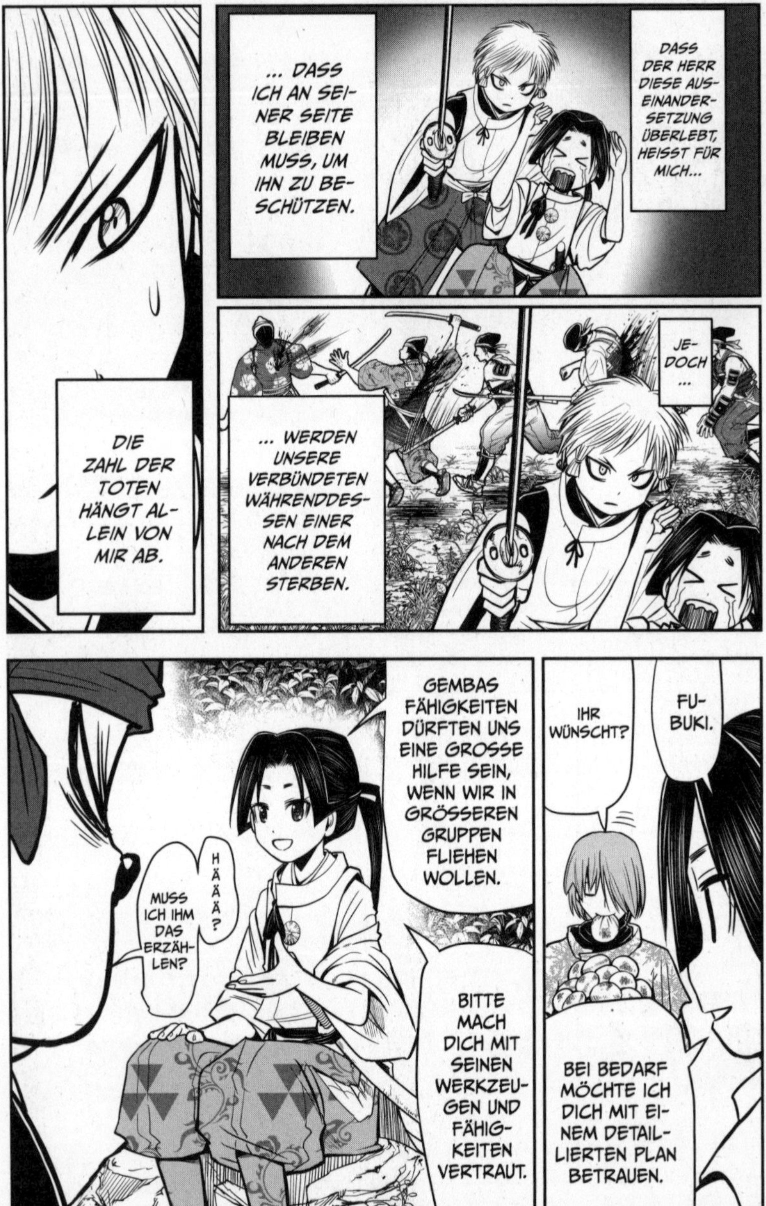
DASS DER HERR DIESE AUS-EINANDER-SETZUNG ÜBERLEBT, HEISST FÜR MICH...
... DASS ICH AN SEI-NER SEITE BLEIBEN MUSS, UM IHN ZU BE-SCHÜTZEN.
JE-DOCH ...
... WERDEN UNSERE VERBÜNDETEN WÄHRENDDES-SEN EINER NACH DEM ANDEREN STERBEN.
DIE ZAHL DER TOTEN HÄNGT AL-LEIN VON MIR AB.
FU-BUKI.
IHR WÜNSCHT?
BEI BEDARF MÖCHTE ICH DICH MIT EI-NEM DETAIL-LIERTEN PLAN BETRAUEN.
GEMBAS FÄHIGKEITEN DÜRFTEN UNS EINE GROSSE HILFE SEIN, WENN WIR IN GRÖSSEREN GRUPPEN FLIEHEN WOLLEN.
BITTE MACH DICH MIT SEINEN WERKZEU-GEN UND FÄHIG-KEITEN VERTRAUT.
HÄÄÄ?
MUSS ICH IHM DAS ERZÄH-LEN?

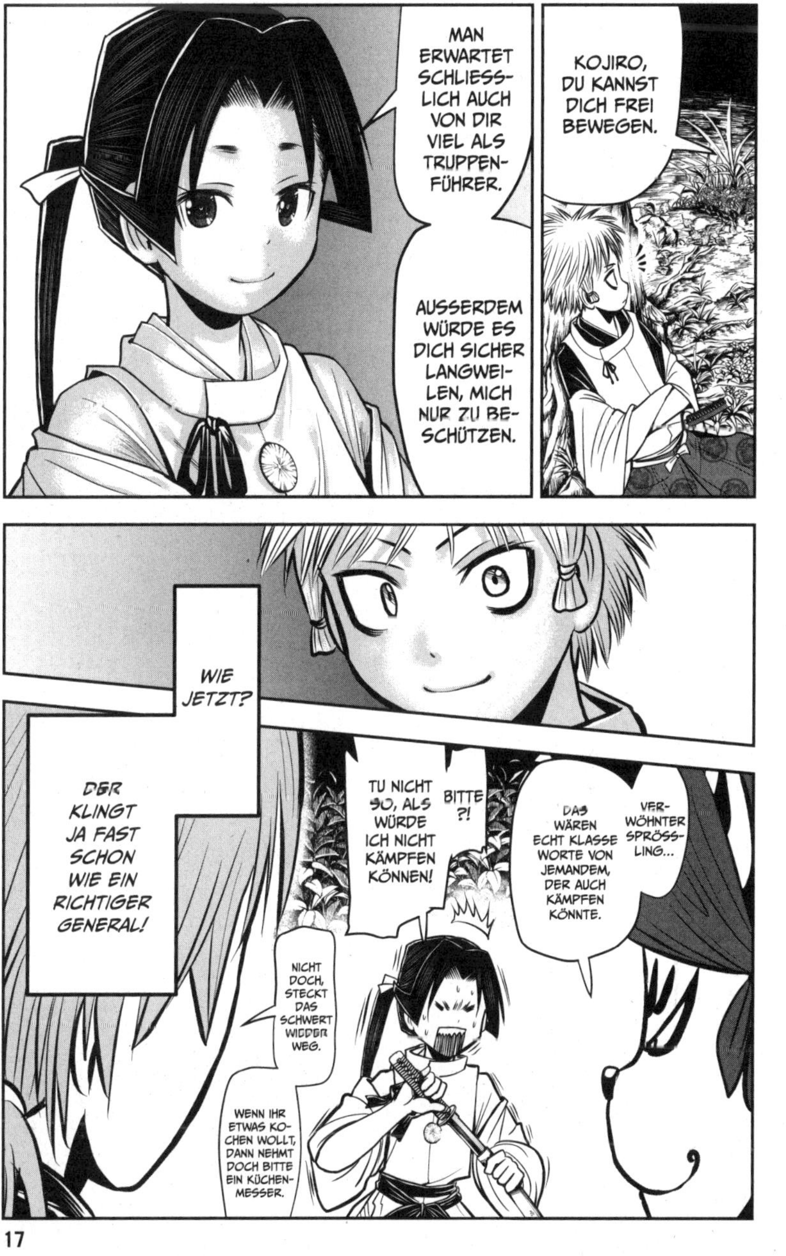
KOJIRO, DU KANNST DICH FREI BEWEGEN.
MAN ERWARTET SCHLIESS-LICH AUCH VON DIR VIEL ALS TRUPPEN-FÜHRER.
AUSSERDEM WÜRDE ES DICH SICHER LANGWEI-LEN, MICH NUR ZU BE-SCHÜTZEN.
WIE JETZT?
DER KLINGT JA FAST SCHON WIE EIN RICHTIGER GENERAL!
VER-WÖHNTER SPRÖSS-LING...
DAS WÄREN ECHT KLASSE WORTE VON JEMANDEM, DER AUCH KÄMPFEN KÖNNTE.
BITTE ?!
TU NICHT SO, ALS WÜRDE ICH NICHT KÄMPFEN KÖNNEN!
NICHT DOCH, STECKT DAS SCHWERT WIEDER WEG.
WENN IHR ETWAS KO-CHEN WOLLT, DANN NEHMT DOCH BITTE EIN KÜCHEN-MESSER.

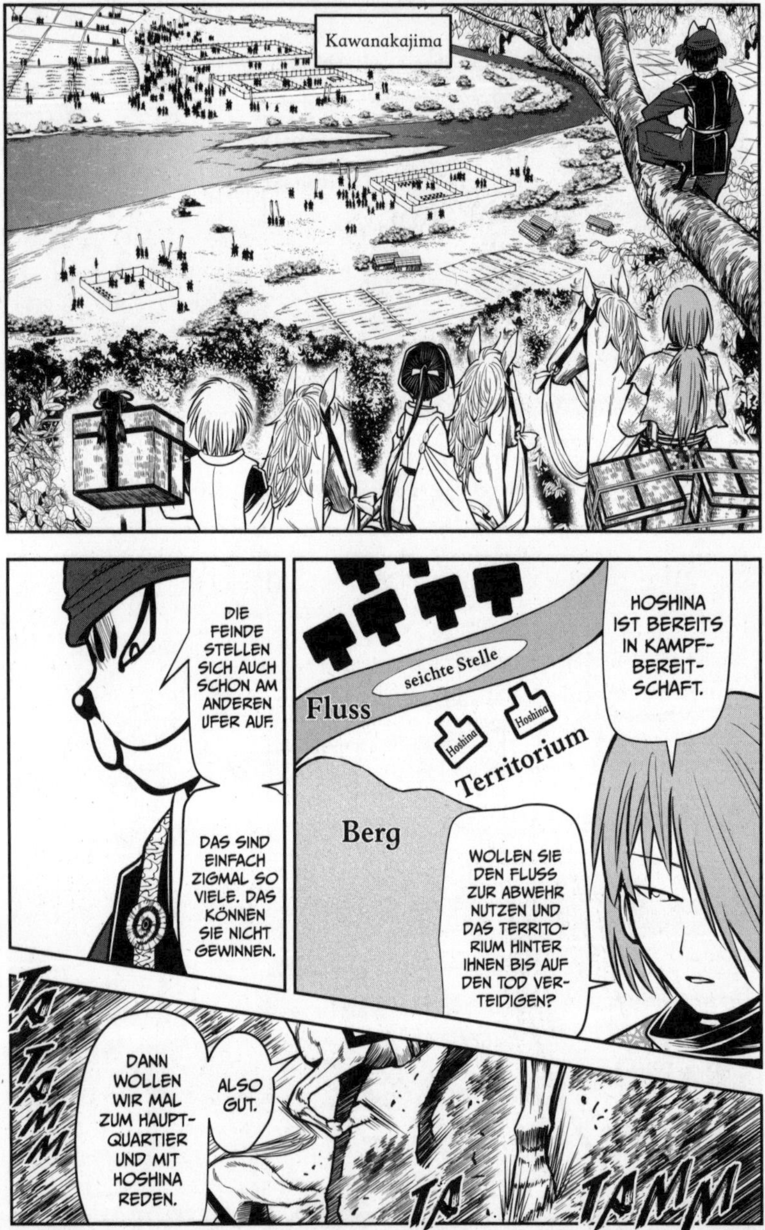
Kawanakajima
HOSHINA IST BEREITS IN KAMPF-BEREIT-SCHAFT.
Fluss
seichte Stelle
Hoshina
Hoshina
Territorium
Berg
WOLLEN SIE DEN FLUSS ZUR ABWEHR NUTZEN UND DAS TERRITO-RIUM HINTER IHNEN BIS AUF DEN TOD VER-TEIDIGEN?
DIE FEINDE STELLEN SICH AUCH SCHON AM ANDEREN UFER AUF.
DAS SIND EINFACH ZIGMAL SO VIELE. DAS KÖNNEN SIE NICHT GEWINNEN.
ALSO GUT.
DANN WOLLEN WIR MAL ZUM HAUPT-QUARTIER UND MIT HOSHINA REDEN.
TA TAMM
TA TAMM

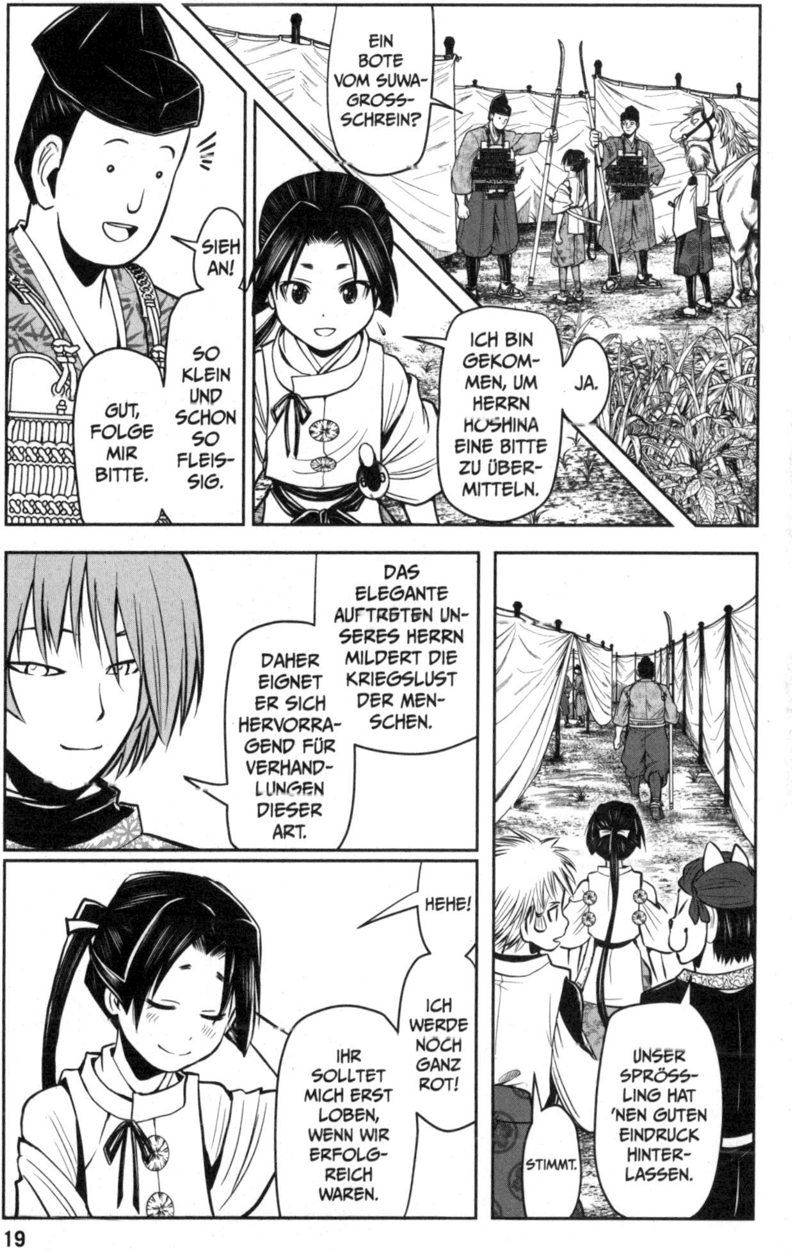
EIN BOTE VOM SUWA-GROSS-SCHREIN?
JA.
ICH BIN GEKOMMEN, UM HERRN HOSHINA EINE BITTE ZU ÜBERMITTELN.
SIEH AN!
SO KLEIN UND SCHON SO FLEISSIG.
GUT, FOLGE MIR BITTE.
DAS ELEGANTE AUFTRETEN UNSERES HERRN MILDERT DIE KRIEGSLUST DER MENSCHEN.
DAHER EIGNET ER SICH HERVORRAGEND FÜR VERHANDLUNGEN DIESER ART.
UNSER SPRÖSSLING HAT 'NEN GUTEN EINDRUCK HINTERLASSEN.
STIMMT.
HEHE!
ICH WERDE NOCH GANZ ROT!
IHR SOLLTET MICH ERST LOBEN, WENN WIR ERFOLGREICH WAREN.

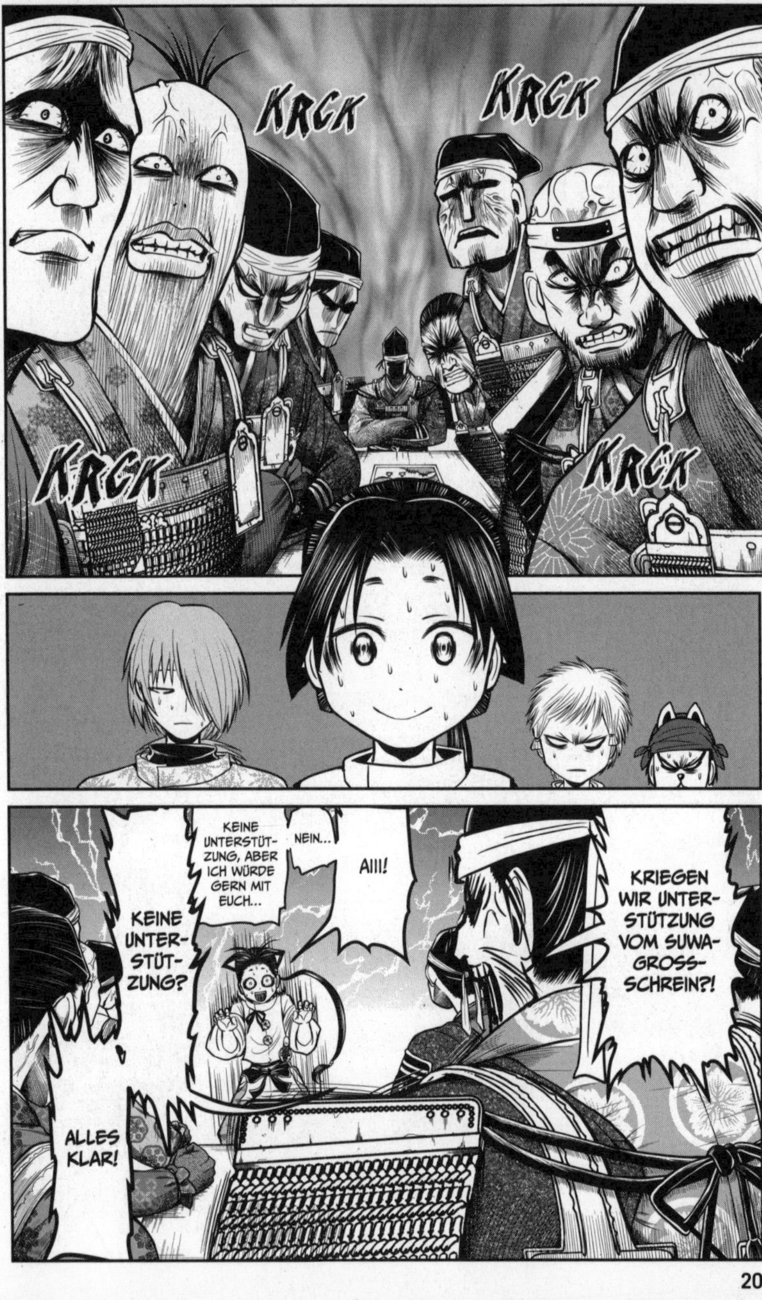
KRCK
KRCK
KRCK
KRCK
KRIEGEN WIR UNTERSTÜTZUNG VOM SUWA-GROSS-SCHREIN?!
NEIN...
KEINE UNTERSTÜTZUNG, ABER ICH WÜRDE GERN MIT EUCH...
AIII!
KEINE UNTERSTÜTZUNG?
ALLES KLAR!

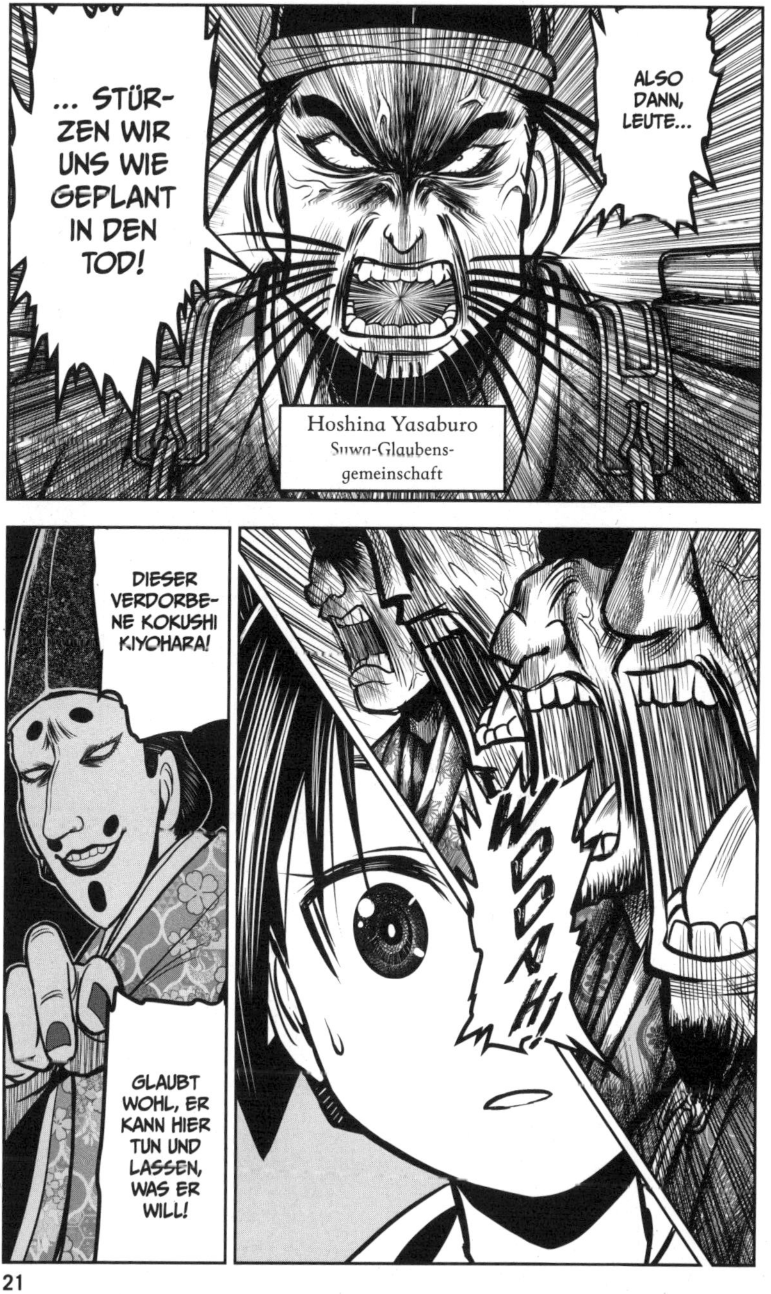
ALSO DANN, LEUTE...
... STÜRZEN WIR UNS WIE GEPLANT IN DEN TOD!
Hoshina Yasaburo
Suwa-Glaubensgemeinschaft
WOOOAH!
DIESER VERDORBENE KOKUSHI KIYOHARA!
GLAUBT WOHL, ER KANN HIER TUN UND LASSEN, WAS ER WILL!

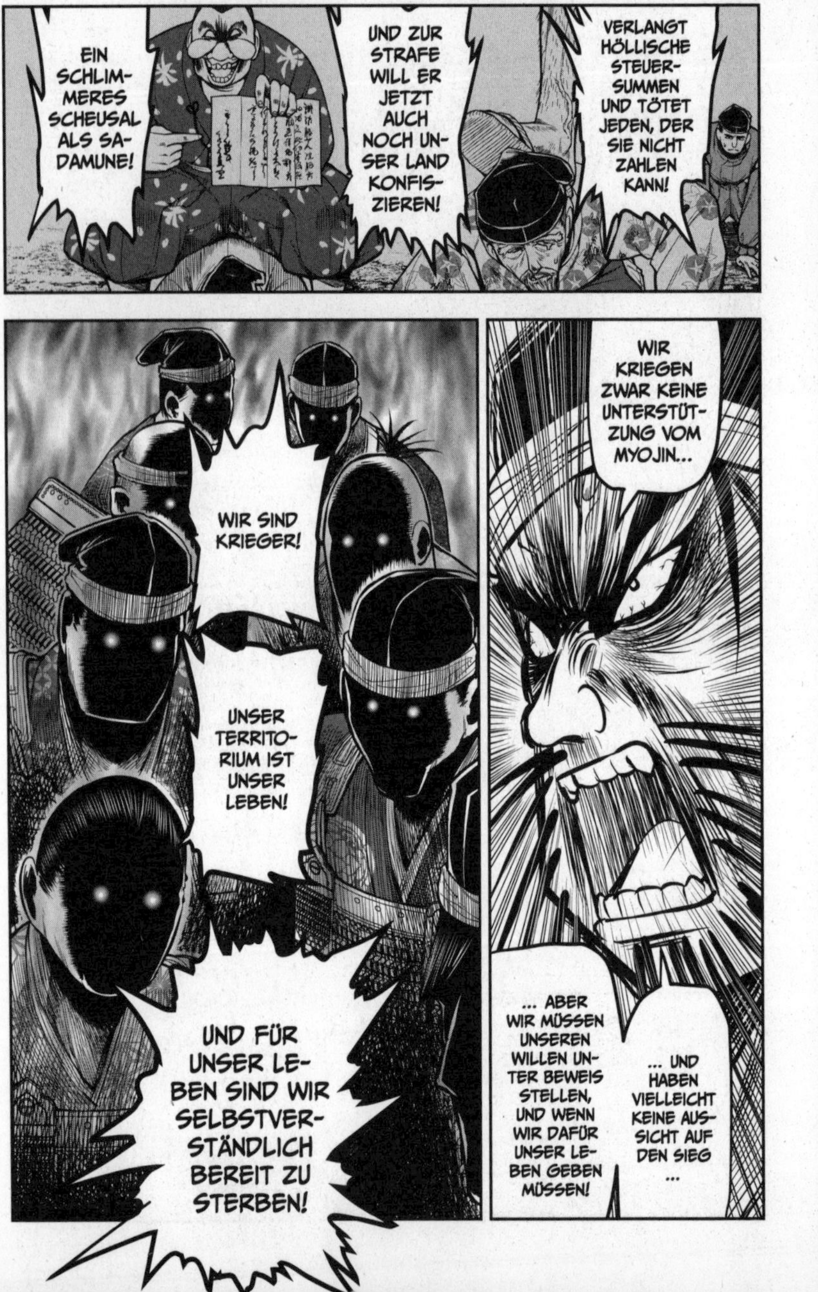
VERLANGT HÖLLISCHE STEUER-SUMMEN UND TÖTET JEDEN, DER SIE NICHT ZAHLEN KANN!
UND ZUR STRAFE WILL ER JETZT AUCH NOCH UN-SER LAND KONFIS-ZIEREN!
EIN SCHLIM-MERES SCHEUSAL ALS SA-DAMUNE!
WIR KRIEGEN ZWAR KEINE UNTERSTÜT-ZUNG VOM MYOJIN...
... UND HABEN VIELLEICHT KEINE AUS-SICHT AUF DEN SIEG ...
... ABER WIR MÜSSEN UNSEREN WILLEN UN-TER BEWEIS STELLEN, UND WENN WIR DAFÜR UNSER LE-BEN GEBEN MÜSSEN!
WIR SIND KRIEGER!
UNSER TERRITO-RIUM IST UNSER LEBEN!
UND FÜR UNSER LE-BEN SIND WIR SELBSTVER-STÄNDLICH BEREIT ZU STERBEN!

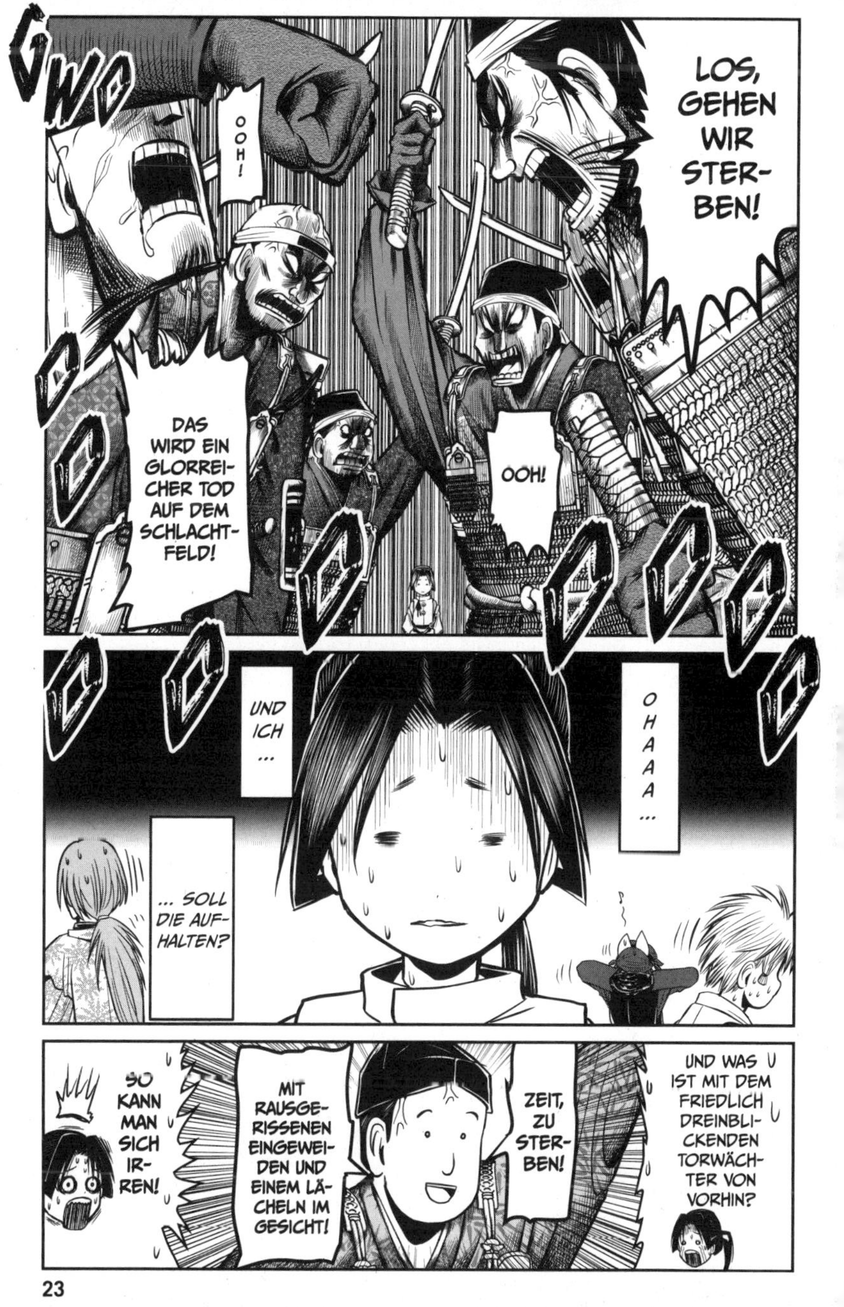
GWO
LOS, GEHEN WIR STERBEN!
OOH!
OOH!
DAS WIRD EIN GLORREICHER TOD AUF DEM SCHLACHTFELD!
OHAAAA ...
UND ICH ...
... SOLL DIE AUFHALTEN?
UND WAS IST MIT DEM FRIEDLICH DREINBLICKENDEN TORWÄCHTER VON VORHIN?
ZEIT, ZU STERBEN!
MIT RAUSGERISSENEN EINGEWEIDEN UND EINEM LÄCHELN IM GESICHT!
SO KANN MAN SICH IRREN!

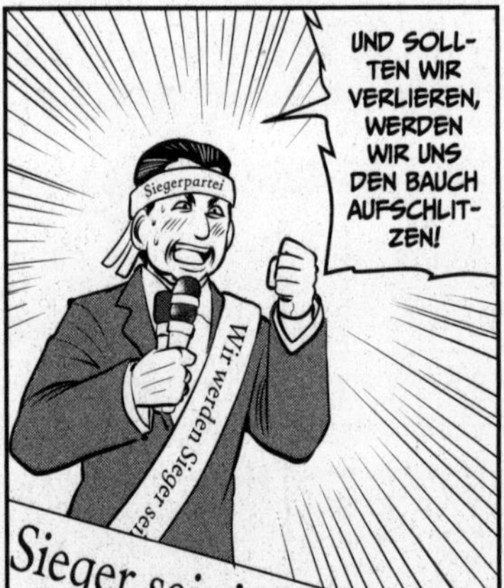

EINER WIE DU GEHÖRT DEFINITIV IN HOSHINAS TRUPPE.

KAPITEL 27 △ TODESWUNSCH 1334

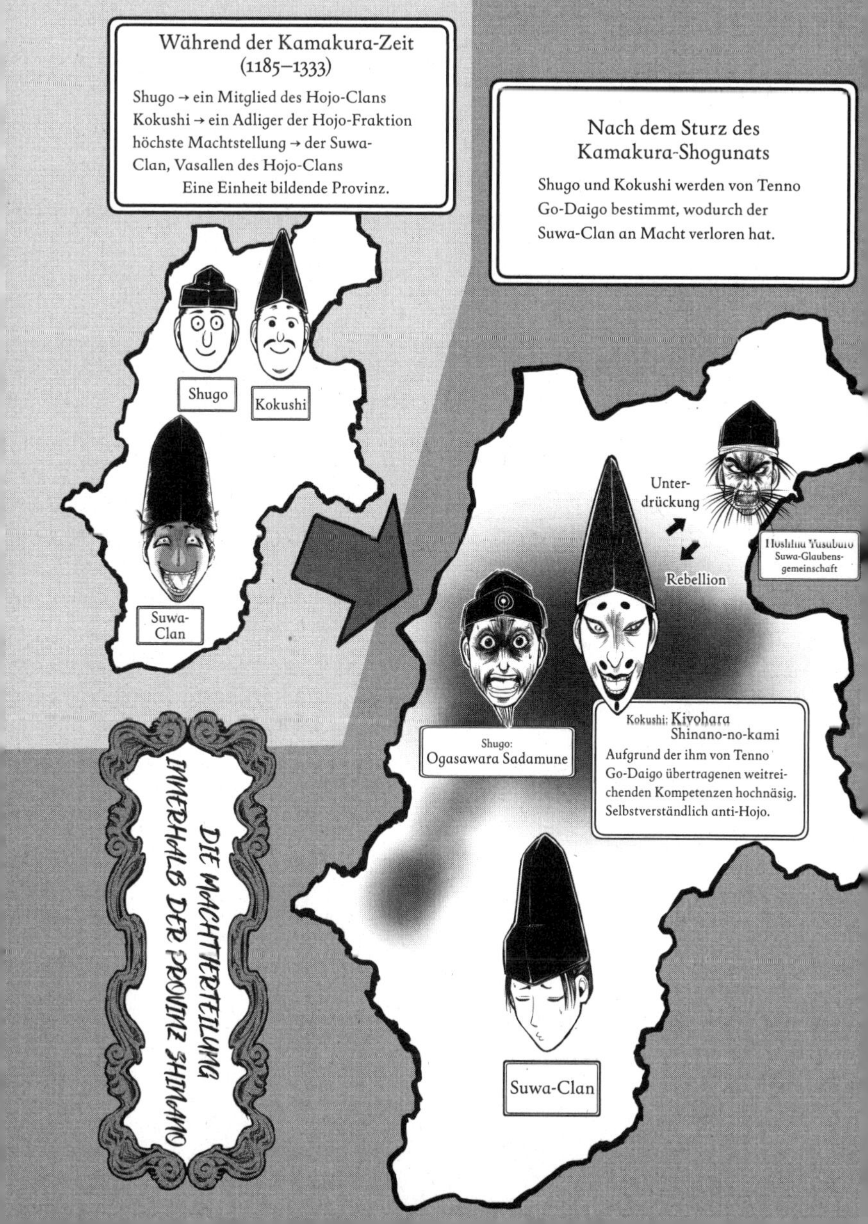

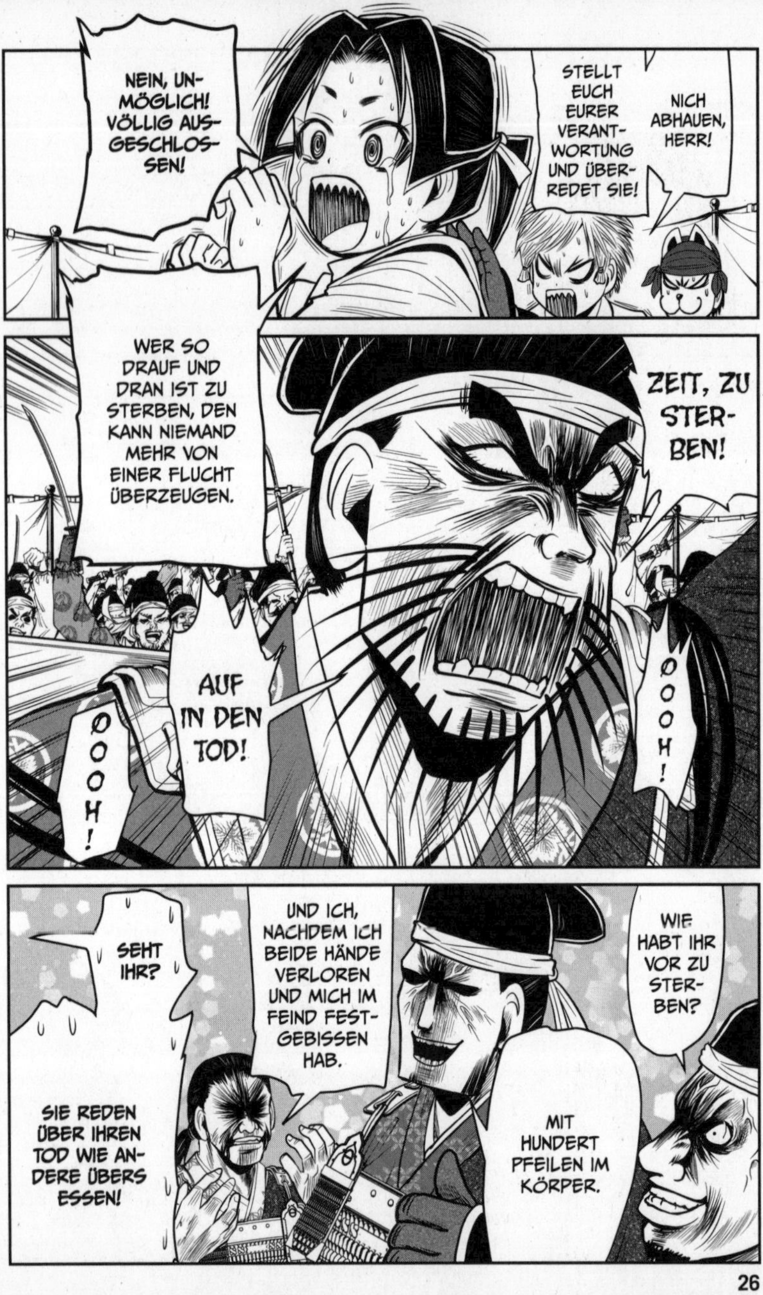
NICH ABHAUEN, HERR!
STELLT EUCH EURER VERANTWORTUNG UND ÜBERREDET SIE!
NEIN, UNMÖGLICH! VÖLLIG AUSGESCHLOSSEN!
ZEIT, ZU STERBEN!
WER SO DRAUF UND DRAN IST ZU STERBEN, DEN KANN NIEMAND MEHR VON EINER FLUCHT ÜBERZEUGEN.
OOOOH!
AUF IN DEN TOD!
OOOOH!
WIE HABT IHR VOR ZU STERBEN?
MIT HUNDERT PFEILEN IM KÖRPER.
UND ICH, NACHDEM ICH BEIDE HÄNDE VERLOREN UND MICH IM FEIND FESTGEBISSEN HAB.
SEHT IHR?
SIE REDEN ÜBER IHREN TOD WIE ANDERE ÜBERS ESSEN!

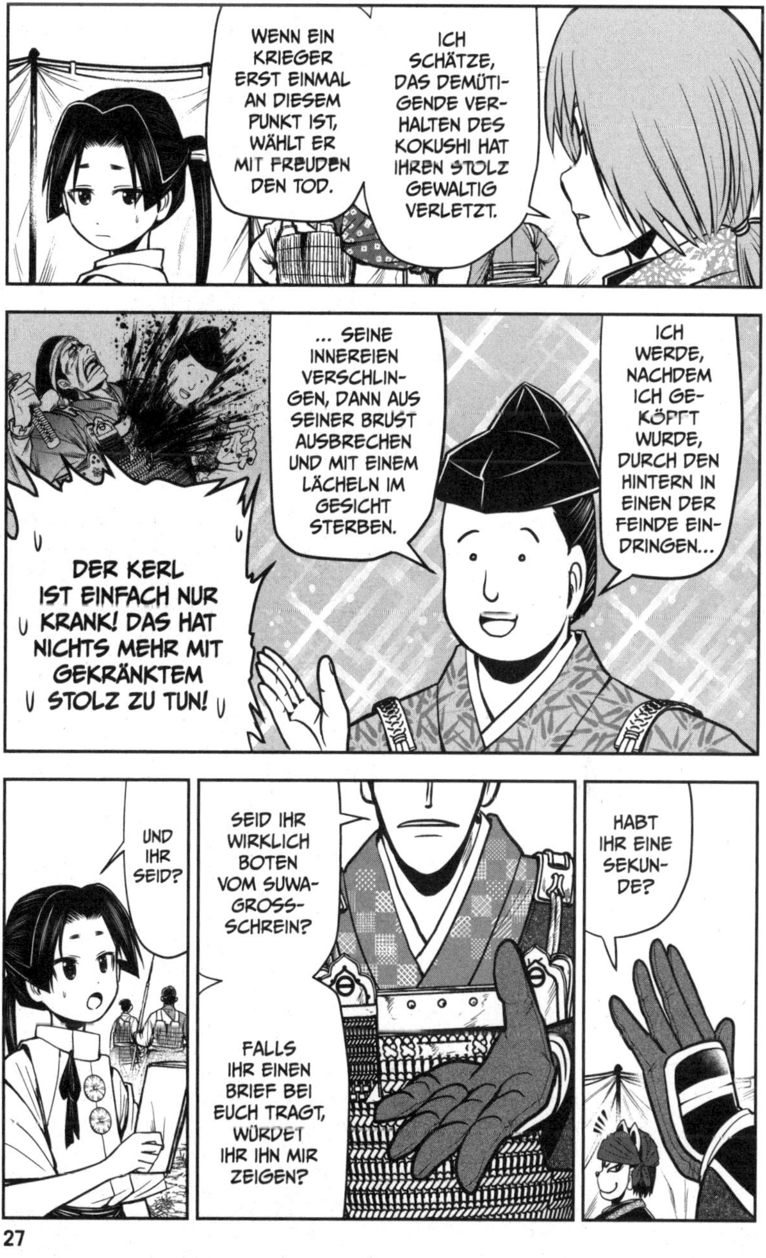

ICH SCHÄTZE, DAS DEMÜTIGENDE VERHALTEN DES KOKUSHI HAT IHREN STOLZ GEWALTIG VERLETZT.
WENN EIN KRIEGER ERST EINMAL AN DIESEM PUNKT IST, WÄHLT ER MIT FREUDEN DEN TOD.
ICH WERDE, NACHDEM ICH GEKÖPFT WURDE, DURCH DEN HINTERN IN EINEN DER FEINDE EINDRINGEN...
... SEINE INNEREIEN VERSCHLINGEN, DANN AUS SEINER BRUST AUSBRECHEN UND MIT EINEM LÄCHELN IM GESICHT STERBEN.
DER KERL IST EINFACH NUR KRANK! DAS HAT NICHTS MEHR MIT GEKRÄNKTEM STOLZ ZU TUN!
HABT IHR EINE SEKUNDE?
SEID IHR WIRKLICH BOTEN VOM SUWA-GROSSSCHREIN?
FALLS IHR EINEN BRIEF BEI EUCH TRAGT, WÜRDET IHR IHN MIR ZEIGEN?
UND IHR SEID?

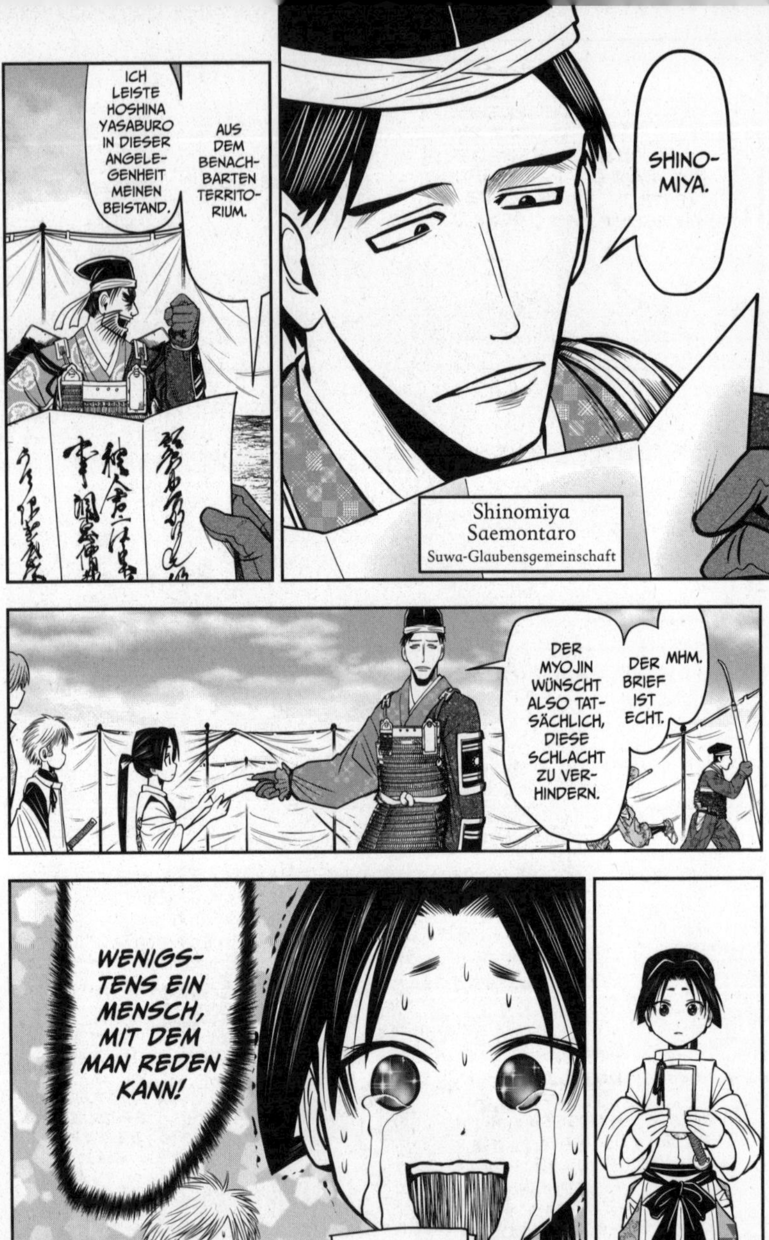
SHINO-MIYA.
Shinomiya Saemontaro
Suwa-Glaubensgemeinschaft
AUS DEM BENACHBARTEN TERRITORIUM.
ICH LEISTE HOSHINA YASABURO IN DIESER ANGELEGENHEIT MEINEN BEISTAND.
MHM.
DER BRIEF IST ECHT.
DER MYOJIN WÜNSCHT ALSO TATSÄCHLICH, DIESE SCHLACHT ZU VERHINDERN.
WENIGSTENS EIN MENSCH, MIT DEM MAN REDEN KANN!

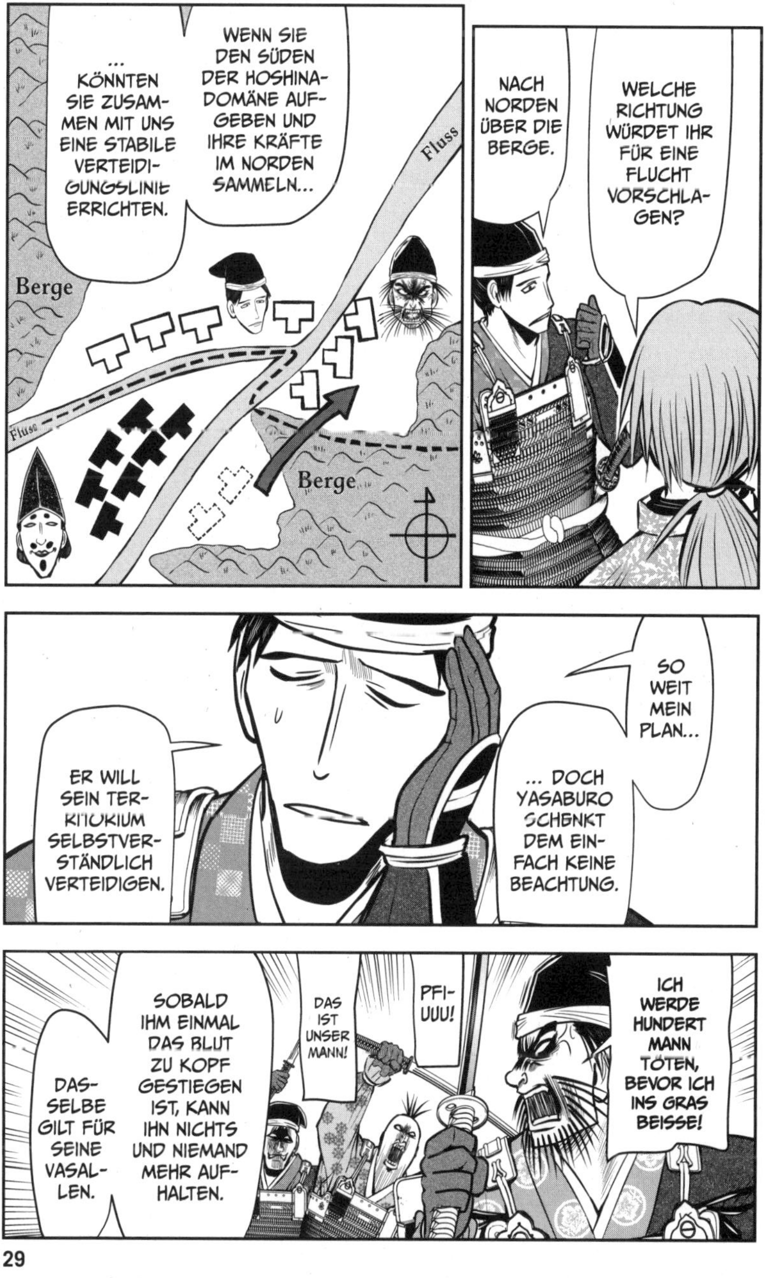
WELCHE RICHTUNG WÜRDET IHR FÜR EINE FLUCHT VORSCHLA-GEN?
NACH NORDEN ÜBER DIE BERGE.
WENN SIE DEN SÜDEN DER HOSHINA-DOMÄNE AUF-GEBEN UND IHRE KRÄFTE IM NORDEN SAMMELN...
... KÖNNTEN SIE ZUSAM-MEN MIT UNS EINE STABILE VERTEIDI-GUNGSLINIE ERRICHTEN.
Fluss
Berge
Fluss
Berge
SO WEIT MEIN PLAN...
... DOCH YASABURO SCHENKT DEM EIN-FACH KEINE BEACHTUNG.
ER WILL SEIN TER-RITORIUM SELBSTVER-STÄNDLICH VERTEIDIGEN.
ICH WERDE HUNDERT MANN TÖTEN, BEVOR ICH INS GRAS BEISSE!
PFI-UUU!
DAS IST UNSER MANN!
SOBALD IHM EINMAL DAS BLUT ZU KOPF GESTIEGEN IST, KANN IHN NICHTS UND NIEMAND MEHR AUF-HALTEN.
DAS-SELBE GILT FÜR SEINE VASAL-LEN.

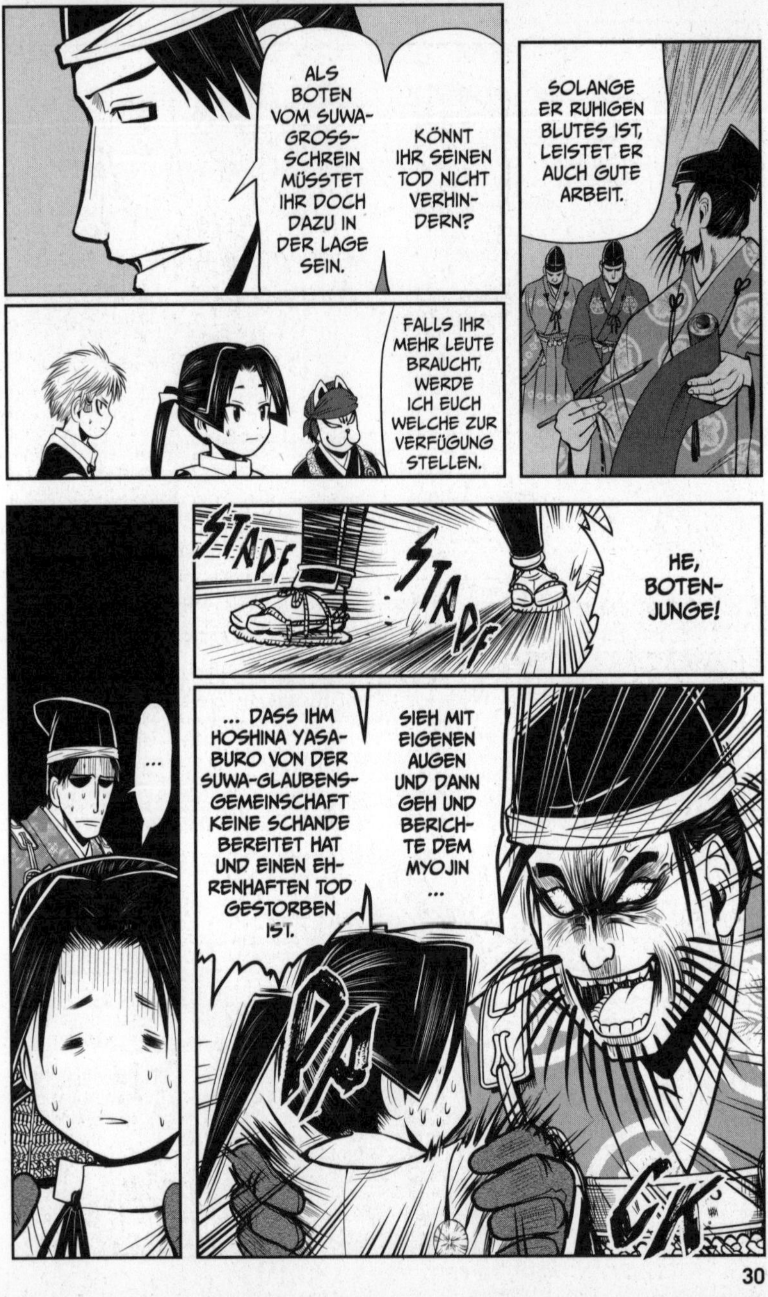
SOLANGE ER RUHIGEN BLUTES IST, LEISTET ER AUCH GUTE ARBEIT.
KÖNNT IHR SEINEN TOD NICHT VERHIN-DERN?
ALS BOTEN VOM SUWA-GROSS-SCHREIN MÜSSTET IHR DOCH DAZU IN DER LAGE SEIN.
FALLS IHR MEHR LEUTE BRAUCHT, WERDE ICH EUCH WELCHE ZUR VERFÜGUNG STELLEN.
STAPF
STAPF
HE, BOTEN-JUNGE!
SIEH MIT EIGENEN AUGEN UND DANN GEH UND BERICH-TE DEM MYOJIN ...
... DASS IHM HOSHINA YASA-BURO VON DER SUWA-GLAUBENS-GEMEINSCHAFT KEINE SCHANDE BEREITET HAT UND EINEN EH-RENHAFTEN TOD GESTORBEN IST.
GK
...

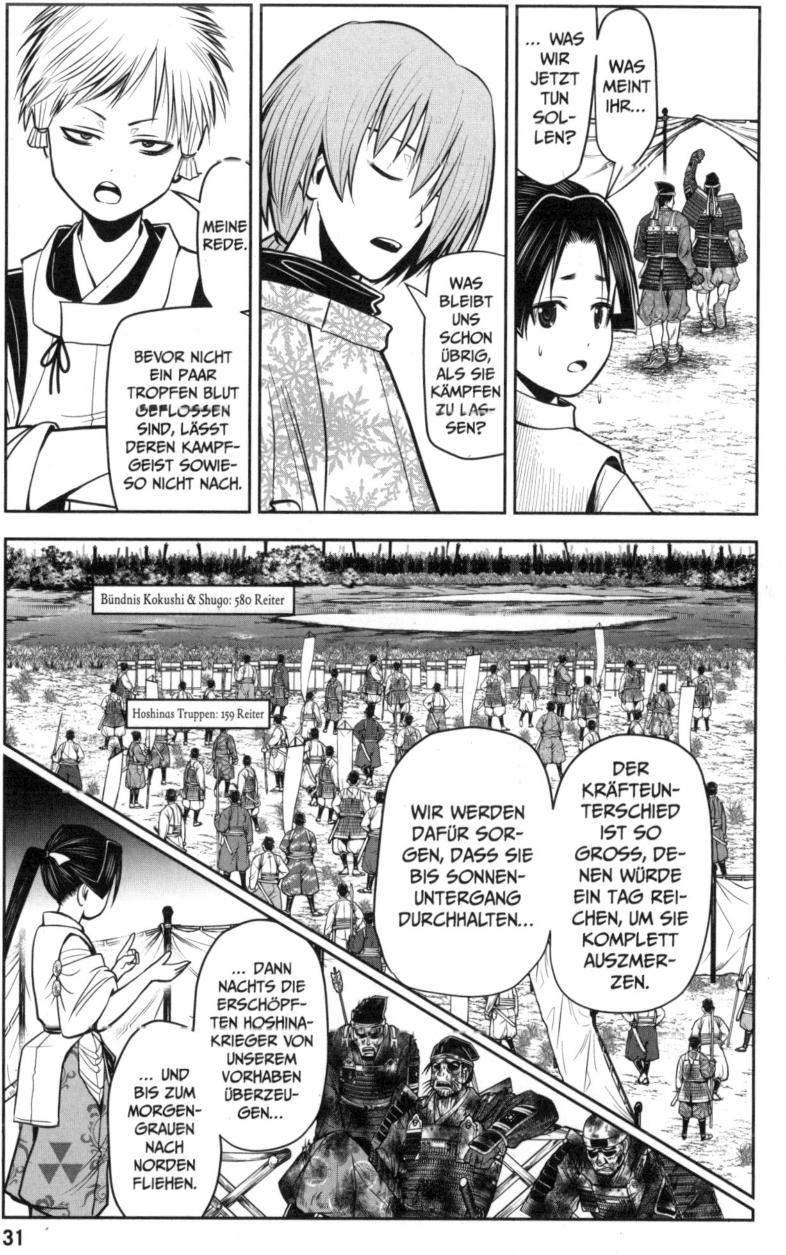
WAS MEINT IHR...
... WAS WIR JETZT TUN SOLLEN?
WAS BLEIBT UNS SCHON ÜBRIG, ALS SIE KÄMPFEN ZU LASSEN?
MEINE REDE.
BEVOR NICHT EIN PAAR TROPFEN BLUT GEFLOSSEN SIND, LÄSST DEREN KAMPFGEIST SOWIESO NICHT NACH.
Bündnis Kokushi & Shugo: 580 Reiter
Hoshinas Truppen: 159 Reiter
DER KRÄFTEUNTERSCHIED IST SO GROSS, DENEN WÜRDE EIN TAG REICHEN, UM SIE KOMPLETT AUSZMERZEN.
WIR WERDEN DAFÜR SORGEN, DASS SIE BIS SONNENUNTERGANG DURCHHALTEN...
... DANN NACHTS DIE ERSCHÖPFTEN HOSHINA-KRIEGER VON UNSEREM VORHABEN ÜBERZEUGEN...
... UND BIS ZUM MORGENGRAUEN NACH NORDEN FLIEHEN.

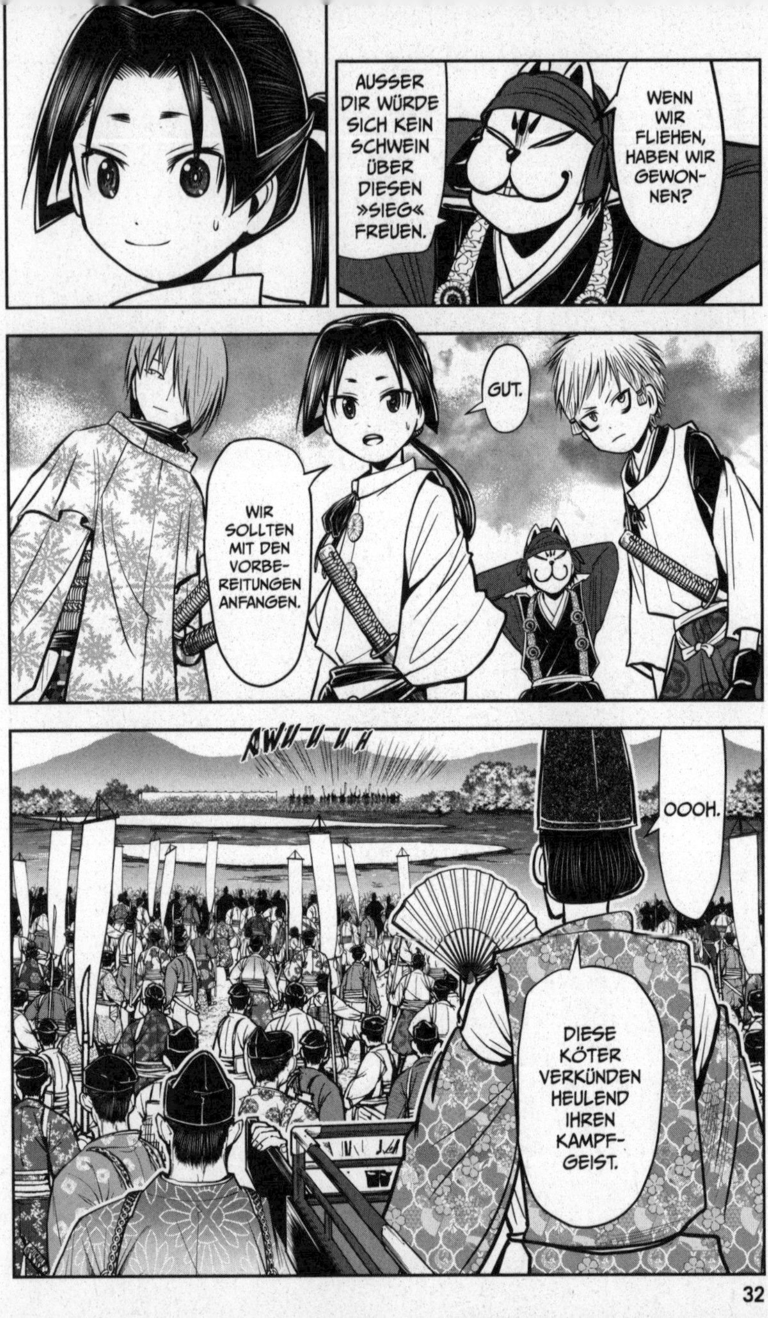

WENN WIR FLIEHEN, HABEN WIR GEWONNEN?
AUSSER DIR WÜRDE SICH KEIN SCHWEIN ÜBER DIESEN »SIEG« FREUEN.
GUT.
WIR SOLLTEN MIT DEN VORBEREITUNGEN ANFANGEN.
AWUUUUH
OOOH.
DIESE KÖTER VERKÜNDEN HEULEND IHREN KAMPFGEIST.

* ABK. FÜR KOKUSHI

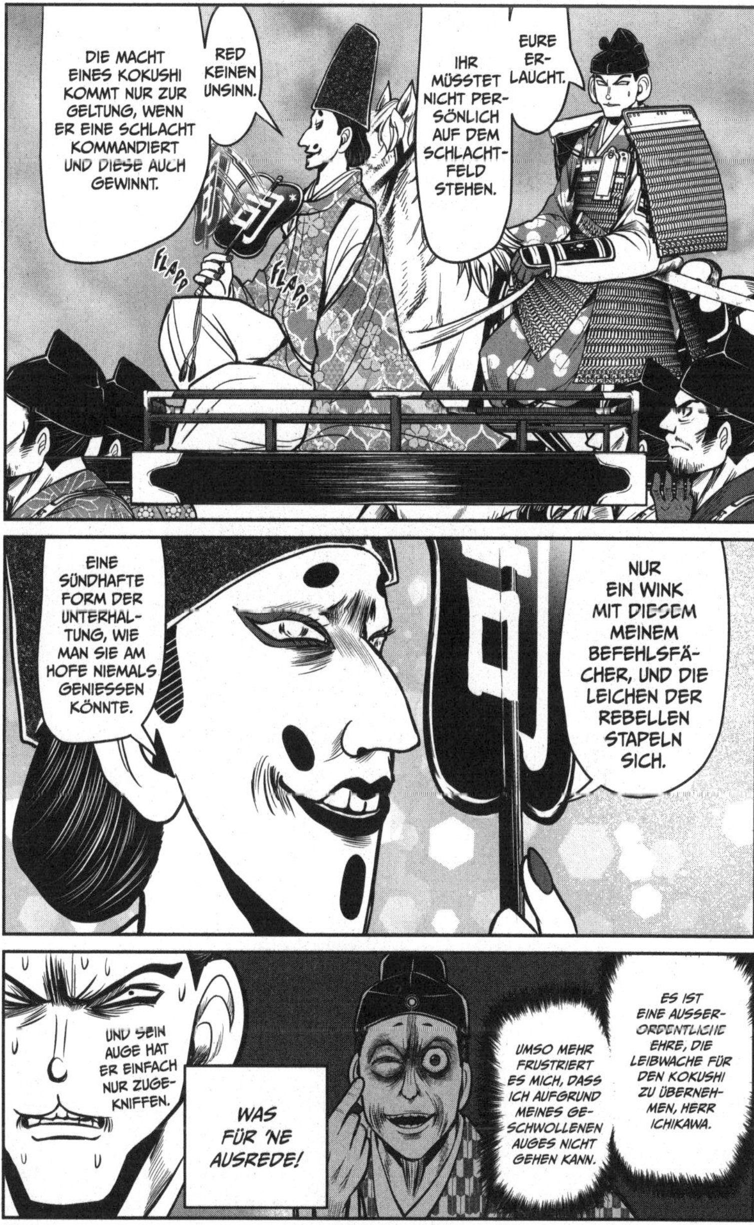

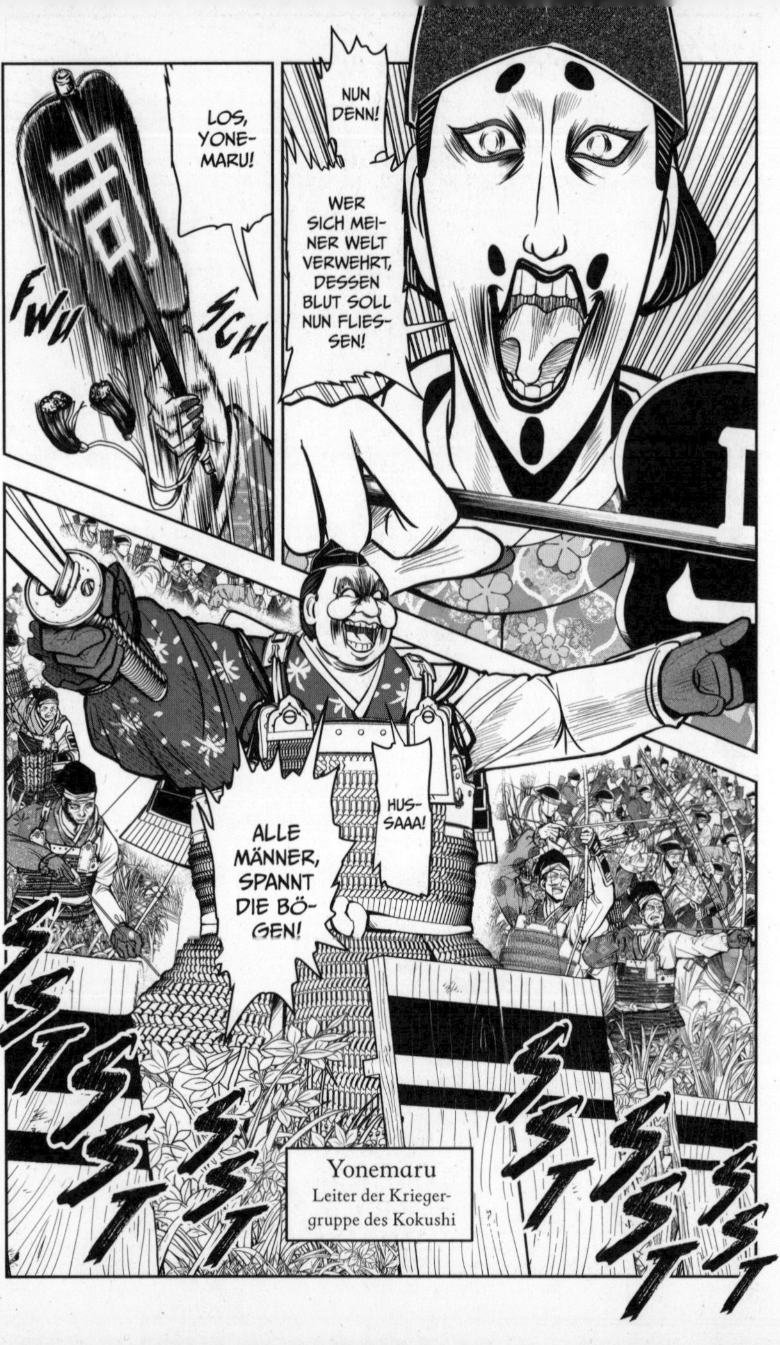
NUN DENN!
WER SICH MEINER WELT VERWEHRT, DESSEN BLUT SOLL NUN FLIESSEN!
LOS, YONEMARU!
FWUSCH
HUSSAAA!
ALLE MÄNNER, SPANNT DIE BÖGEN!
SSST
SSST
SSST
SSST
Yonemaru
Leiter der Kriegergruppe des Kokushi

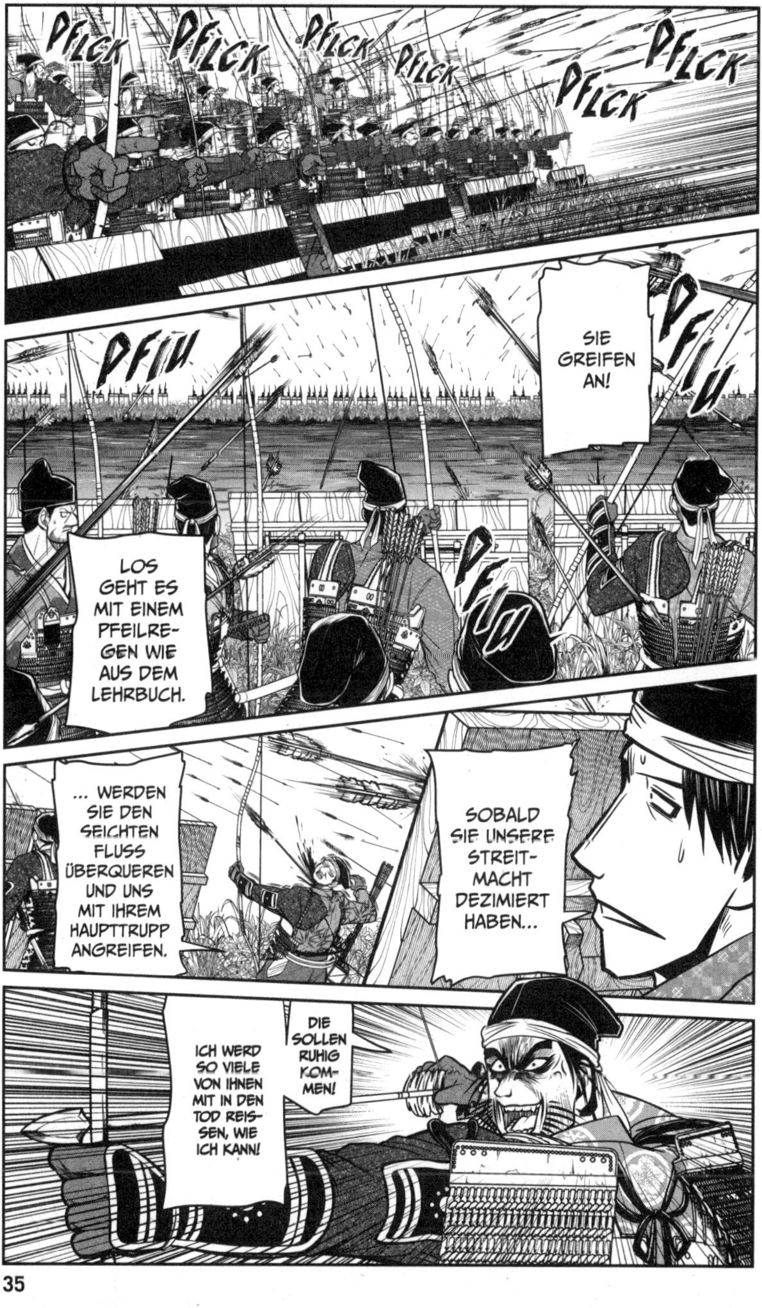
PFLCK
PFLCK
PFLCK
PFLCK
PFLCK
PFLCK
SIE GREIFEN AN!
PFIU
PFIU
PFIU
LOS GEHT ES MIT EINEM PFEILREGEN WIE AUS DEM LEHRBUCH.
SOBALD SIE UNSERE STREITMACHT DEZIMIERT HABEN...
... WERDEN SIE DEN SEICHTEN FLUSS ÜBERQUEREN UND UNS MIT IHREM HAUPTTRUPP ANGREIFEN.
DIE SOLLEN RUHIG KOMMEN!
ICH WERD SO VIELE VON IHNEN MIT IN DEN TOD REISSEN, WIE ICH KANN!

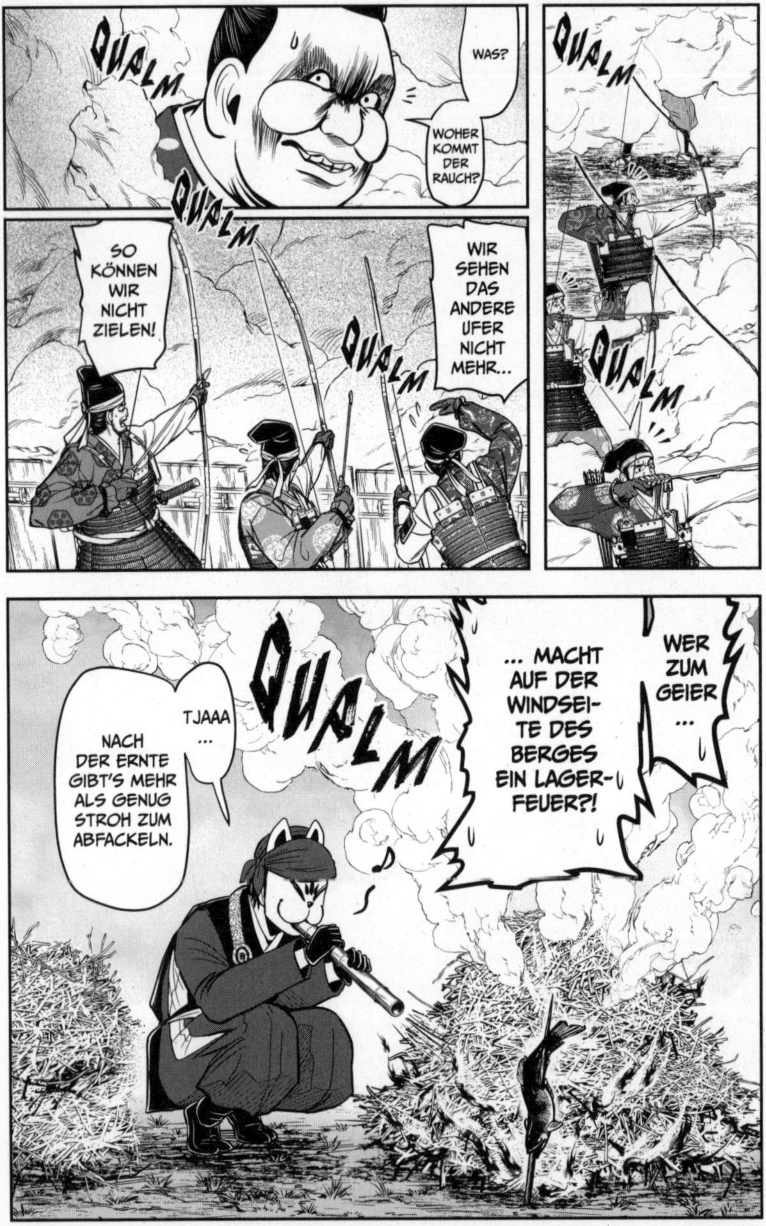
QUALM
WAS?
WOHER KOMMT DER RAUCH?
QUALM
QUALM
WIR SEHEN DAS ANDERE UFER NICHT MEHR...
QUALM
SO KÖNNEN WIR NICHT ZIELEN!
QUALM
WER ZUM GEIER ...
... MACHT AUF DER WINDSEI-TE DES BERGES EIN LAGER-FEUER?!
QUALM
TJAAA ...
NACH DER ERNTE GIBT'S MEHR ALS GENUG STROH ZUM ABFACKELN.

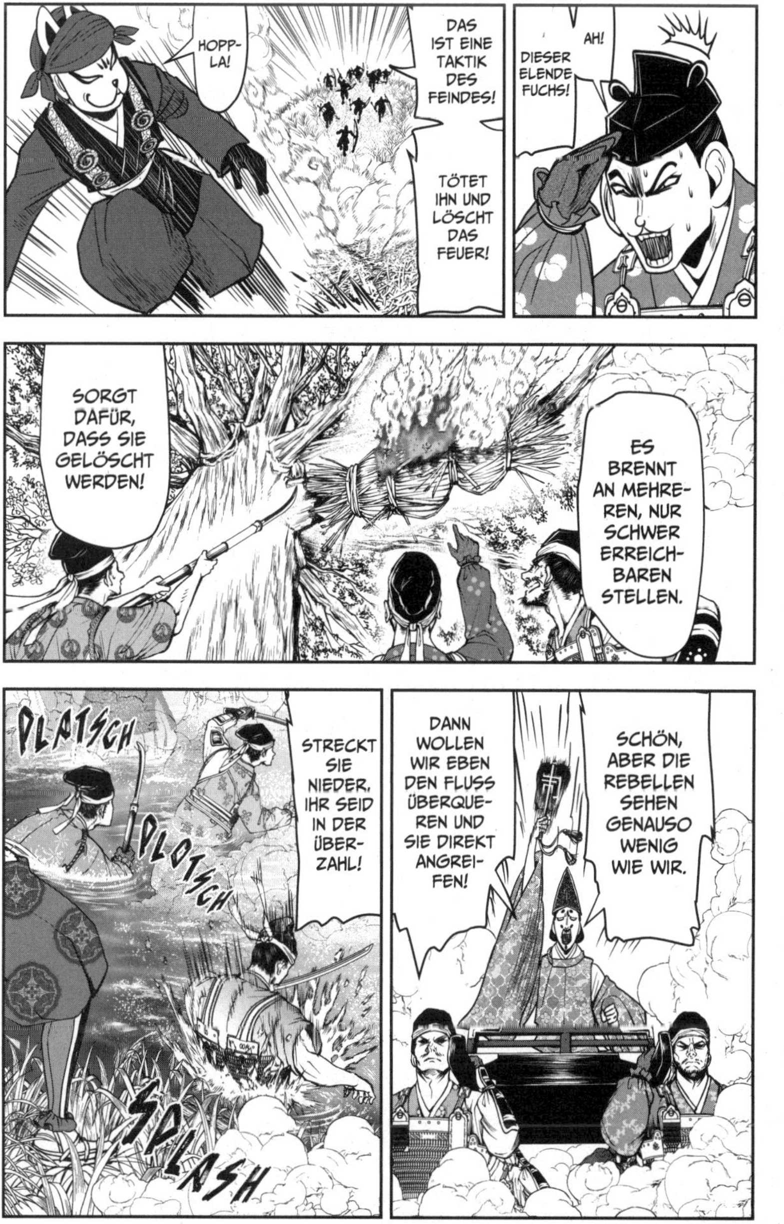
AH!
DIESER ELENDE FUCHS!
DAS IST EINE TAKTIK DES FEINDES!
TÖTET IHN UND LÖSCHT DAS FEUER!
HOPP-LA!
ES BRENNT AN MEHREREN, NUR SCHWER ERREICHBAREN STELLEN.
SORGT DAFÜR, DASS SIE GELÖSCHT WERDEN!
SCHÖN, ABER DIE REBELLEN SEHEN GENAUSO WENIG WIE WIR.
DANN WOLLEN WIR EBEN DEN FLUSS ÜBERQUEREN UND SIE DIREKT ANGREIFEN!
STRECKT SIE NIEDER, IHR SEID IN DER ÜBERZAHL!
PLATSCH
PLOTSCH
SPLASH

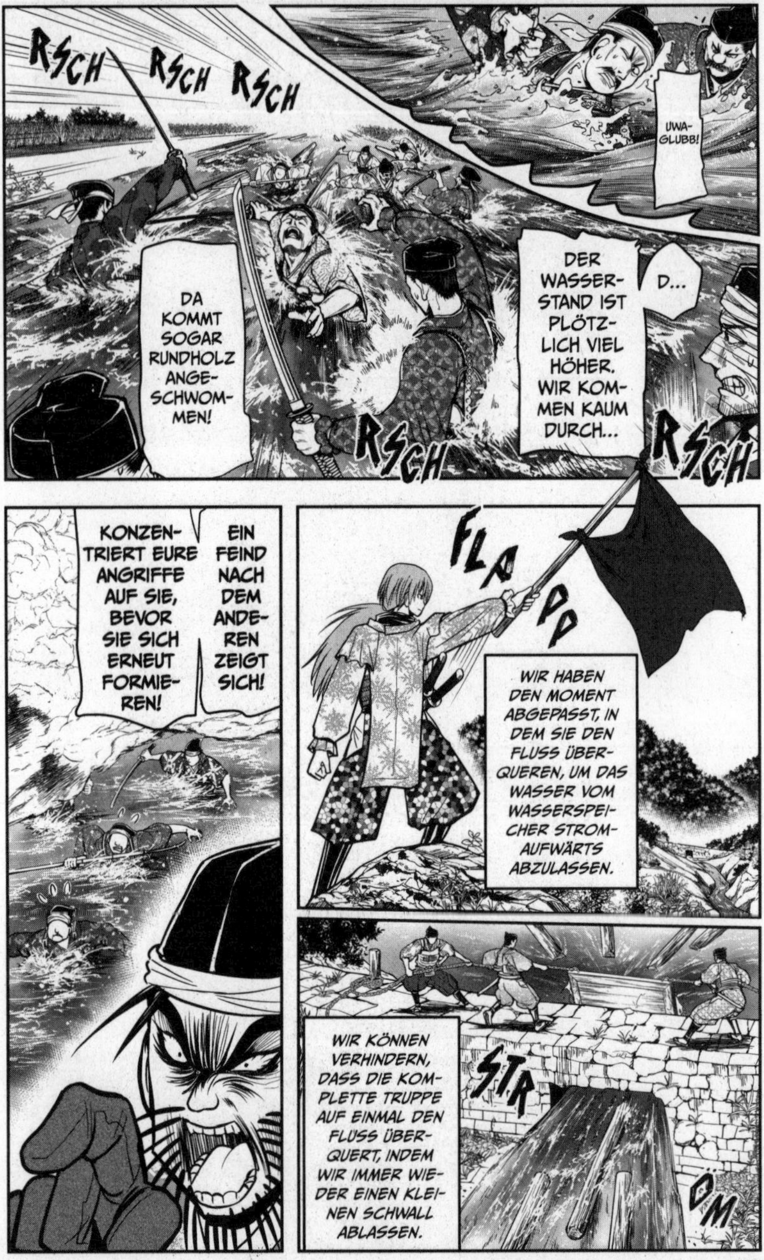
UWA-GLUBB!
RSCH RSCH RSCH
D...
DER WASSERSTAND IST PLÖTZLICH VIEL HÖHER. WIR KOMMEN KAUM DURCH...
DA KOMMT SOGAR RUNDHOLZ ANGESCHWOMMEN!
RSCH
RSCH
FLAPP
WIR HABEN DEN MOMENT ABGEPASST, IN DEM SIE DEN FLUSS ÜBERQUEREN, UM DAS WASSER VOM WASSERSPEICHER STROMAUFWÄRTS ABZULASSEN.
EIN FEIND NACH DEM ANDEREN ZEIGT SICH!
KONZENTRIERT EURE ANGRIFFE AUF SIE, BEVOR SIE SICH ERNEUT FORMIEREN!
STRÖM
WIR KÖNNEN VERHINDERN, DASS DIE KOMPLETTE TRUPPE AUF EINMAL DEN FLUSS ÜBERQUERT, INDEM WIR IMMER WIEDER EINEN KLEINEN SCHWALL ABLASSEN.

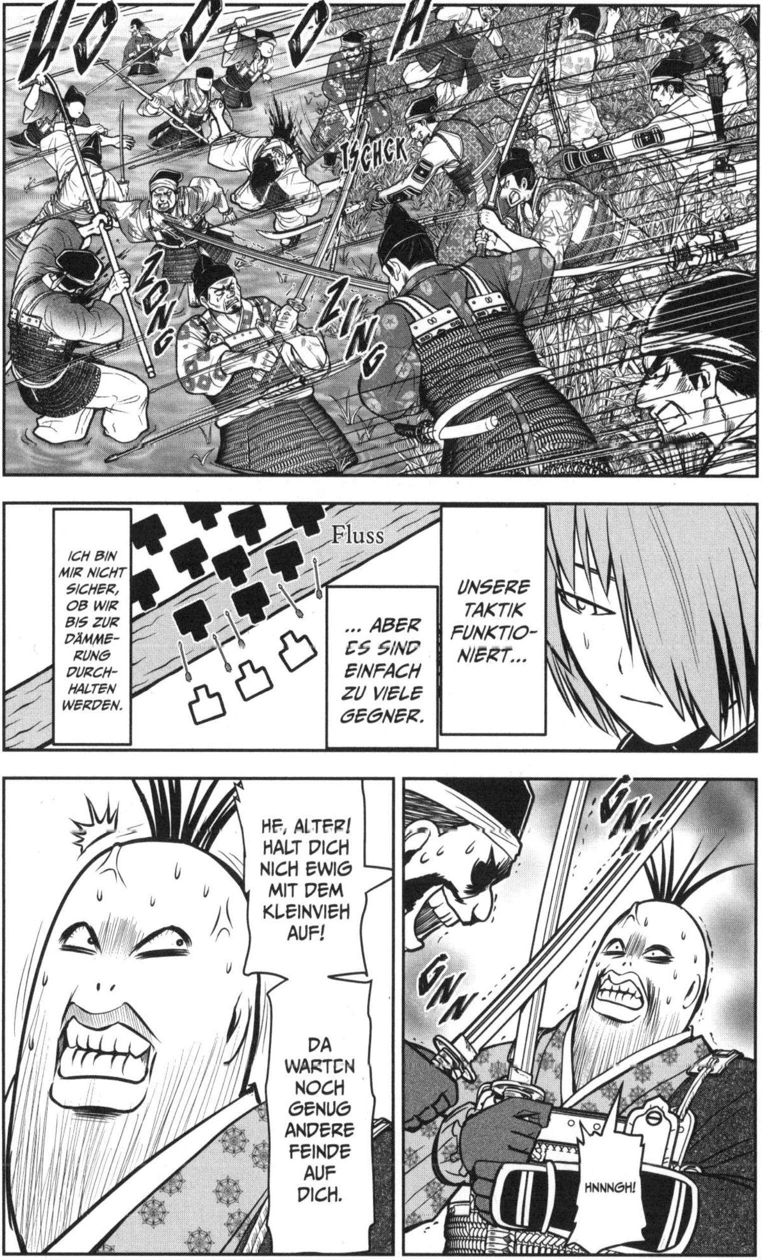
UOOOOH
TSCHCK
ZONG
ZING
Fluss
UNSERE TAKTIK FUNKTIONIERT...
... ABER ES SIND EINFACH ZU VIELE GEGNER.
ICH BIN MIR NICHT SICHER, OB WIR BIS ZUR DÄMMERUNG DURCHHALTEN WERDEN.
GNN
GNN
HNNNGH!
HE, ALTER! HALT DICH NICH EWIG MIT DEM KLEINVIEH AUF!
DA WARTEN NOCH GENUG ANDERE FEINDE AUF DICH.

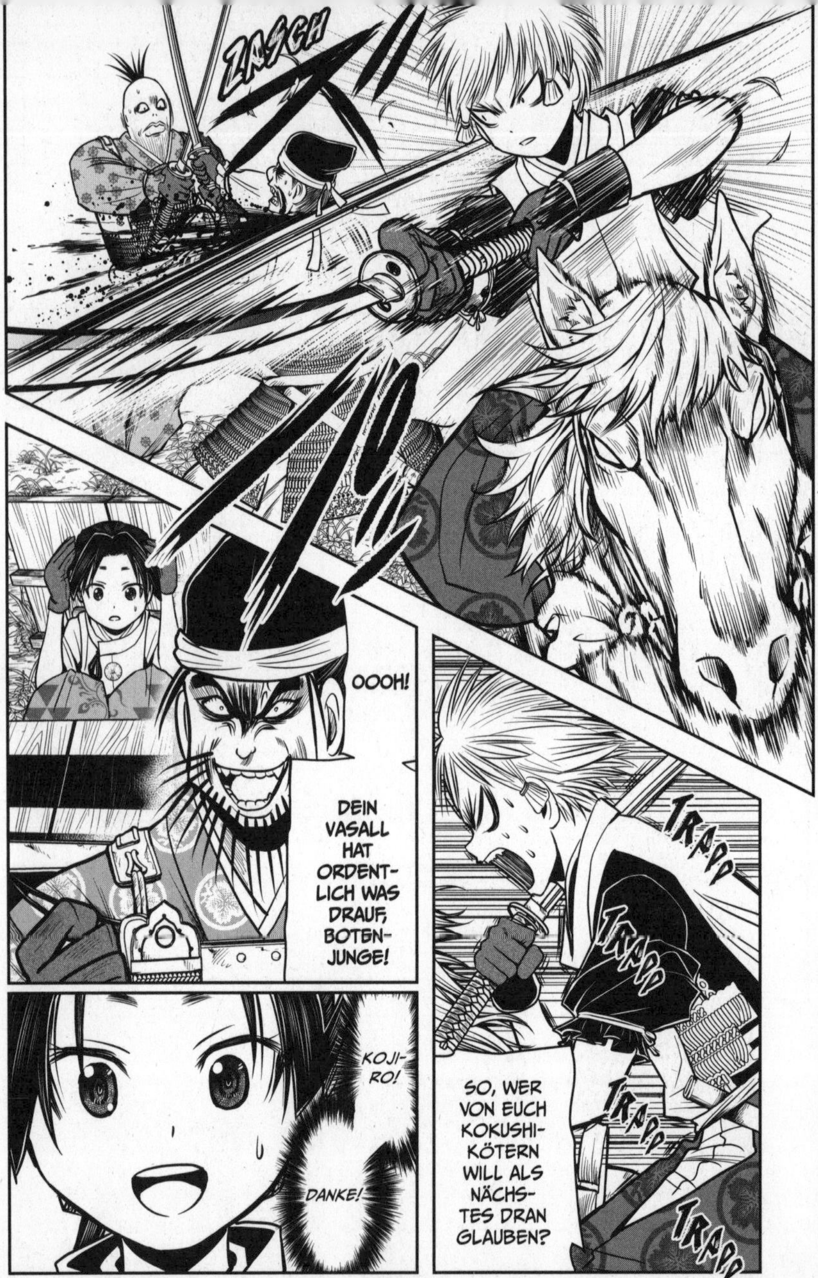
ZASCH
OOOH!
DEIN VASALL HAT ORDENTLICH WAS DRAUF, BOTENJUNGE!
TRAPP
TRAPP
TRAPP
TRAPP
TRAPP
SO, WER VON EUCH KOKUSHI-KÖTERN WILL ALS NÄCHSTES DRAN GLAUBEN?
KOJIRO!
DANKE!

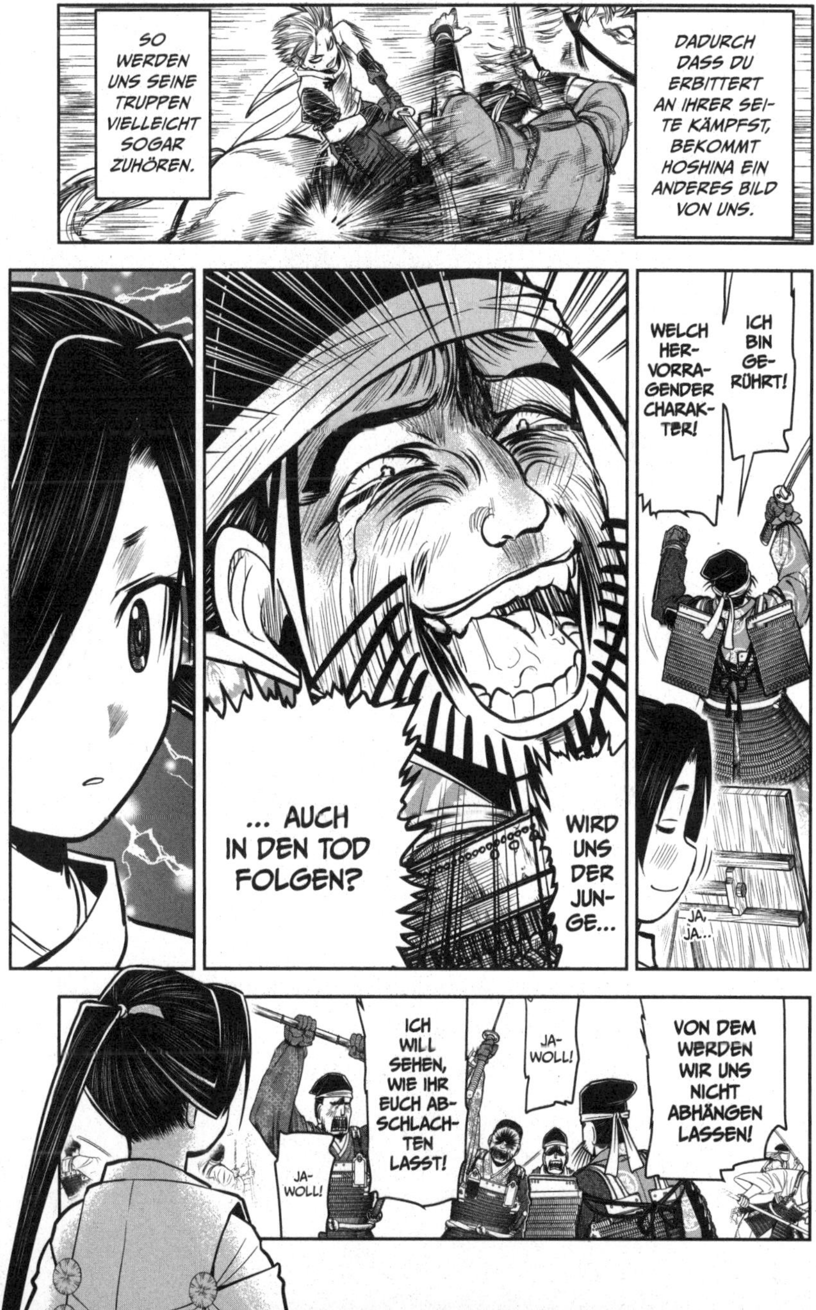
DADURCH DASS DU ERBITTERT AN IHRER SEITE KÄMPFST, BEKOMMT HOSHINA EIN ANDERES BILD VON UNS.
SO WERDEN UNS SEINE TRUPPEN VIELLEICHT SOGAR ZUHÖREN.
ICH BIN GERÜHRT!
WELCH HERVORRAGENDER CHARAKTER!
JA, JA...
WIRD UNS DER JUNGE...
... AUCH IN DEN TOD FOLGEN?
VON DEM WERDEN WIR UNS NICHT ABHÄNGEN LASSEN!
JAWOLL!
ICH WILL SEHEN, WIE IHR EUCH ABSCHLACHTEN LASST!
JAWOLL!

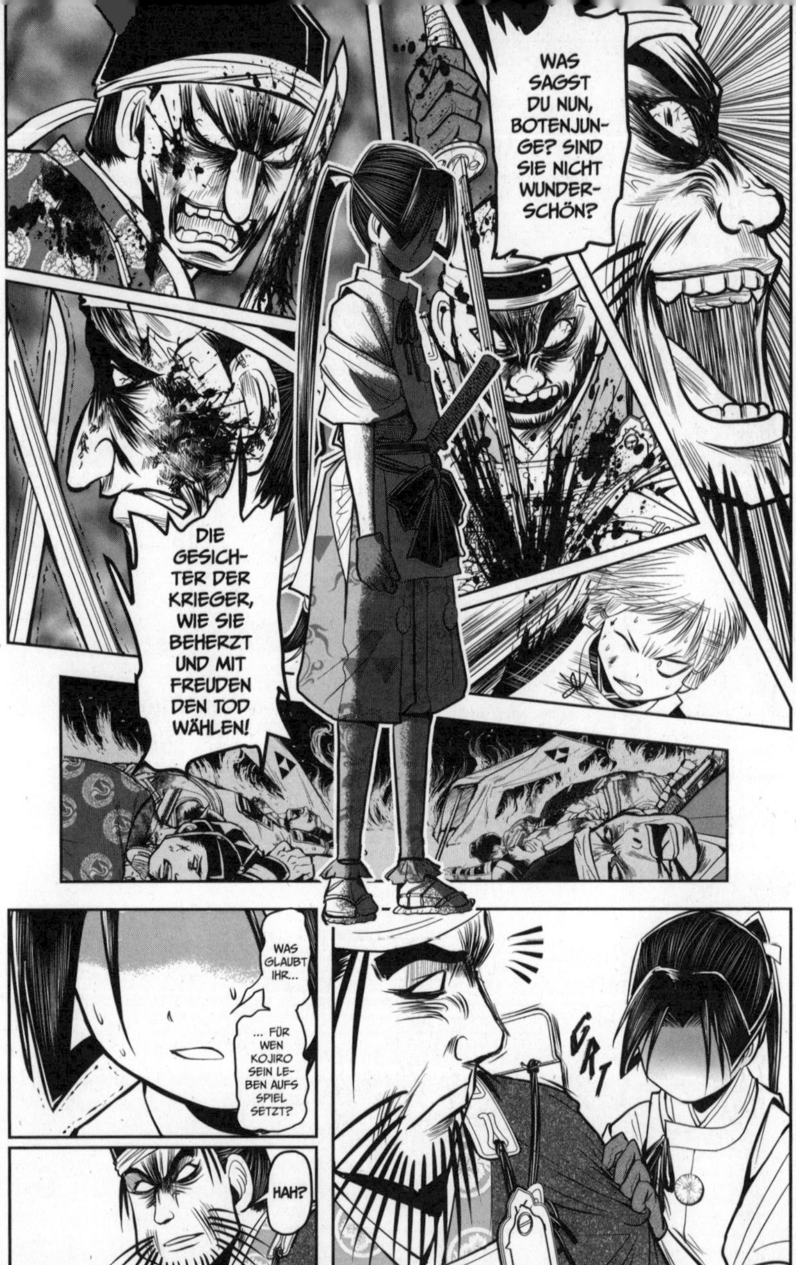
WAS SAGST DU NUN, BOTENJUNGE? SIND SIE NICHT WUNDERSCHÖN?
DIE GESICHTER DER KRIEGER, WIE SIE BEHERZT UND MIT FREUDEN DEN TOD WÄHLEN!
GRT
WAS GLAUBT IHR...
... FÜR WEN KOJIRO SEIN LEBEN AUFS SPIEL SETZT?
HAH?

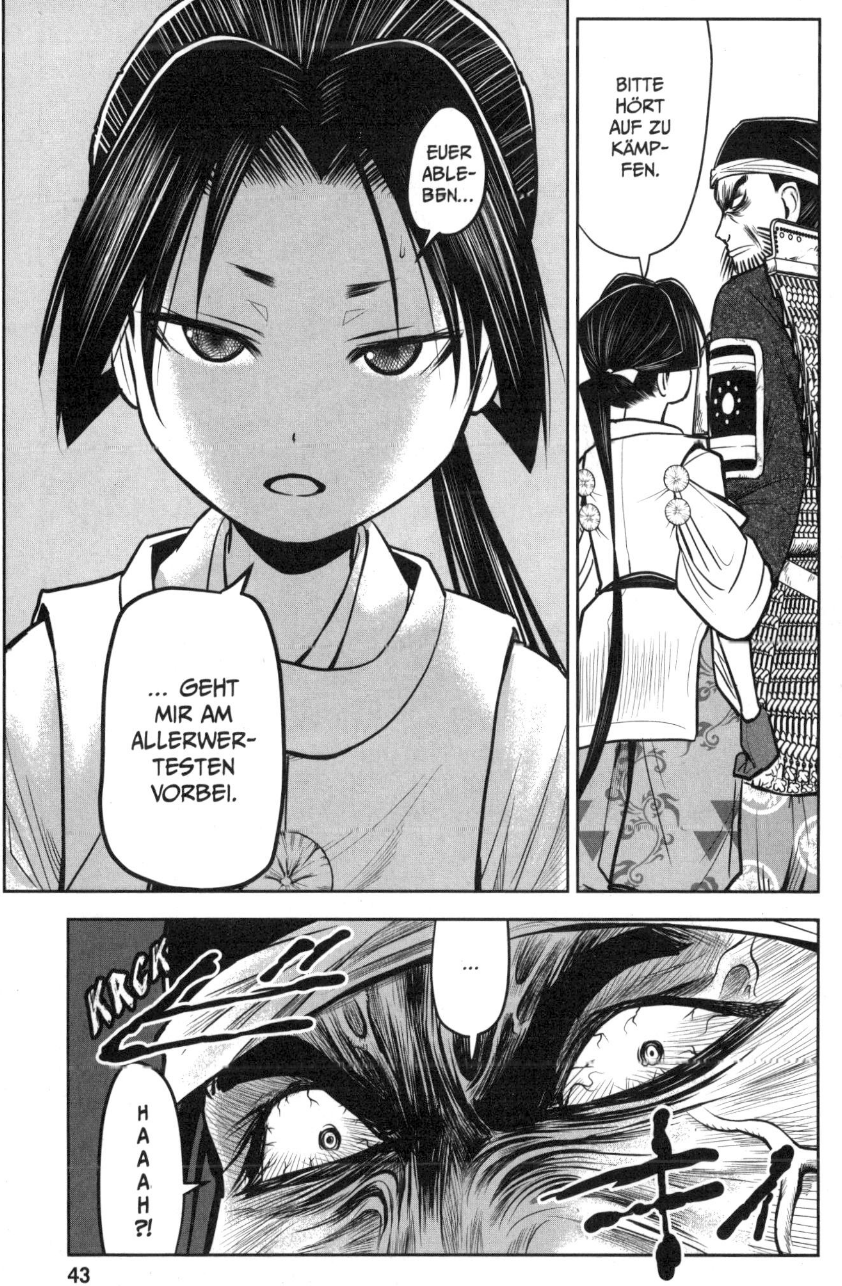
BITTE HÖRT AUF ZU KÄMPFEN.
EUER ABLEBEN...
... GEHT MIR AM ALLERWERTESTEN VORBEI.
...
KRCK
HAAAAH?!

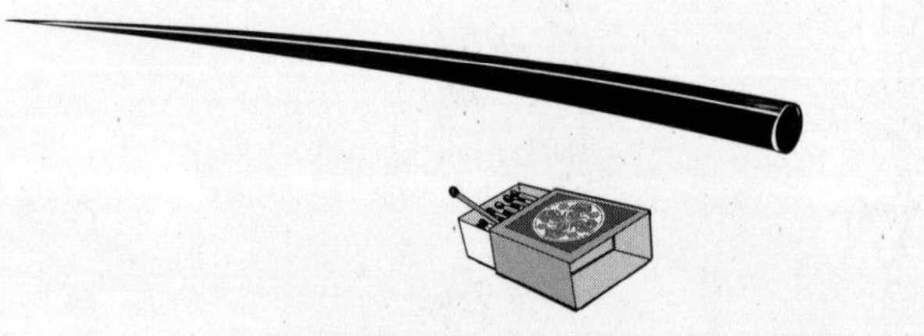
MICH INTERESSIERT SCHON, WIE DICK SEINE BARTHAARE SIND.

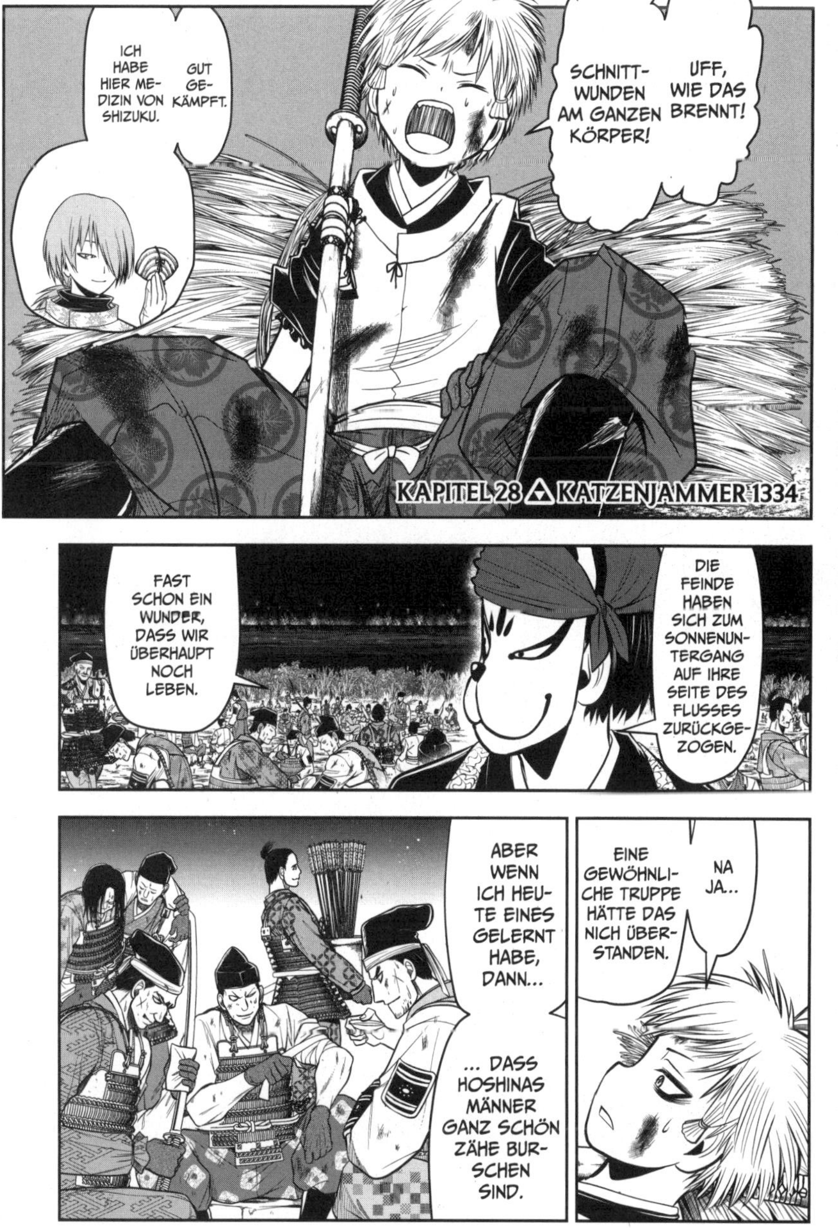
UFF, WIE DAS BRENNT!
SCHNITTWUNDEN AM GANZEN KÖRPER!
GUT GEKÄMPFT.
ICH HABE HIER MEDIZIN VON SHIZUKU.
KAPITEL 28 KATZENJAMMER 1334
DIE FEINDE HABEN SICH ZUM SONNENUNTERGANG AUF IHRE SEITE DES FLUSSES ZURÜCKGEZOGEN.
FAST SCHON EIN WUNDER, DASS WIR ÜBERHAUPT NOCH LEBEN.
NA JA...
EINE GEWÖHNLICHE TRUPPE HÄTTE DAS NICH ÜBERSTANDEN.
ABER WENN ICH HEUTE EINES GELERNT HABE, DANN...
... DASS HOSHINAS MÄNNER GANZ SCHÖN ZÄHE BURSCHEN SIND.

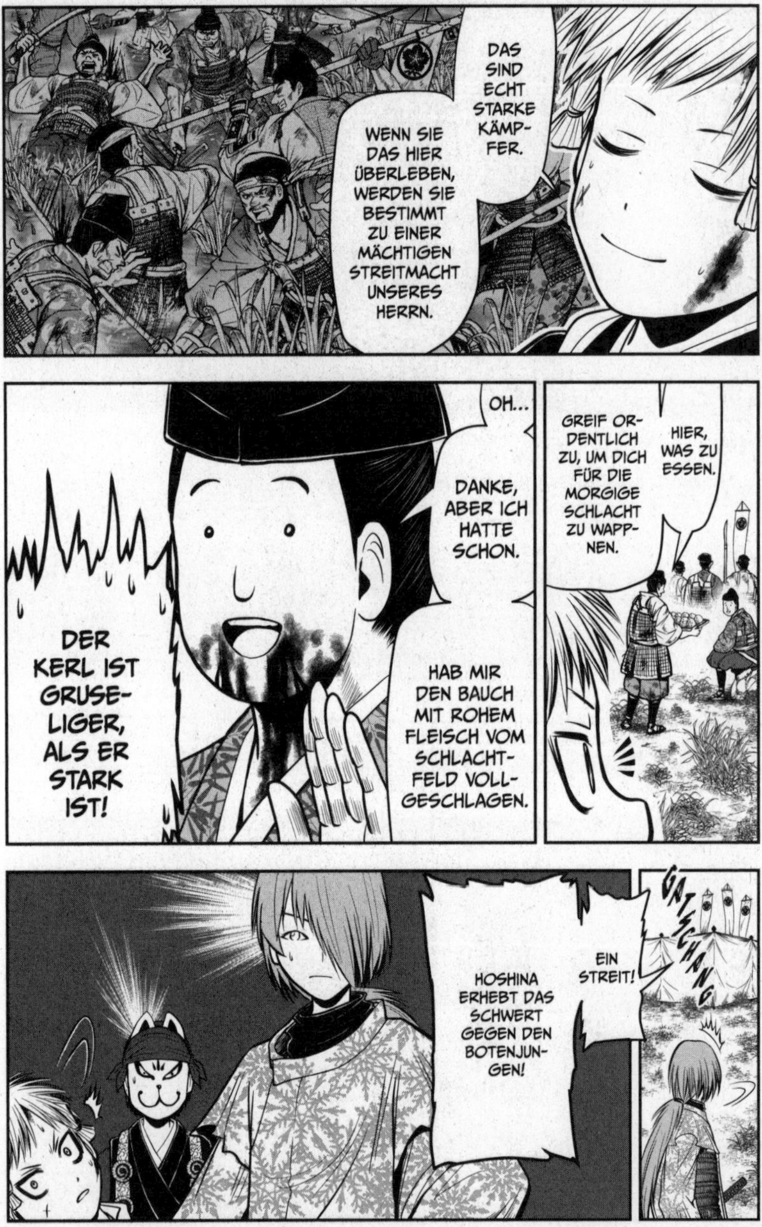
DAS SIND ECHT STARKE KÄMPFER.
WENN SIE DAS HIER ÜBERLEBEN, WERDEN SIE BESTIMMT ZU EINER MÄCHTIGEN STREITMACHT UNSERES HERRN.
HIER, WAS ZU ESSEN.
GREIF ORDENTLICH ZU, UM DICH FÜR DIE MORGIGE SCHLACHT ZU WAPPNEN.
OH...
DANKE, ABER ICH HATTE SCHON.
HAB MIR DEN BAUCH MIT ROHEM FLEISCH VOM SCHLACHTFELD VOLLGESCHLAGEN.
DER KERL IST GRUSELIGER, ALS ER STARK IST!
GATSCHANG
EIN STREIT!
HOSHINA ERHEBT DAS SCHWERT GEGEN DEN BOTENJUNGEN!

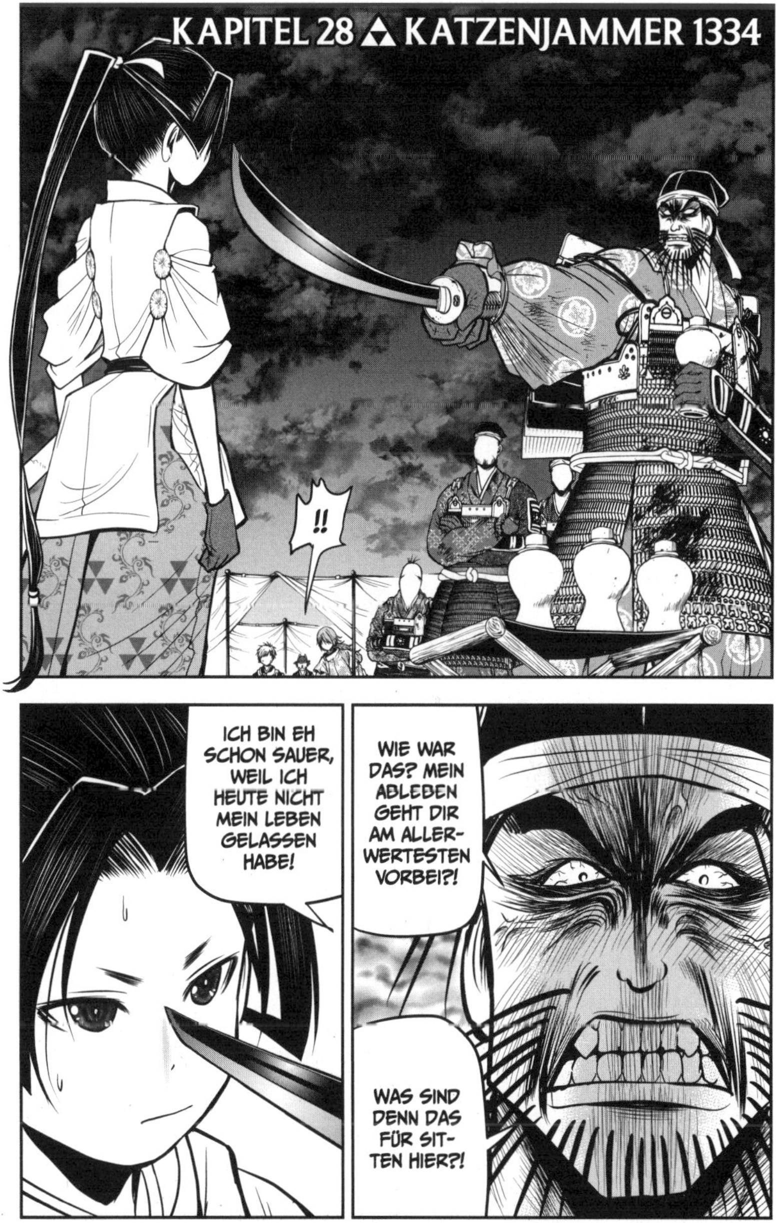
KAPITEL 28 ▲ KATZENJAMMER 1334
!!
WIE WAR DAS? MEIN ABLEBEN GEHT DIR AM ALLERWERTESTEN VORBEI?!
WAS SIND DENN DAS FÜR SITTEN HIER?!
ICH BIN EH SCHON SAUER, WEIL ICH HEUTE NICHT MEIN LEBEN GELASSEN HABE!

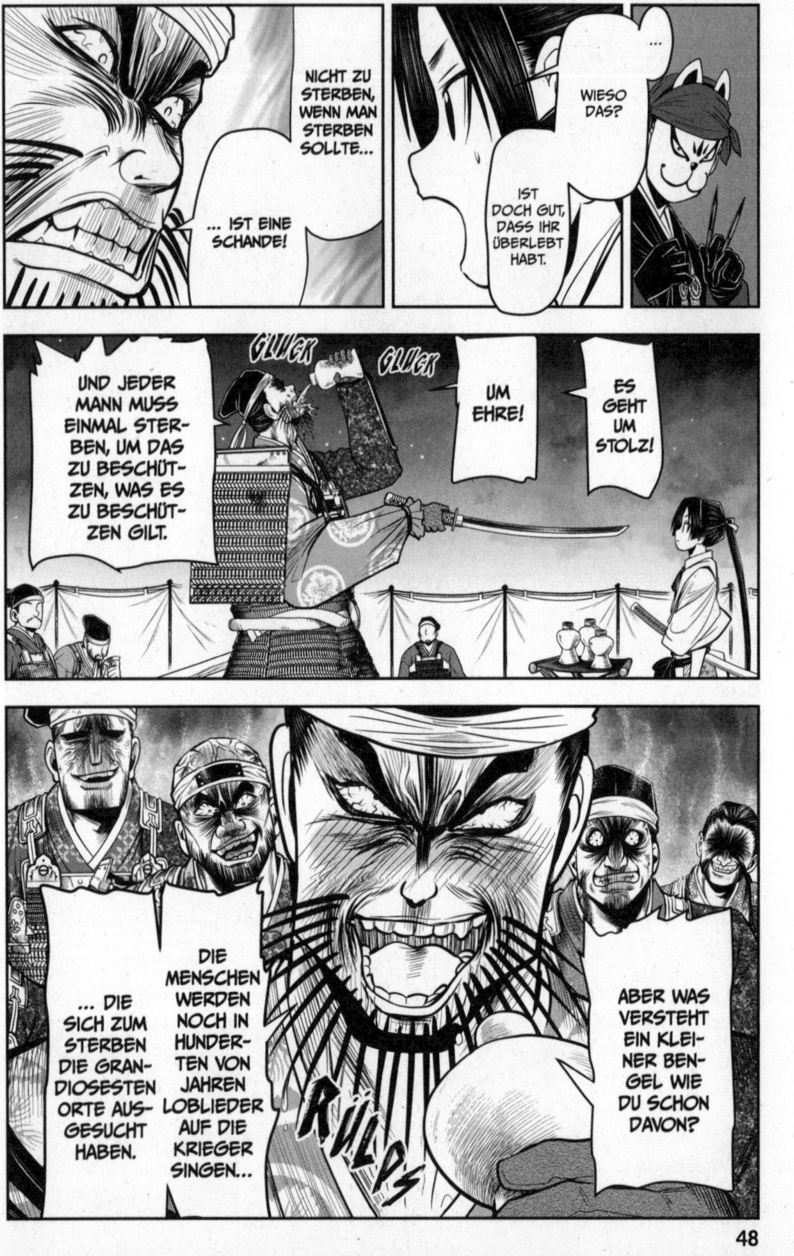
...
WIESO DAS?
IST DOCH GUT, DASS IHR ÜBERLEBT HABT.
NICHT ZU STERBEN, WENN MAN STERBEN SOLLTE...
... IST EINE SCHANDE!
GLUCK
GLUCK
ES GEHT UM STOLZ!
UM EHRE!
UND JEDER MANN MUSS EINMAL STERBEN, UM DAS ZU BESCHÜTZEN, WAS ES ZU BESCHÜTZEN GILT.
ABER WAS VERSTEHT EIN KLEINER BENGEL WIE DU SCHON DAVON?
RÜLPS
DIE MENSCHEN WERDEN NOCH IN HUNDERTEN VON JAHREN LOBLIEDER AUF DIE KRIEGER SINGEN...
... DIE SICH ZUM STERBEN DIE GRANDIOSESTEN ORTE AUSGESUCHT HABEN.

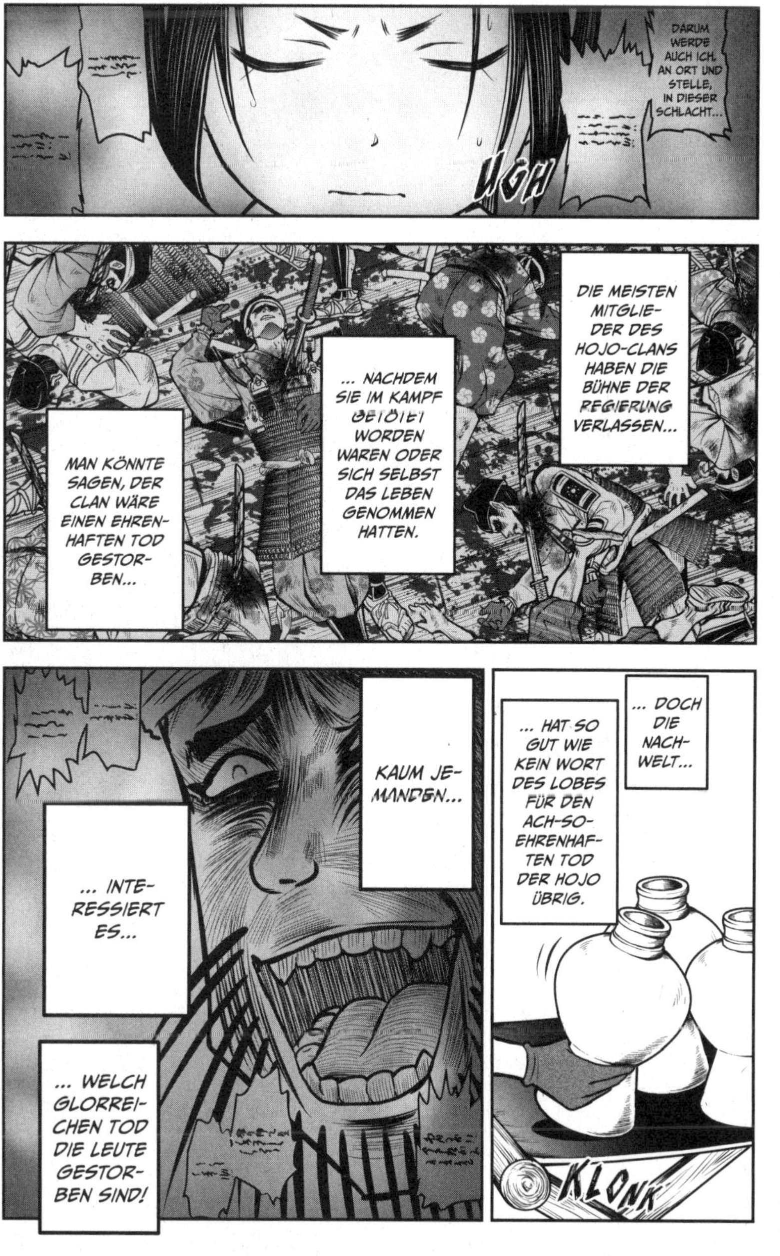

DARUM WERDE AUCH ICH, AN ORT UND STELLE, IN DIESER SCHLACHT...
UGH
DIE MEISTEN MITGLIEDER DES HOJO-CLANS HABEN DIE BÜHNE DER REGIERUNG VERLASSEN...
... NACHDEM SIE IM KAMPF GETÖTET WORDEN WAREN ODER SICH SELBST DAS LEBEN GENOMMEN HATTEN.
MAN KÖNNTE SAGEN, DER CLAN WÄRE EINEN EHRENHAFTEN TOD GESTORBEN...
... DOCH DIE NACHWELT...
... HAT SO GUT WIE KEIN WORT DES LOBES FÜR DEN ACH-SO-EHRENHAFTEN TOD DER HOJO ÜBRIG.
KLONK
KAUM JEMANDEN...
... INTERESSIERT ES...
... WELCH GLORREICHEN TOD DIE LEUTE GESTORBEN SIND!

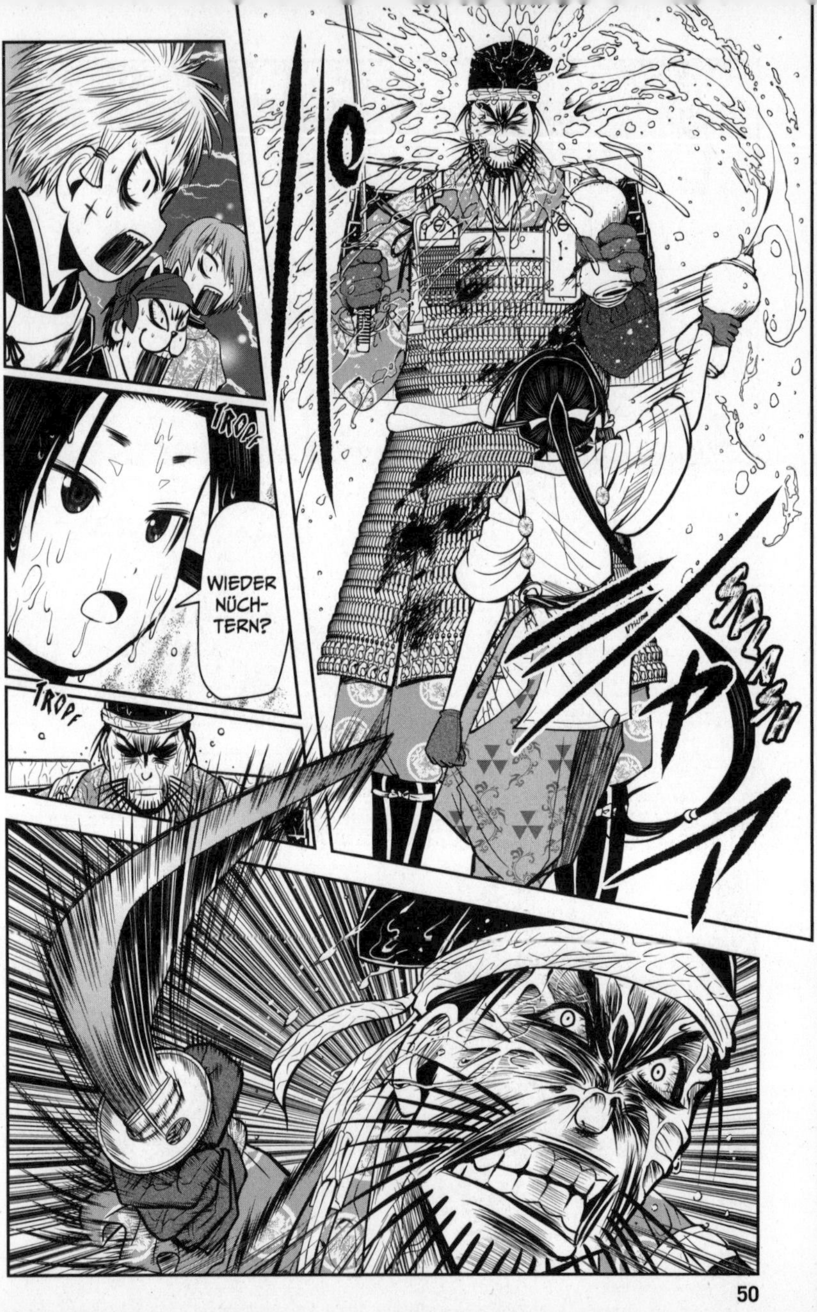
TROPF
WIEDER NÜCHTERN?
TROPF
SPLASH

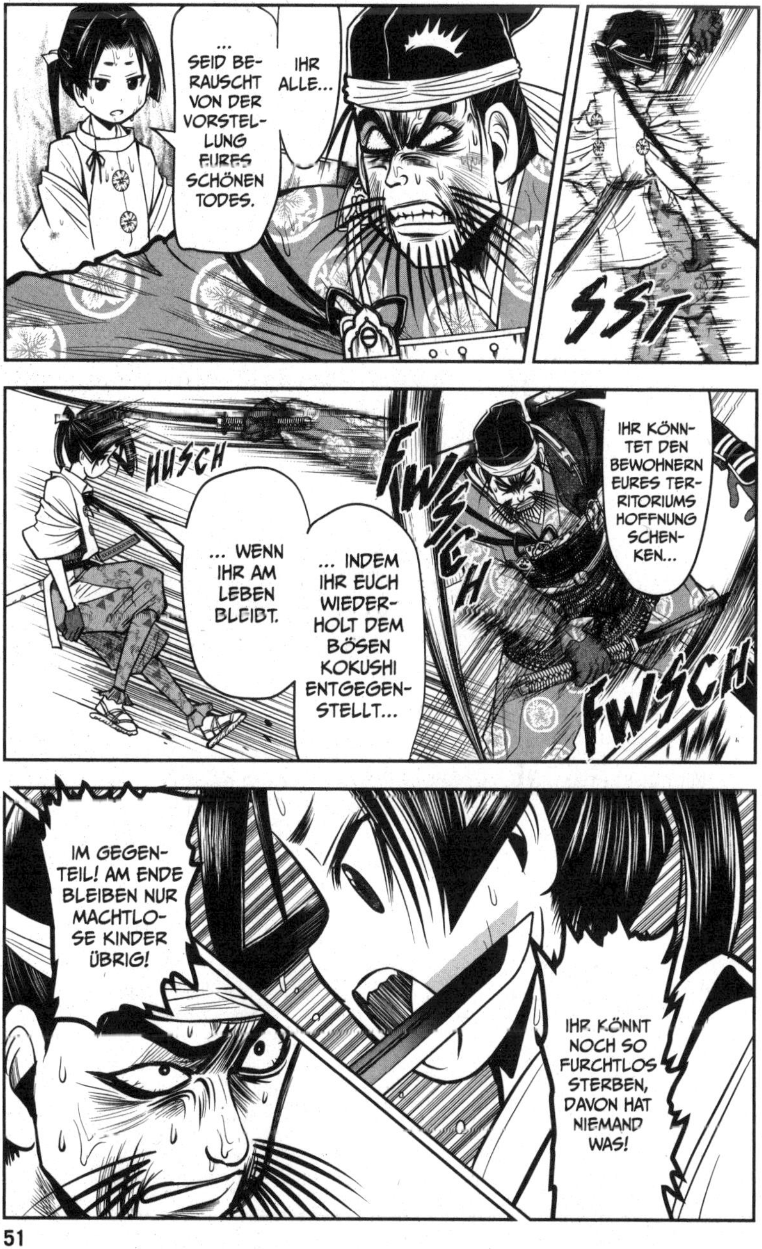
IHR ALLE...
... SEID BERAUSCHT VON DER VORSTELLUNG EURES SCHÖNEN TODES.
SST
IHR KÖNNTET DEN BEWOHNERN EURES TERRITORIUMS HOFFNUNG SCHENKEN...
FWSCH
... INDEM IHR EUCH WIEDERHOLT DEM BÖSEN KOKUSHI ENTGEGENSTELLT...
FWSCH
... WENN IHR AM LEBEN BLEIBT.
HUSCH
IHR KÖNNT NOCH SO FURCHTLOS STERBEN, DAVON HAT NIEMAND WAS!
IM GEGENTEIL! AM ENDE BLEIBEN NUR MACHTLOSE KINDER ÜBRIG!

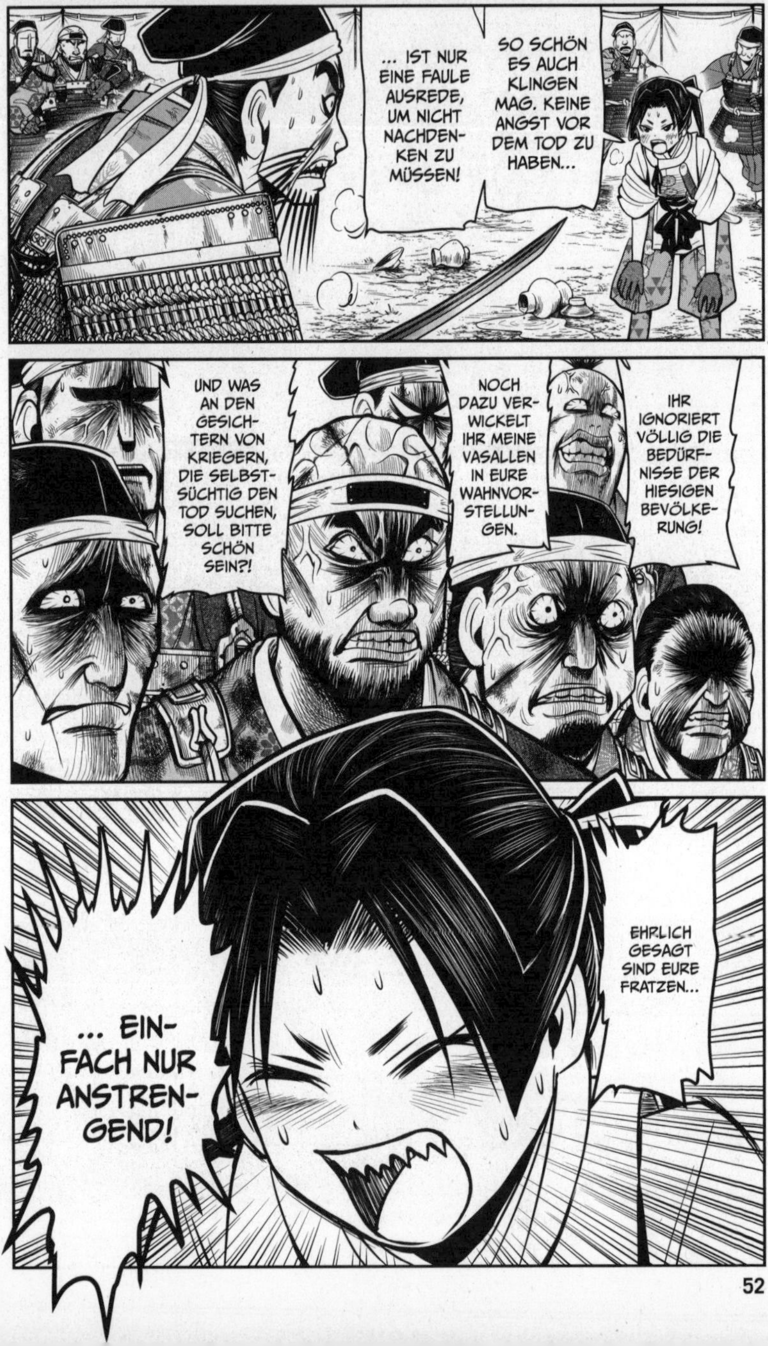
SO SCHÖN ES AUCH KLINGEN MAG. KEINE ANGST VOR DEM TOD ZU HABEN...
... IST NUR EINE FAULE AUSREDE, UM NICHT NACHDENKEN ZU MÜSSEN!
IHR IGNORIERT VÖLLIG DIE BEDÜRFNISSE DER HIESIGEN BEVÖLKERUNG!
NOCH DAZU VERWICKELT IHR MEINE VASALLEN IN EURE WAHNVORSTELLUNGEN.
UND WAS AN DEN GESICHTERN VON KRIEGERN, DIE SELBSTSÜCHTIG DEN TOD SUCHEN, SOLL BITTE SCHÖN SEIN?!
EHRLICH GESAGT SIND EURE FRATZEN...
... EINFACH NUR ANSTRENGEND!

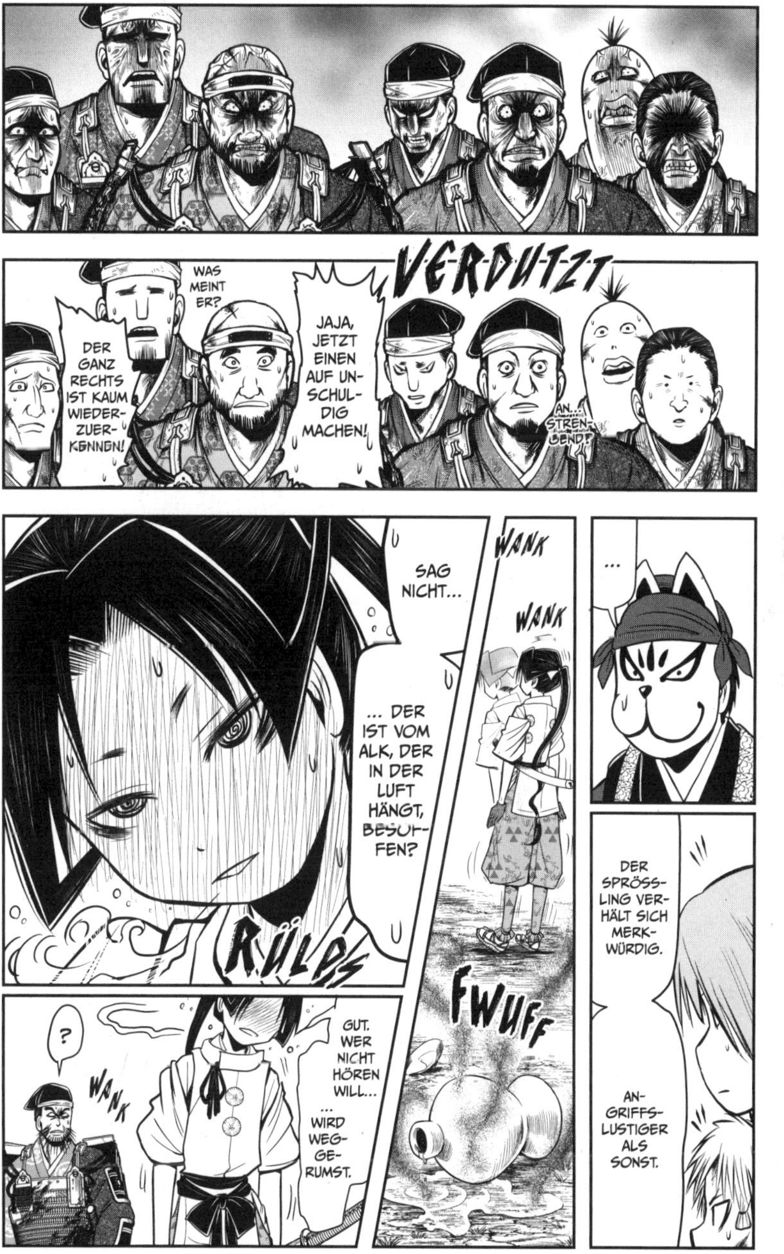
VERDUTZT
AN... STRENGEND?
JAJA, JETZT EINEN AUF UNSCHULDIG MACHEN!
WAS MEINT ER?
DER GANZ RECHTS IST KAUM WIEDERZUERKENNEN!
...
WANK
WANK
SAG NICHT...
... DER IST VOM ALK, DER IN DER LUFT HÄNGT, BESOFFEN?
RÜLPS
DER SPRÖSSLING VERHÄLT SICH MERKWÜRDIG.
ANGRIFFSLUSTIGER ALS SONST.
FWUFF
GUT. WER NICHT HÖREN WILL...
... WIRD WEGGERUMST.
WANK
?

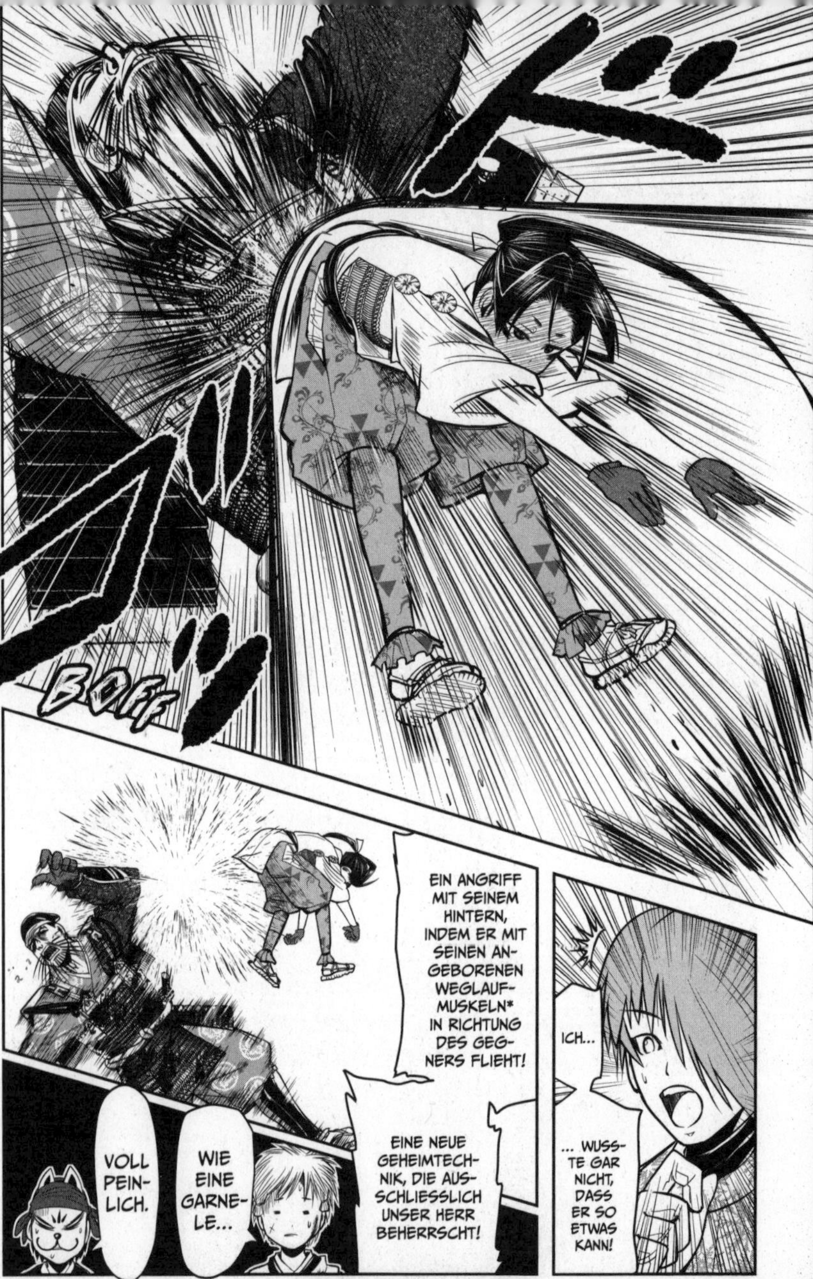

* MUSKELN, DIE DER FLUCHT DIENEN

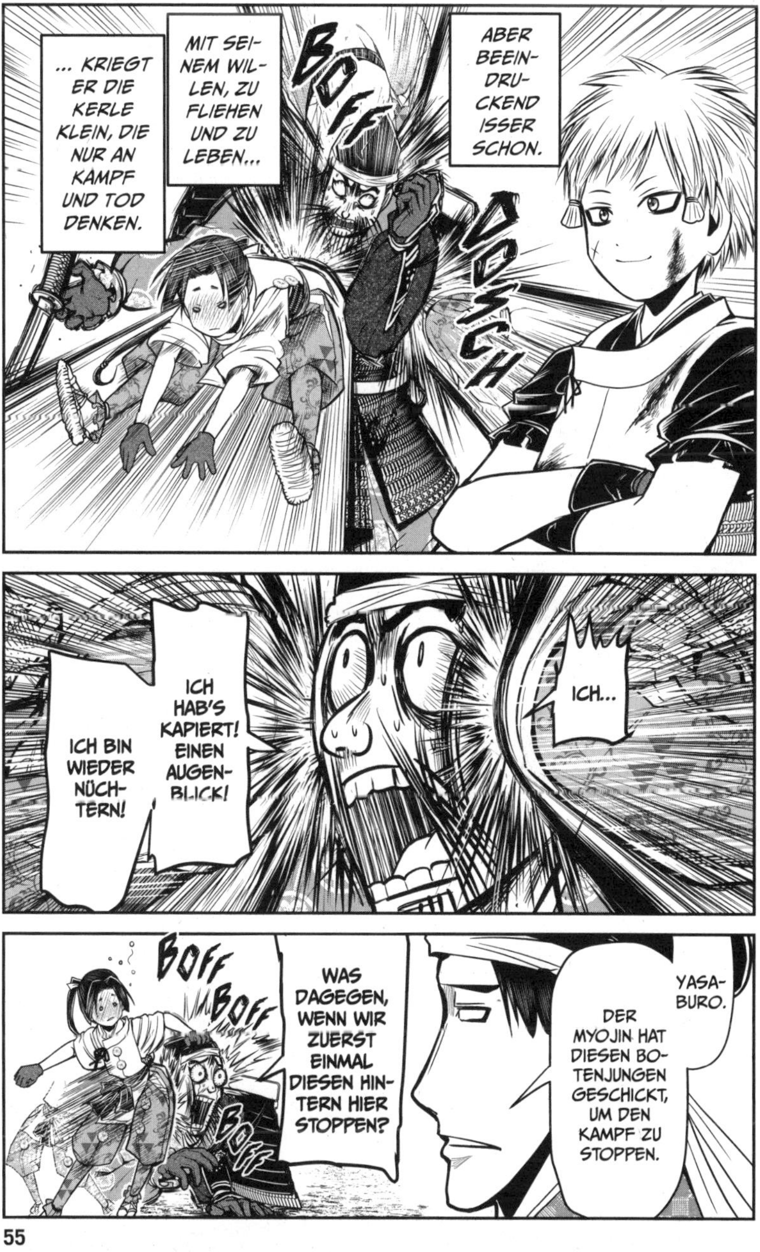
ABER BEEIN-DRU-CKEND ISSER SCHON.
MIT SEI-NEM WIL-LEN, ZU FLIEHEN UND ZU LEBEN ...
... KRIEGT ER DIE KERLE KLEIN, DIE NUR AN KAMPF UND TOD DENKEN.
BOFF
DOMSCH
ICH ...
ICH HAB'S KAPIERT! EINEN AUGEN-BLICK!
ICH BIN WIEDER NÜCH-TERN!
YASA-BURO.
DER MYOJIN HAT DIESEN BO-TENJUNGEN GESCHICKT, UM DEN KAMPF ZU STOPPEN.
WAS DAGEGEN, WENN WIR ZUERST EINMAL DIESEN HIN-TERN HIER STOPPEN?
BOFF
BOFF
BOFF

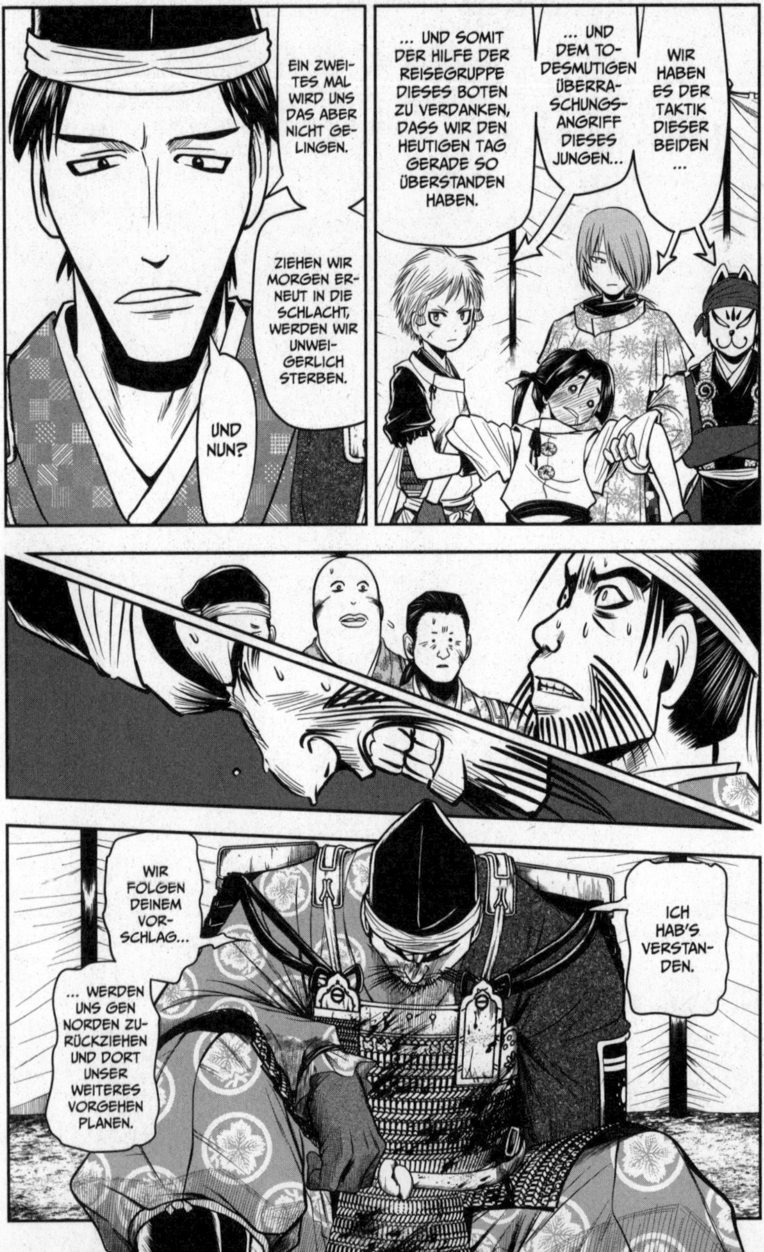
WIR HABEN ES DER TAKTIK DIESER BEIDEN ...
... UND DEM TODESMUTIGEN ÜBERRASCHUNGSANGRIFF DIESES JUNGEN...
... UND SOMIT DER HILFE DER REISEGRUPPE DIESES BOTEN ZU VERDANKEN, DASS WIR DEN HEUTIGEN TAG GERADE SO ÜBERSTANDEN HABEN.
EIN ZWEITES MAL WIRD UNS DAS ABER NICHT GELINGEN.
ZIEHEN WIR MORGEN ERNEUT IN DIE SCHLACHT, WERDEN WIR UNWEIGERLICH STERBEN.
UND NUN?
ICH HAB'S VERSTANDEN.
WIR FOLGEN DEINEM VORSCHLAG...
... WERDEN UNS GEN NORDEN ZURÜCKZIEHEN UND DORT UNSER WEITERES VORGEHEN PLANEN.

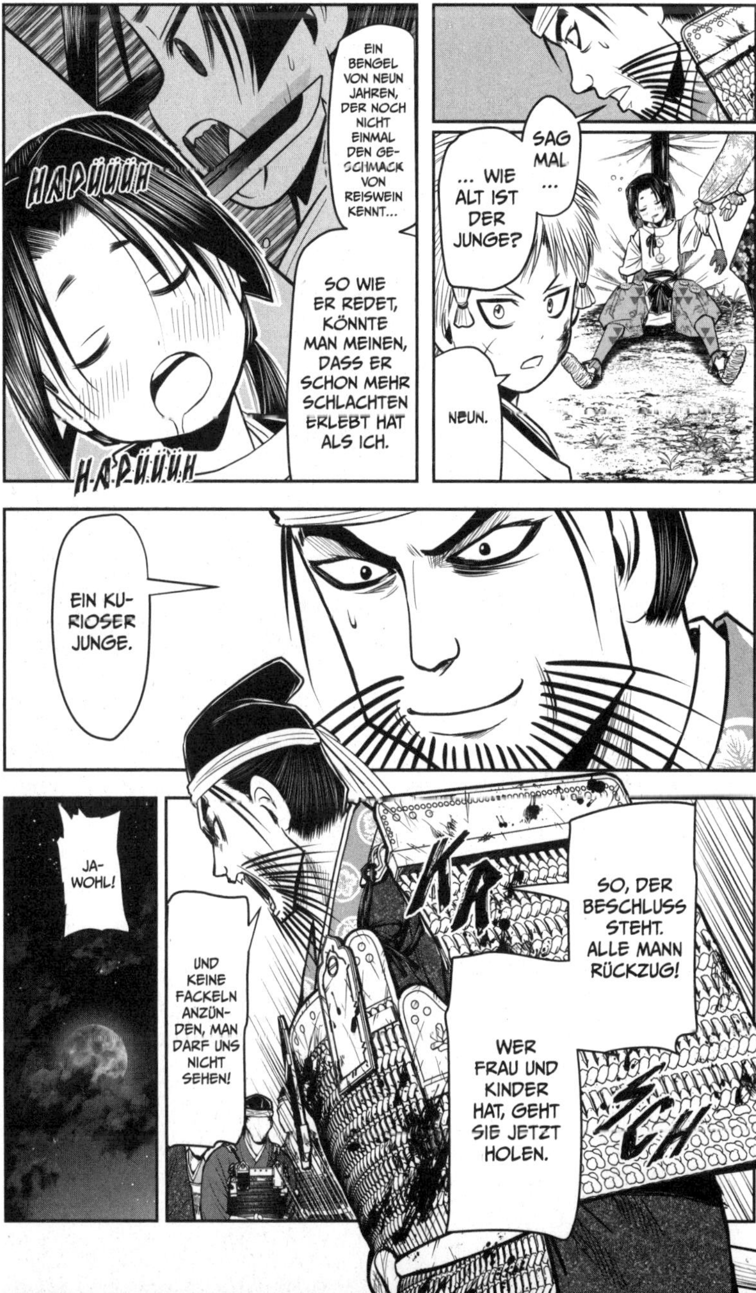
SAG MAL ...
... WIE ALT IST DER JUNGE?
NEUN.
EIN BENGEL VON NEUN JAHREN, DER NOCH NICHT EINMAL DEN GESCHMACK VON REISWEIN KENNT...
SO WIE ER REDET, KÖNNTE MAN MEINEN, DASS ER SCHON MEHR SCHLACHTEN ERLEBT HAT ALS ICH.
HAPÜÜÜH
HAPÜÜÜH
EIN KURIOSER JUNGE.
SO, DER BESCHLUSS STEHT. ALLE MANN RÜCKZUG!
KR
WER FRAU UND KINDER HAT, GEHT SIE JETZT HOLEN.
SCH
UND KEINE FACKELN ANZÜNDEN, MAN DARF UNS NICHT SEHEN!
JAWOHL!

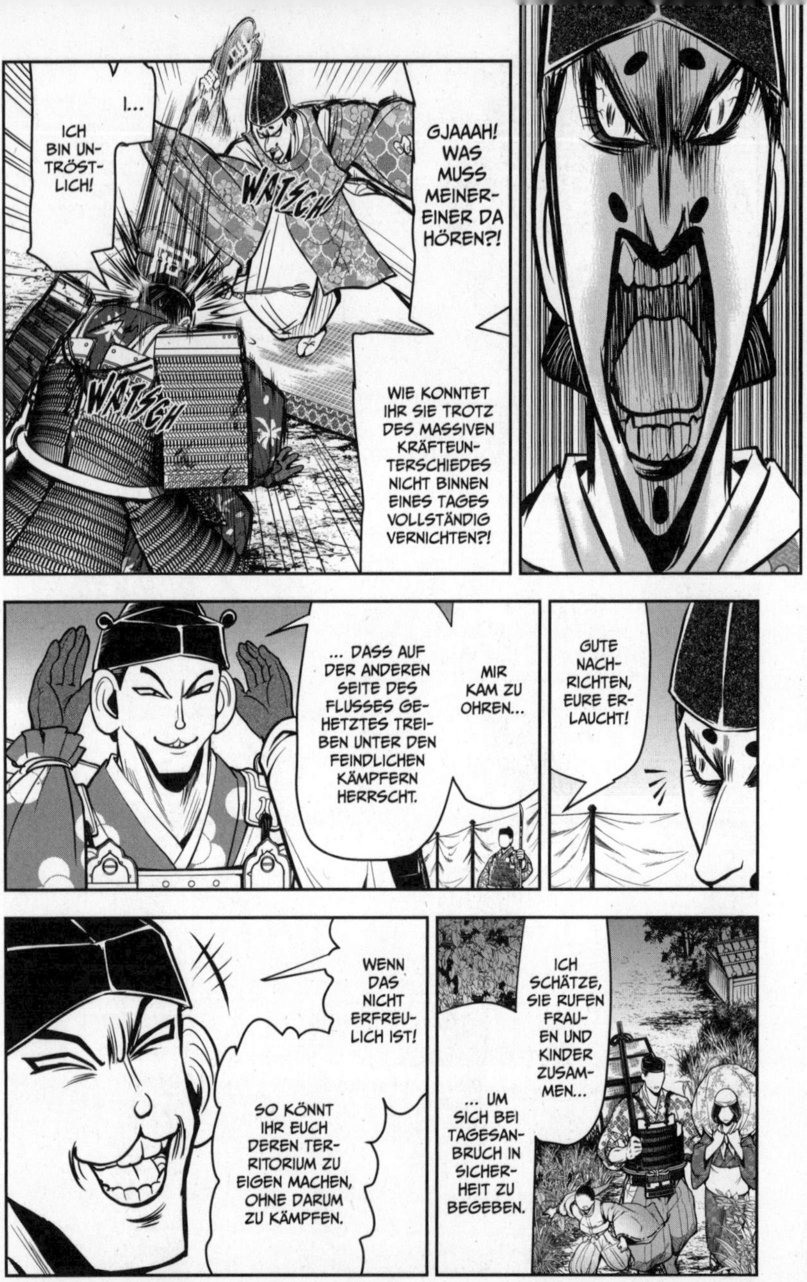
GJAAAH! WAS MUSS MEINEREINER DA HÖREN?!
WIE KONNTET IHR SIE TROTZ DES MASSIVEN KRÄFTEUNTERSCHIEDES NICHT BINNEN EINES TAGES VOLLSTÄNDIG VERNICHTEN?!
WATSCH
WATSCH
I... ICH BIN UNTRÖSTLICH!
GUTE NACHRICHTEN, EURE ERLAUCHT!
MIR KAM ZU OHREN...
... DASS AUF DER ANDEREN SEITE DES FLUSSES GEHETZTES TREIBEN UNTER DEN FEINDLICHEN KÄMPFERN HERRSCHT.
ICH SCHÄTZE, SIE RUFEN FRAUEN UND KINDER ZUSAMMEN...
... UM SICH BEI TAGESANBRUCH IN SICHERHEIT ZU BEGEBEN.
WENN DAS NICHT ERFREULICH IST!
SO KÖNNT IHR EUCH DEREN TERRITORIUM ZU EIGEN MACHEN, OHNE DARUM ZU KÄMPFEN.

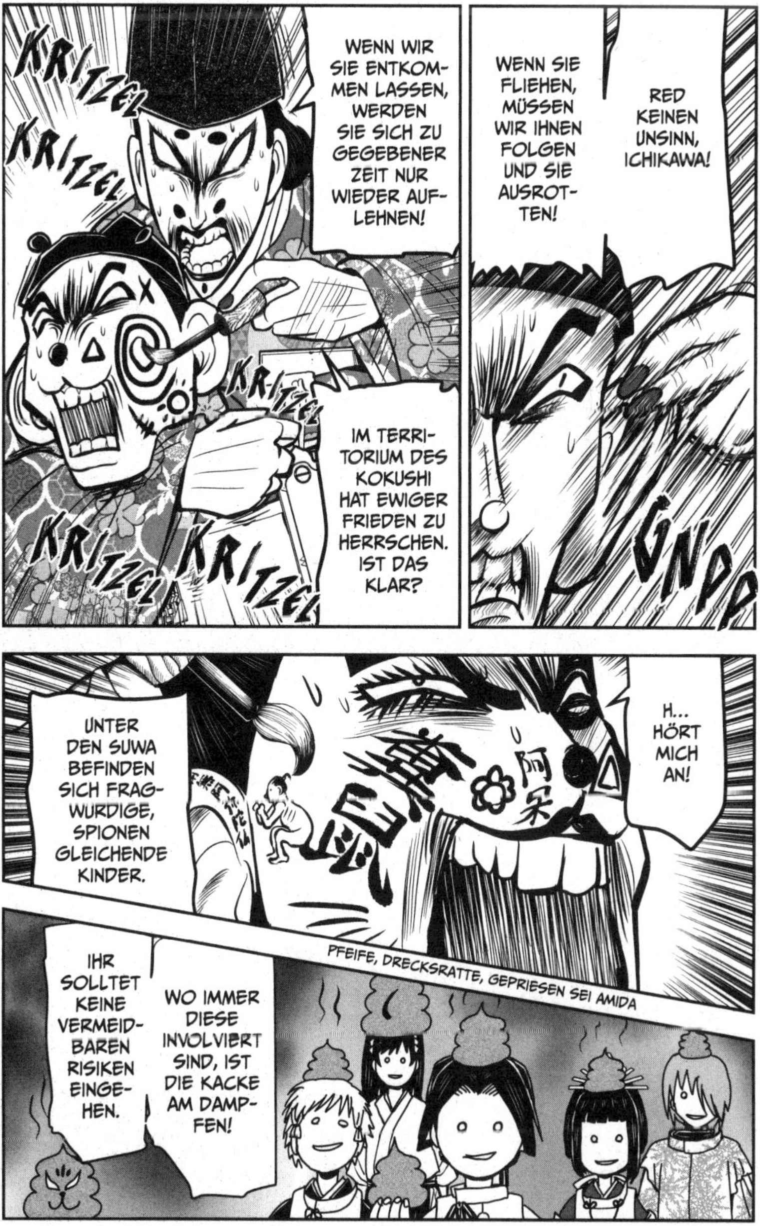
RED KEINEN UNSINN, ICHIKAWA!
WENN SIE FLIEHEN, MÜSSEN WIR IHNEN FOLGEN UND SIE AUSROTTEN!
GNDD
WENN WIR SIE ENTKOMMEN LASSEN, WERDEN SIE SICH ZU GEGEBENER ZEIT NUR WIEDER AUFLEHNEN!
KRITZEL KRITZEL
KRITZEL
IM TERRITORIUM DES KOKUSHI HAT EWIGER FRIEDEN ZU HERRSCHEN. IST DAS KLAR?
KRITZEL KRITZEL
H... HÖRT MICH AN!
UNTER DEN SUWA BEFINDEN SICH FRAGWURDIGE, SPIONEN GLEICHENDE KINDER.
PFEIFE, DRECKSRATTE, GEPRIESEN SEI AMIDA
WO IMMER DIESE INVOLVIERT SIND, IST DIE KACKE AM DAMPFEN!
IHR SOLLTET KEINE VERMEIDBAREN RISIKEN EINGEHEN.

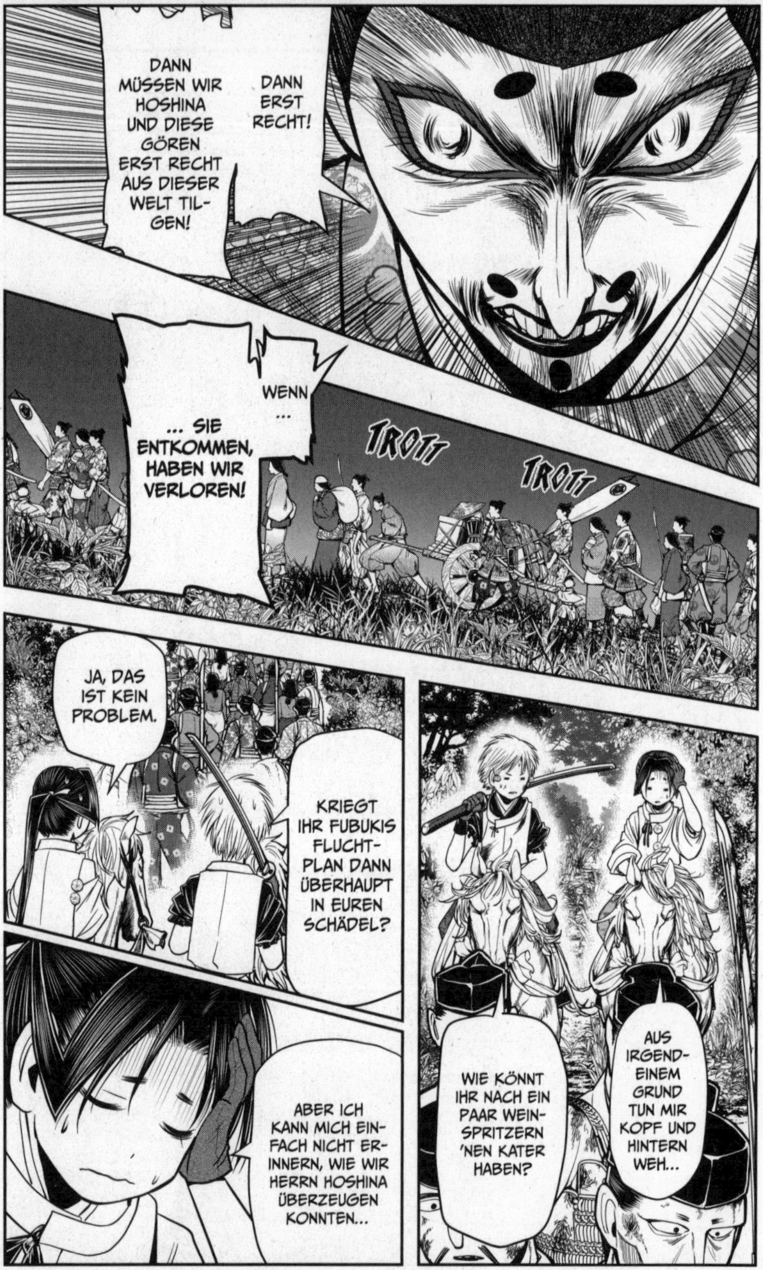
DANN ERST RECHT!
DANN MÜSSEN WIR HOSHINA UND DIESE GÖREN ERST RECHT AUS DIESER WELT TIL-GEN!
WENN ...
... SIE ENTKOMMEN, HABEN WIR VERLOREN!
TROTT
TROTT
JA, DAS IST KEIN PROBLEM.
KRIEGT IHR FUBUKIS FLUCHT-PLAN DANN ÜBERHAUPT IN EUREN SCHÄDEL?
AUS IRGEND-EINEM GRUND TUN MIR KOPF UND HINTERN WEH...
WIE KÖNNT IHR NACH EIN PAAR WEIN-SPRITZERN 'NEN KATER HABEN?
ABER ICH KANN MICH EIN-FACH NICHT ER-INNERN, WIE WIR HERRN HOSHINA ÜBERZEUGEN KONNTEN...

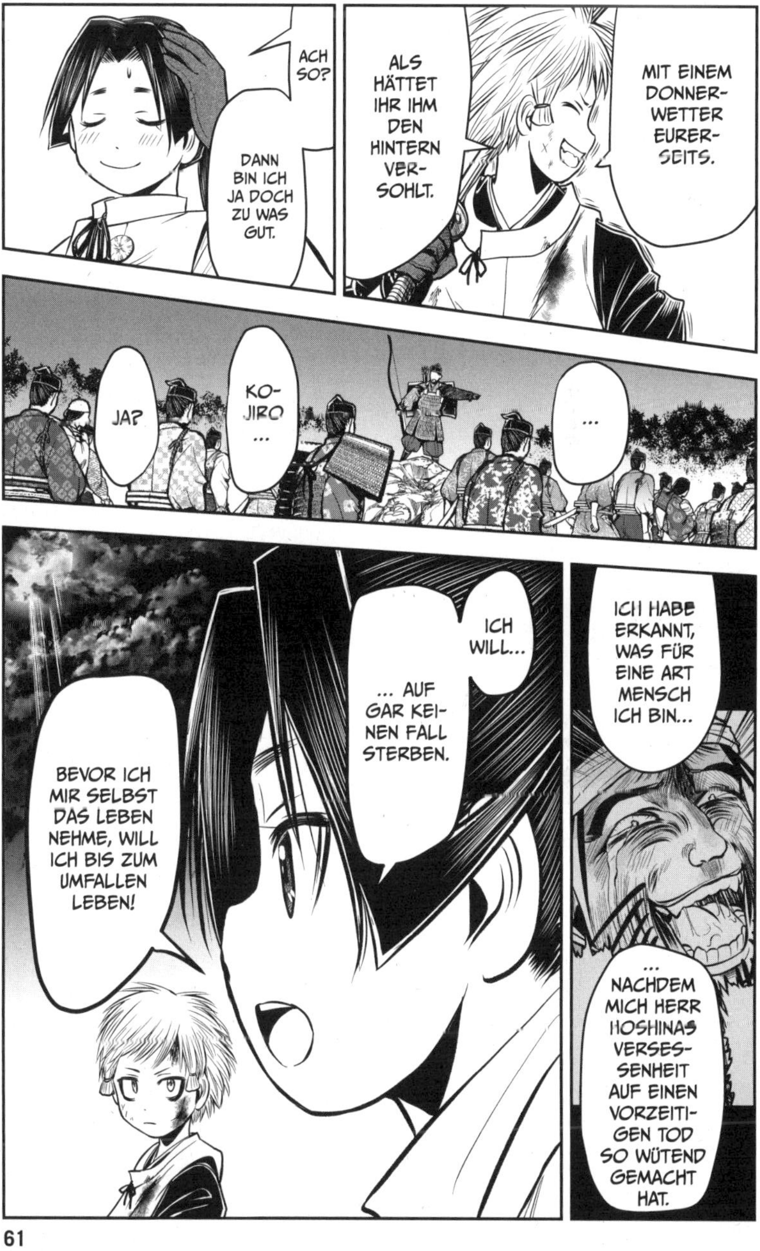
MIT EINEM DONNERWETTER EURERSEITS.
ALS HÄTTET IHR IHM DEN HINTERN VERSOHLT.
ACH SO?
DANN BIN ICH JA DOCH ZU WAS GUT.
...
KOJIRO ...
JA?
ICH HABE ERKANNT, WAS FÜR EINE ART MENSCH ICH BIN...
... NACHDEM MICH HERR HOSHINAS VERSESSENHEIT AUF EINEN VORZEITIGEN TOD SO WÜTEND GEMACHT HAT.
ICH WILL...
... AUF GAR KEINEN FALL STERBEN.
BEVOR ICH MIR SELBST DAS LEBEN NEHME, WILL ICH BIS ZUM UMFALLEN LEBEN!

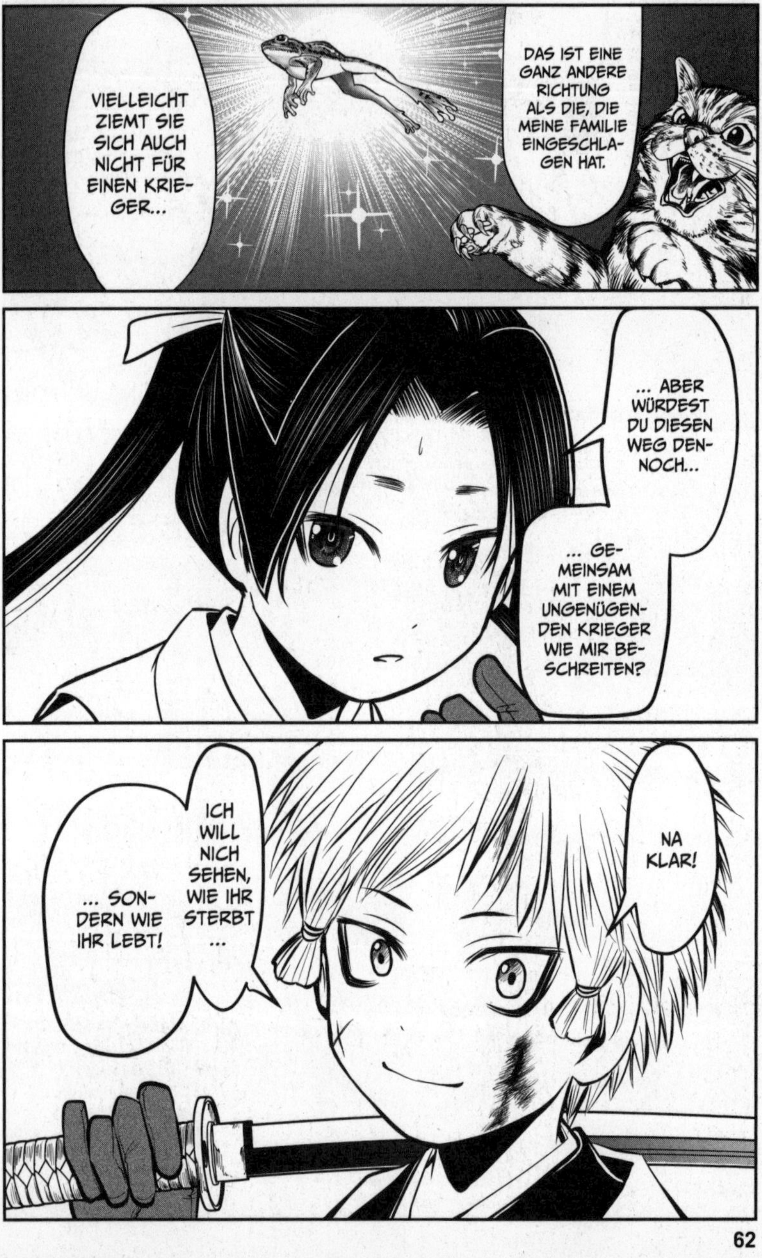
DAS IST EINE GANZ ANDERE RICHTUNG ALS DIE, DIE MEINE FAMILIE EINGESCHLAGEN HAT.
VIELLEICHT ZIEMT SIE SICH AUCH NICHT FÜR EINEN KRIEGER...
... ABER WÜRDEST DU DIESEN WEG DENNOCH...
... GEMEINSAM MIT EINEM UNGENÜGENDEN KRIEGER WIE MIR BESCHREITEN?
NA KLAR!
ICH WILL NICH SEHEN, WIE IHR STERBT ...
... SONDERN WIE IHR LEBT!

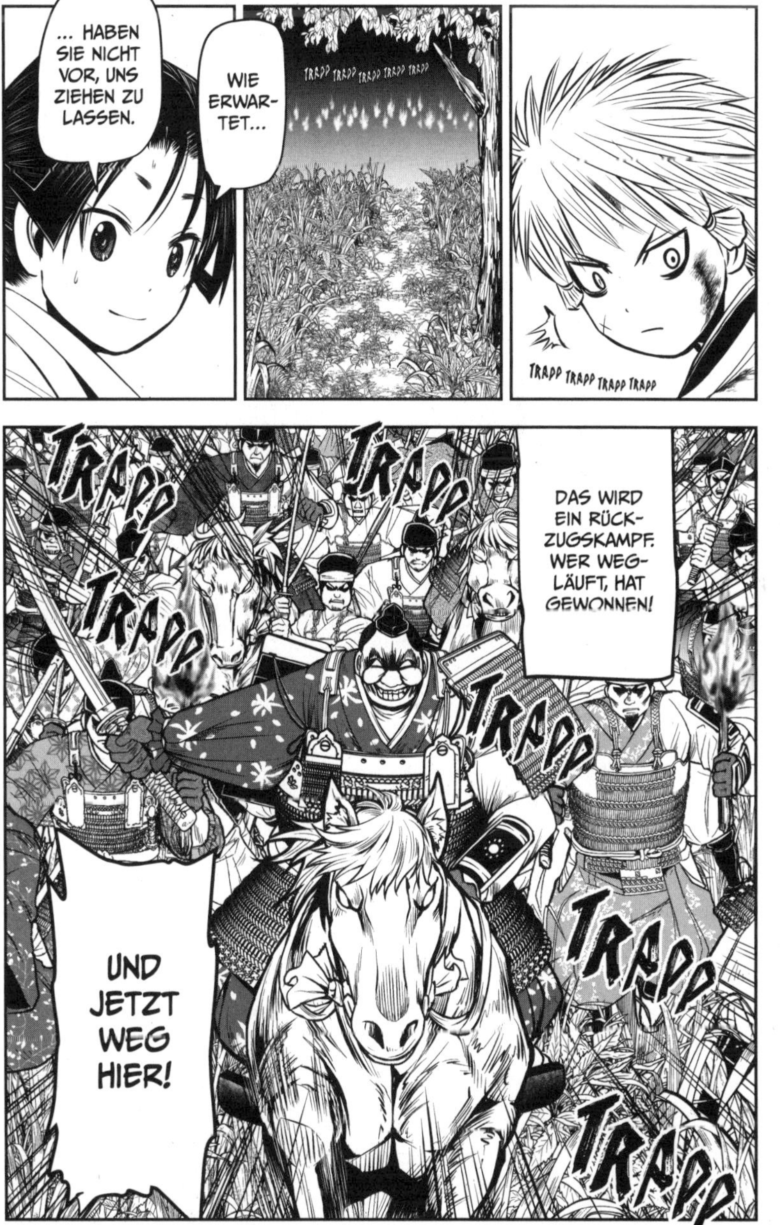
TRAPP TRAPP TRAPP TRAPP
TRAPP TRAPP TRAPP TRAPP TRAPP
WIE ERWARTET...
... HABEN SIE NICHT VOR, UNS ZIEHEN ZU LASSEN.
TRAPP
TRAPP
DAS WIRD EIN RÜCKZUGSKAMPF. WER WEGLÄUFT, HAT GEWONNEN!
TRAPP
UND JETZT WEG HIER!
TRAPP
TRAPP
TRAPP

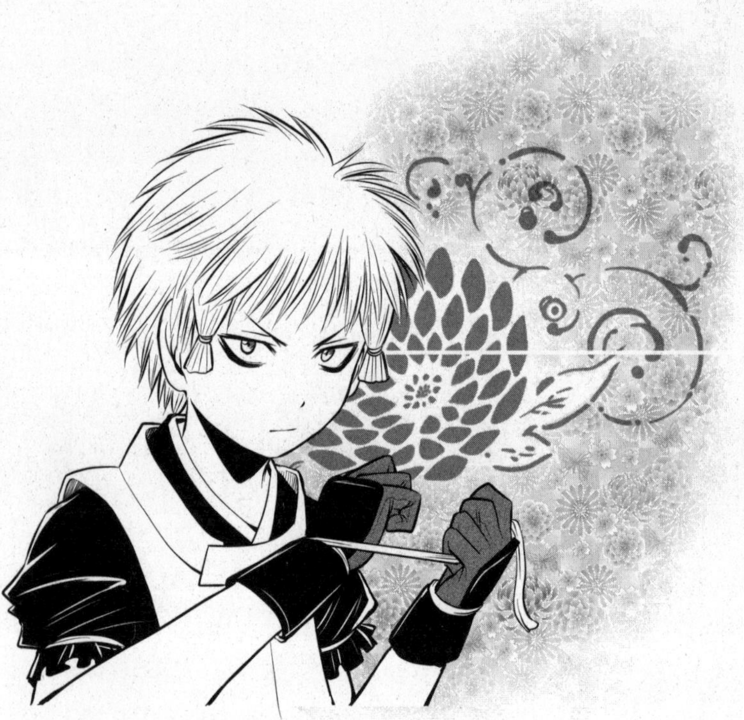

The Elusive SAMURAI

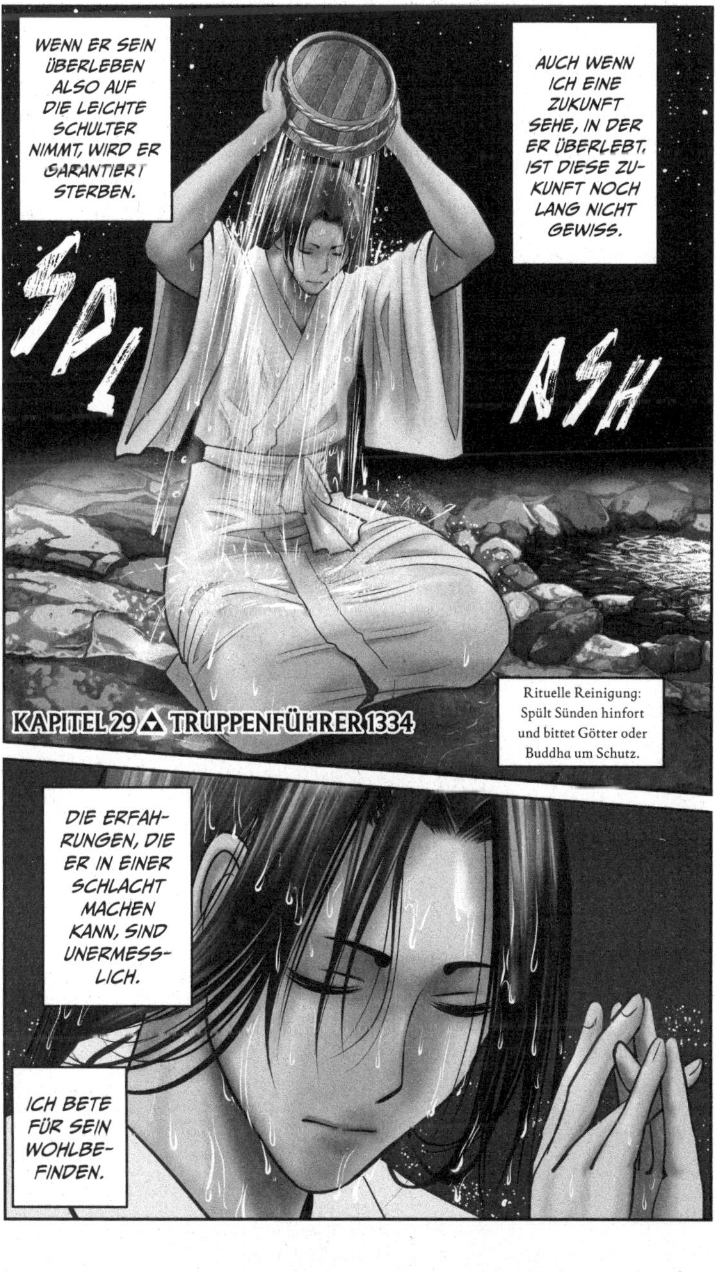
AUCH WENN ICH EINE ZUKUNFT SEHE, IN DER ER ÜBERLEBT, IST DIESE ZUKUNFT NOCH LANG NICHT GEWISS.
WENN ER SEIN ÜBERLEBEN ALSO AUF DIE LEICHTE SCHULTER NIMMT, WIRD ER GARANTIERT STERBEN.
SPLASH
KAPITEL 29 TRUPPENFÜHRER 1334
Rituelle Reinigung: Spült Sünden hinfort und bittet Götter oder Buddha um Schutz.
DIE ERFAHRUNGEN, DIE ER IN EINER SCHLACHT MACHEN KANN, SIND UNERMESSLICH.
ICH BETE FÜR SEIN WOHLBEFINDEN.

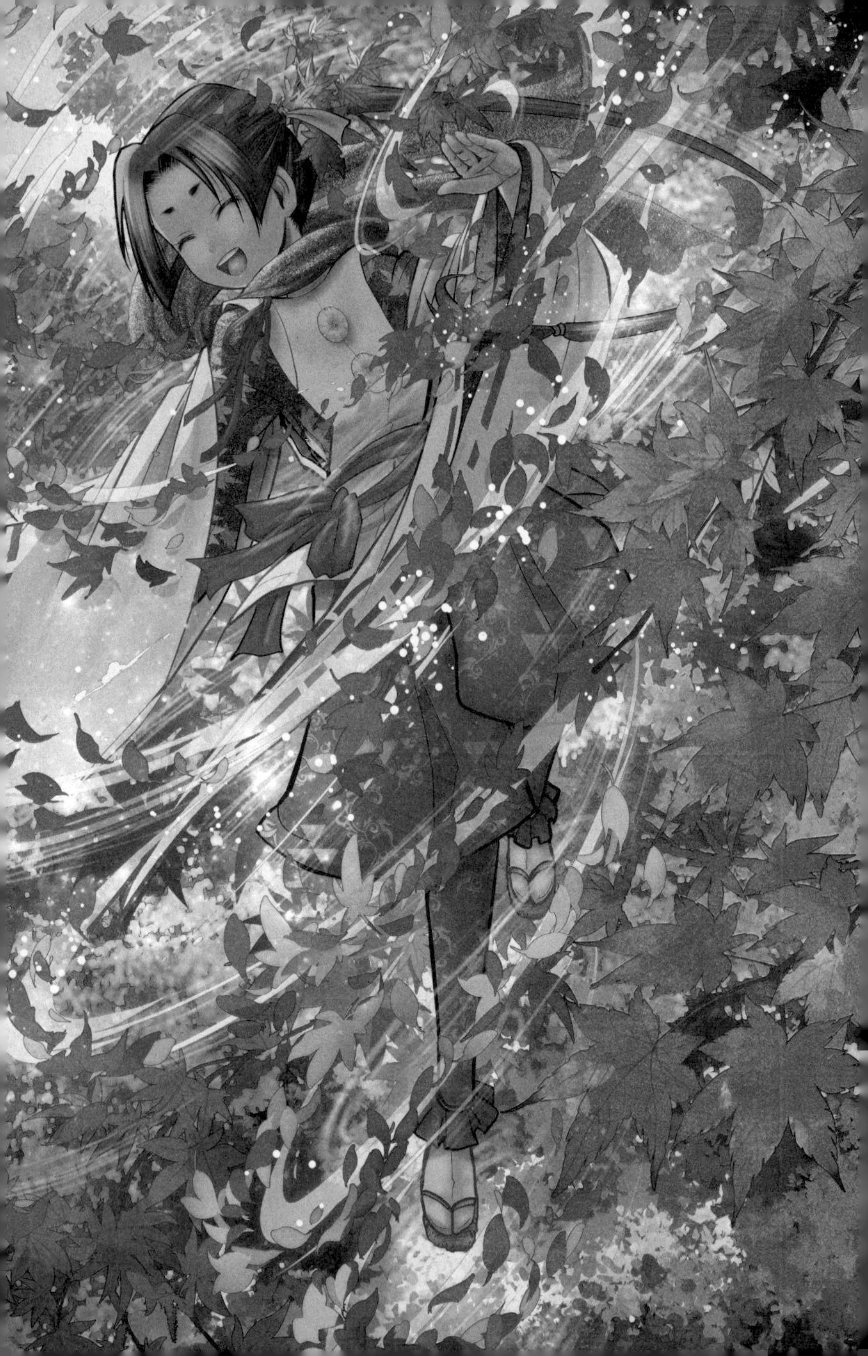

KAPITEL 29 TRUPPENFÜHRER 1334

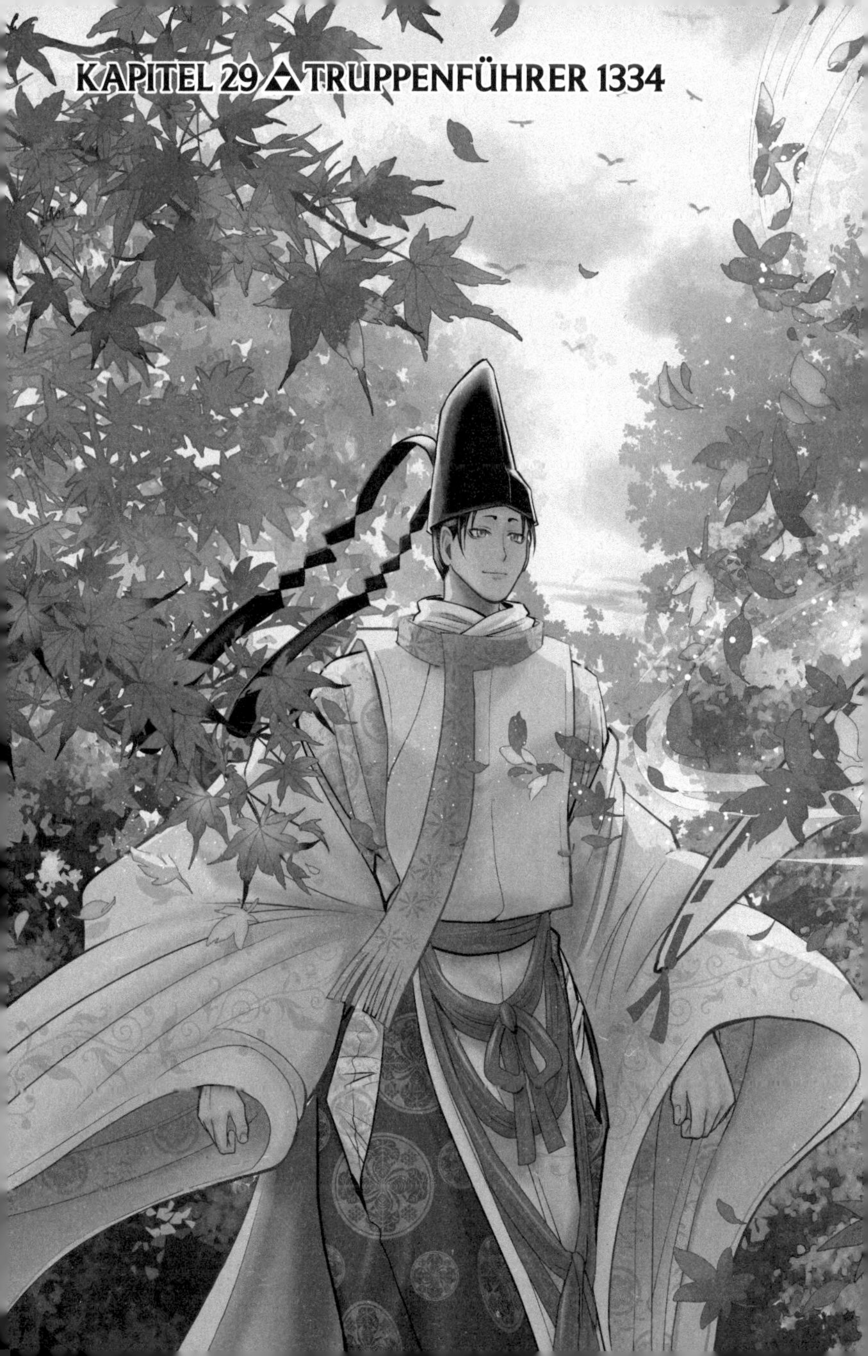

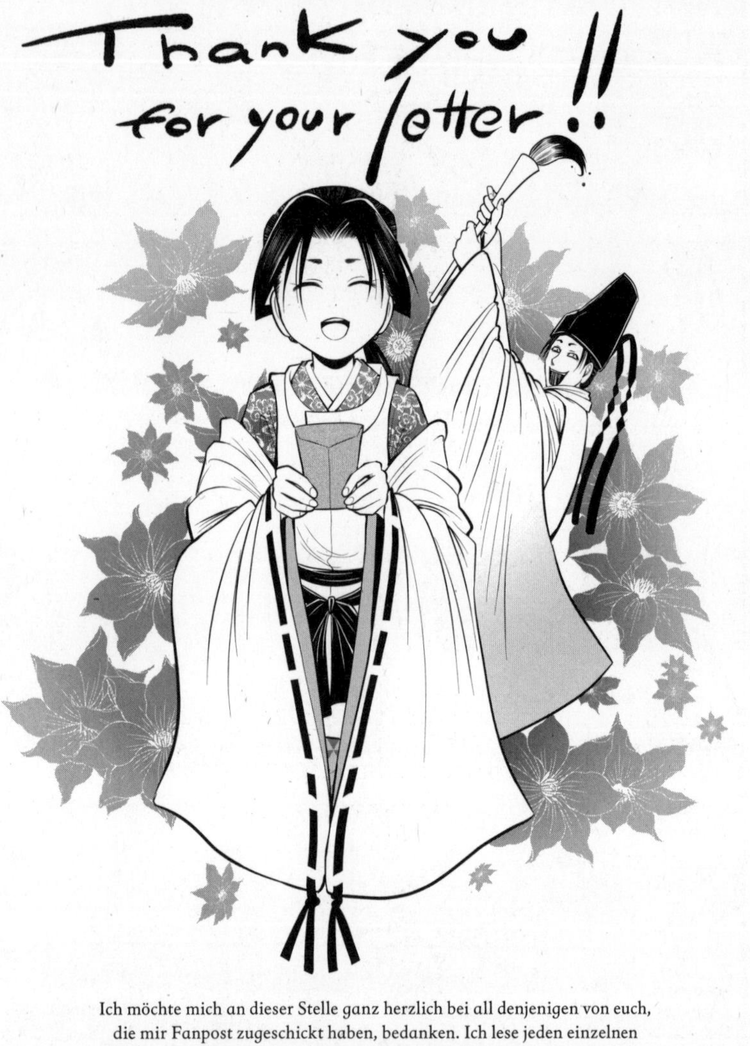

Ich möchte mich an dieser Stelle ganz herzlich bei all denjenigen von euch, die mir Fanpost zugeschickt haben, bedanken. Ich lese jeden einzelnen Brief mit größter Sorgfalt, denn sie spornen mich immer weiter an. Während meiner Debütreihe konnte ich hundert und während meiner zweiten Reihe noch fünfzig Antworten verfassen, doch bei meiner aktuellen Reihe fehlt mir leider die Zeit dafür... Bitte entschuldigt diese Trägheit und akzeptiert mein allgemeines Dankeschön.

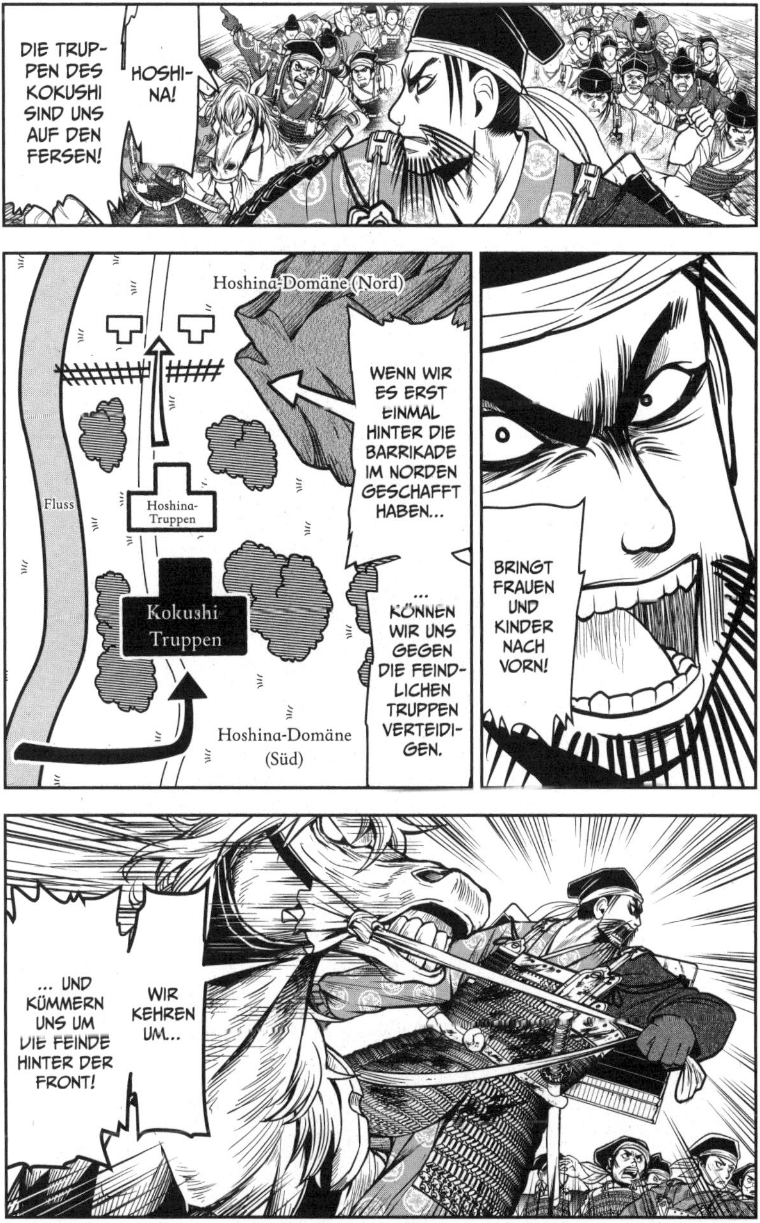
HOSHI-NA!
DIE TRUP-PEN DES KOKUSHI SIND UNS AUF DEN FERSEN!
BRINGT FRAUEN UND KINDER NACH VORN!
WENN WIR ES ERST EINMAL HINTER DIE BARRIKADE IM NORDEN GESCHAFFT HABEN...
... KÖNNEN WIR UNS GEGEN DIE FEIND-LICHEN TRUPPEN VERTEIDI-GEN.
Hoshina-Domäne (Nord)
Fluss
Hoshina-Truppen
Kokushi Truppen
Hoshina-Domäne (Süd)
WIR KEHREN UM...
... UND KÜMMERN UNS UM DIE FEINDE HINTER DER FRONT!

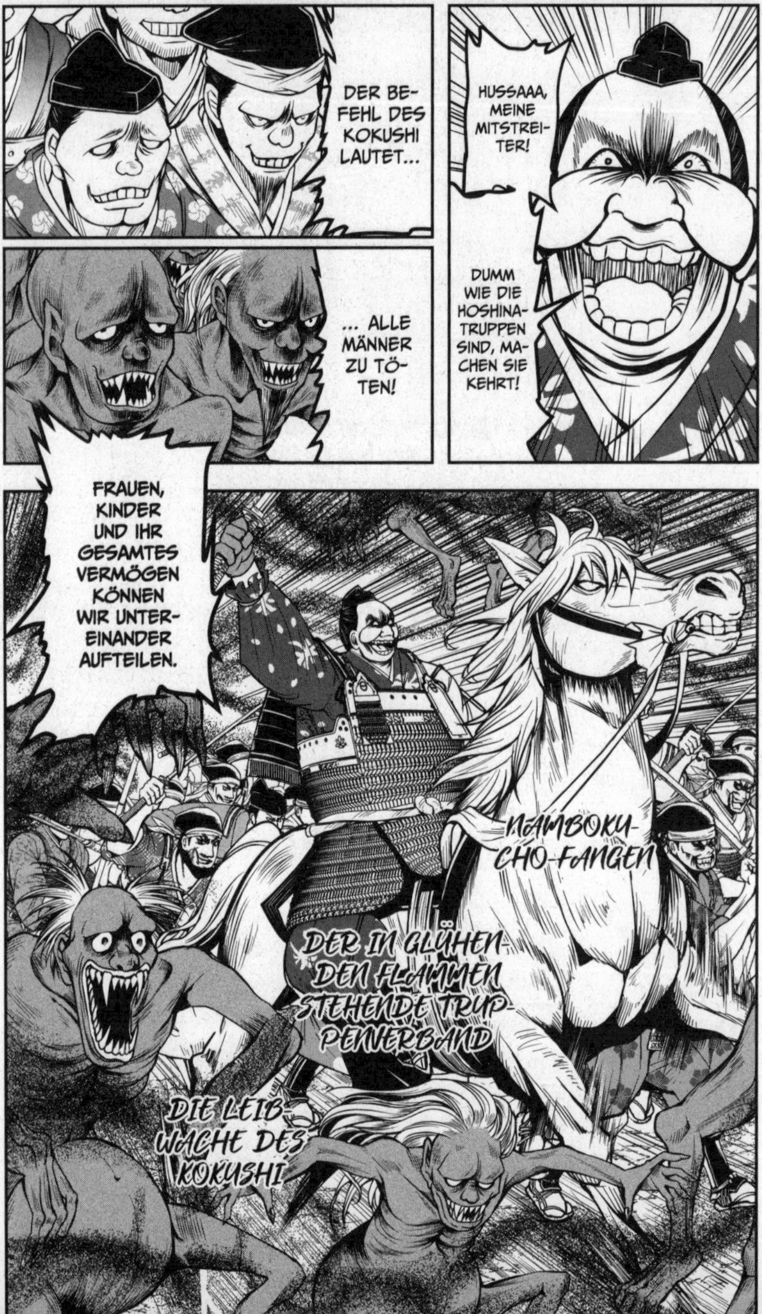
HUSSAAA, MEINE MITSTREITER!
DUMM WIE DIE HOSHINA-TRUPPEN SIND, MACHEN SIE KEHRT!
DER BEFEHL DES KOKUSHI LAUTET...
... ALLE MÄNNER ZU TÖTEN!
FRAUEN, KINDER UND IHR GESAMTES VERMÖGEN KÖNNEN WIR UNTEREINANDER AUFTEILEN.
NAMBOKU-CHO-FANGEN
DER IN GLÜHENDEN FLAMMEN STEHENDE TRUPPENVERBAND
DIE LEIBWACHE DES KOKUSHI

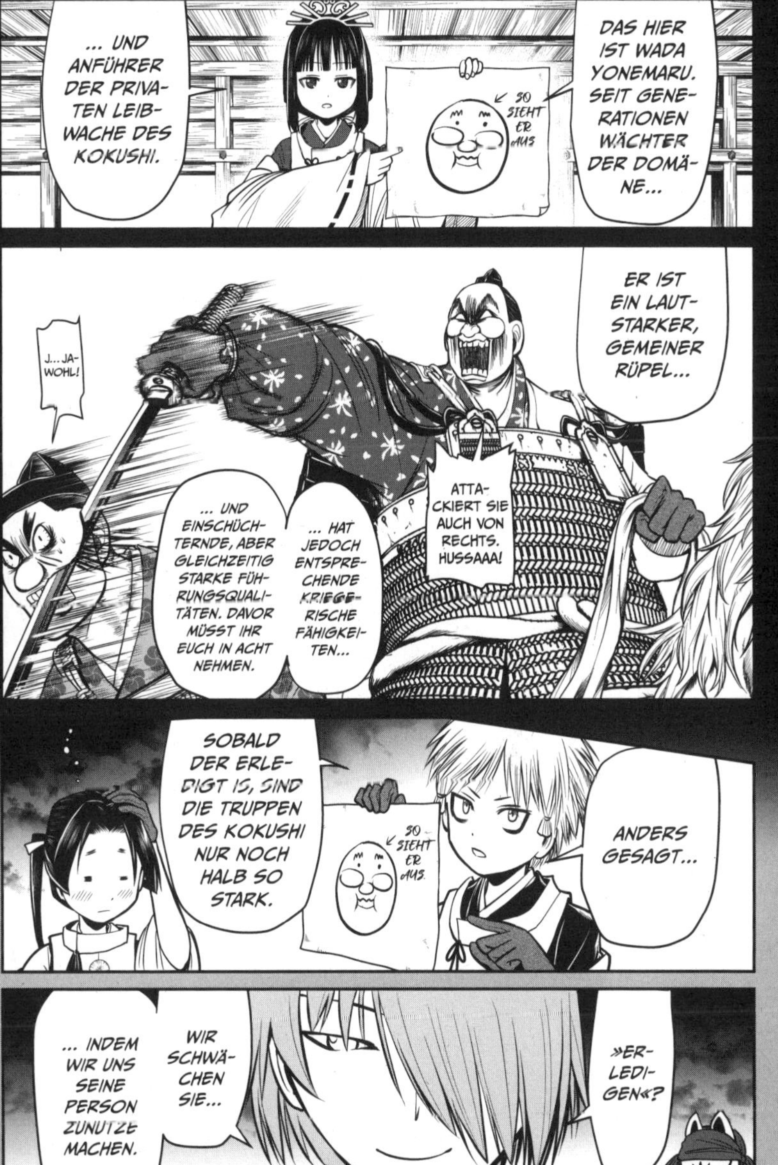
DAS HIER IST WADA YONEMARU. SEIT GENERATIONEN WÄCHTER DER DOMÄNE...
SO SIEHT ER AUS
... UND ANFÜHRER DER PRIVATEN LEIBWACHE DES KOKUSHI.
ER IST EIN LAUTSTARKER, GEMEINER RÜPEL...
ATTACKIERT SIE AUCH VON RECHTS. HUSSAAA!
... HAT JEDOCH ENTSPRECHENDE KRIEGERISCHE FÄHIGKEITEN...
... UND EINSCHÜCHTERNDE, ABER GLEICHZEITIG STARKE FÜHRUNGSQUALITÄTEN. DAVOR MÜSST IHR EUCH IN ACHT NEHMEN.
J... JAWOHL!
ANDERS GESAGT...
SO SIEHT ER AUS.
SOBALD DER ERLEDIGT IS, SIND DIE TRUPPEN DES KOKUSHI NUR NOCH HALB SO STARK.
»ERLEDIGEN«?
WIR SCHWÄCHEN SIE...
... INDEM WIR UNS SEINE PERSON ZUNUTZE MACHEN.

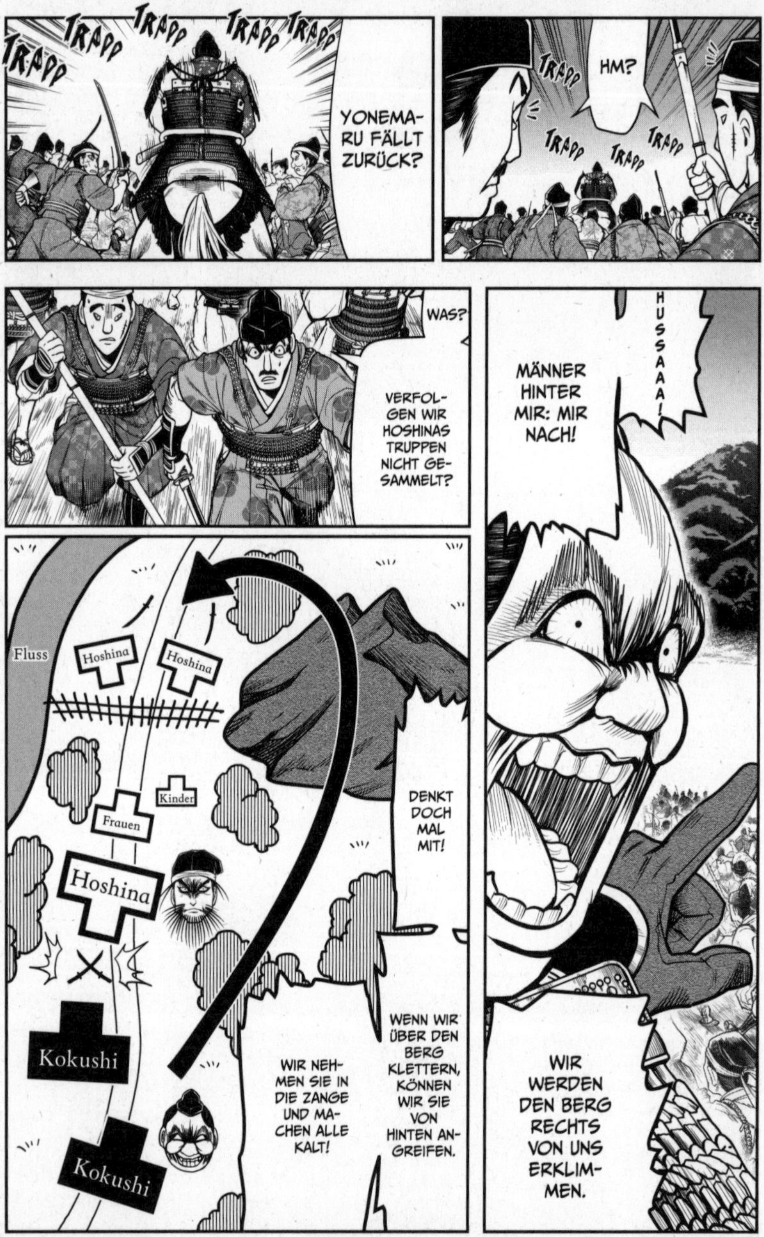
TRAPP TRAPP TRAPP
HM?
TRAPP TRAPP TRAPP TRAPP TRAPP
YONEMARU FÄLLT ZURÜCK?
WAS?
VERFOLGEN WIR HOSHINAS TRUPPEN NICHT GESAMMELT?
HUSSAAAA!
MÄNNER HINTER MIR: MIR NACH!
WIR WERDEN DEN BERG RECHTS VON UNS ERKLIMMEN.
DENKT DOCH MAL MIT!
WENN WIR ÜBER DEN BERG KLETTERN, KÖNNEN WIR SIE VON HINTEN ANGREIFEN.
WIR NEHMEN SIE IN DIE ZANGE UND MACHEN ALLE KALT!
Fluss
Hoshina
Hoshina
Kinder
Frauen
Hoshina
Kokushi
Kokushi

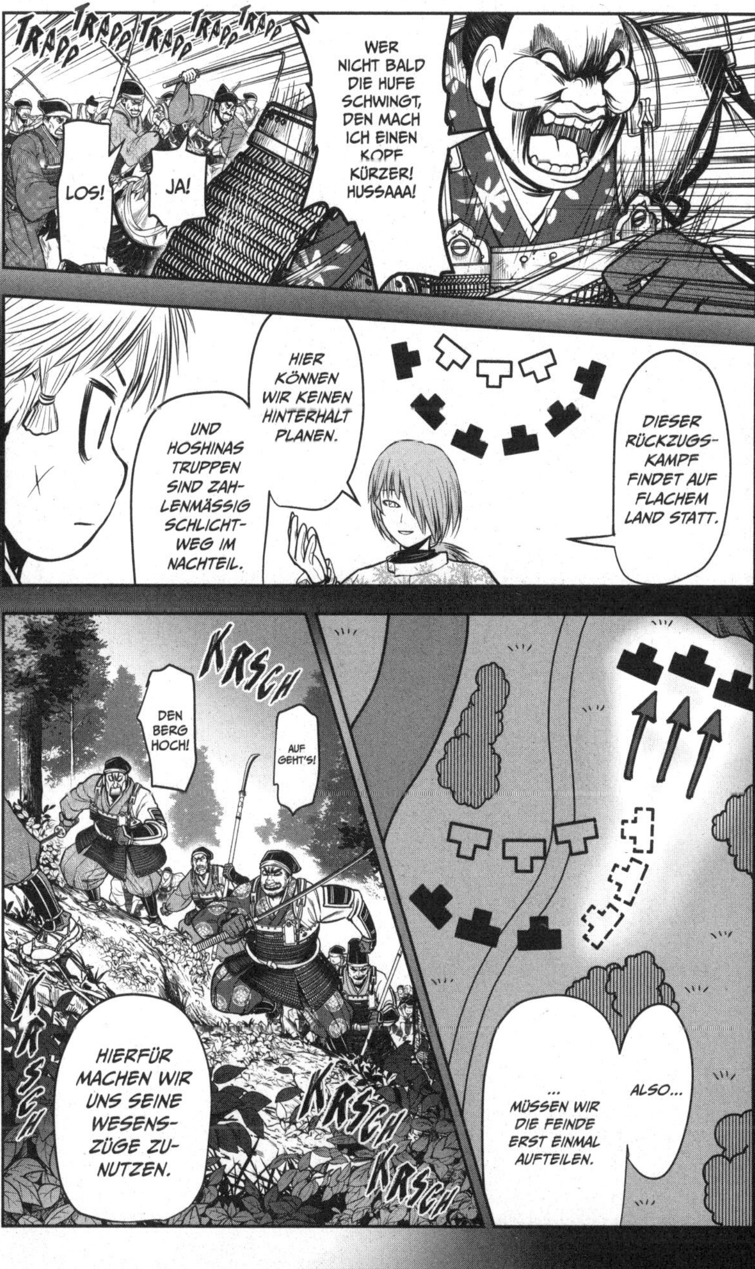
TRAPP TRAPP TRAPP TRAPP TRAPP
WER NICHT BALD DIE HUFE SCHWINGT, DEN MACH ICH EINEN KOPF KÜRZER! HUSSAAA!
JA!
LOS!
DIESER RÜCKZUGS-KAMPF FINDET AUF FLACHEM LAND STATT.
HIER KÖNNEN WIR KEINEN HINTERHALT PLANEN.
UND HOSHINAS TRUPPEN SIND ZAH-LENMÄSSIG SCHLICHT-WEG IM NACHTEIL.
ALSO...
... MÜSSEN WIR DIE FEINDE ERST EINMAL AUFTEILEN.
KRSCH
AUF GEHT'S!
DEN BERG HOCH!
HIERFÜR MACHEN WIR UNS SEINE WESENS-ZÜGE ZU-NUTZEN.
KRSCH
KRSCH
KRSCH

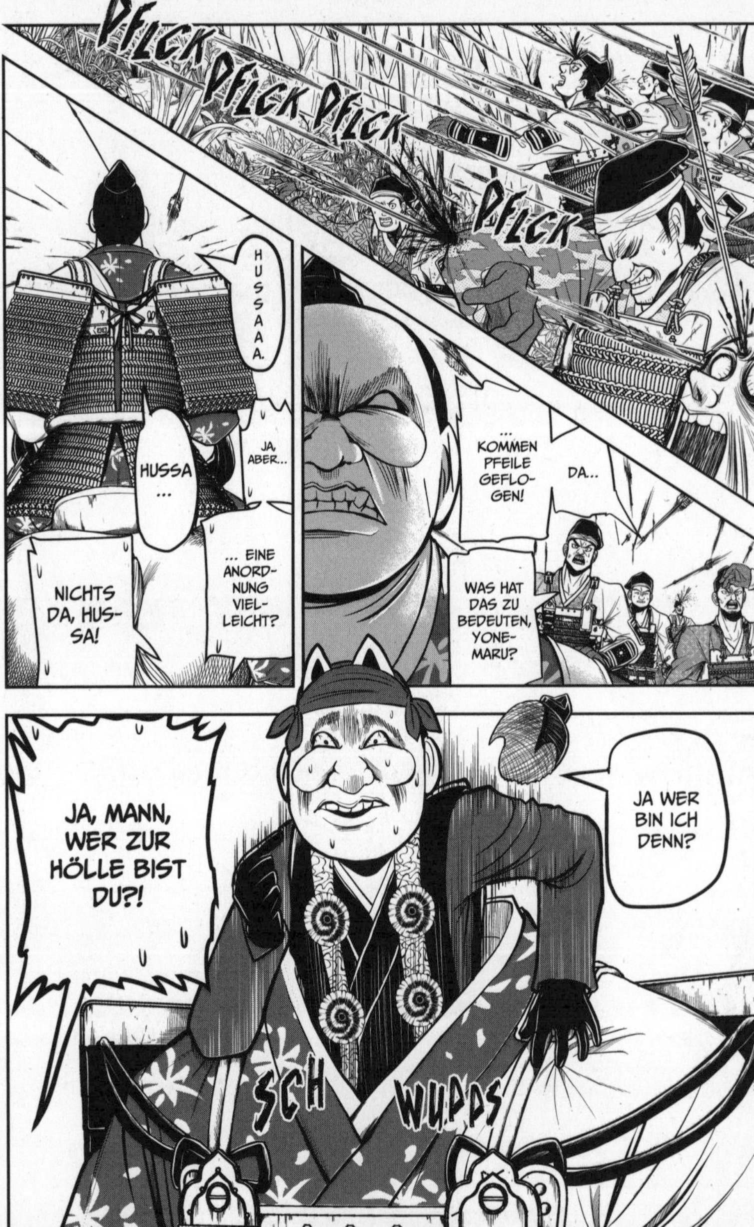
PFLCK PFLCK PFLCK
PFLCK
DA...
... KOMMEN PFEILE GEFLO-GEN!
WAS HAT DAS ZU BEDEUTEN, YONE-MARU?
JA, ABER...
... EINE ANORD-NUNG VIEL-LEICHT?
HUSSAAAA.
HUSSA ...
NICHTS DA, HUS-SA!
JA WER BIN ICH DENN?
SCH WUPPS
JA, MANN, WER ZUR HÖLLE BIST DU?!

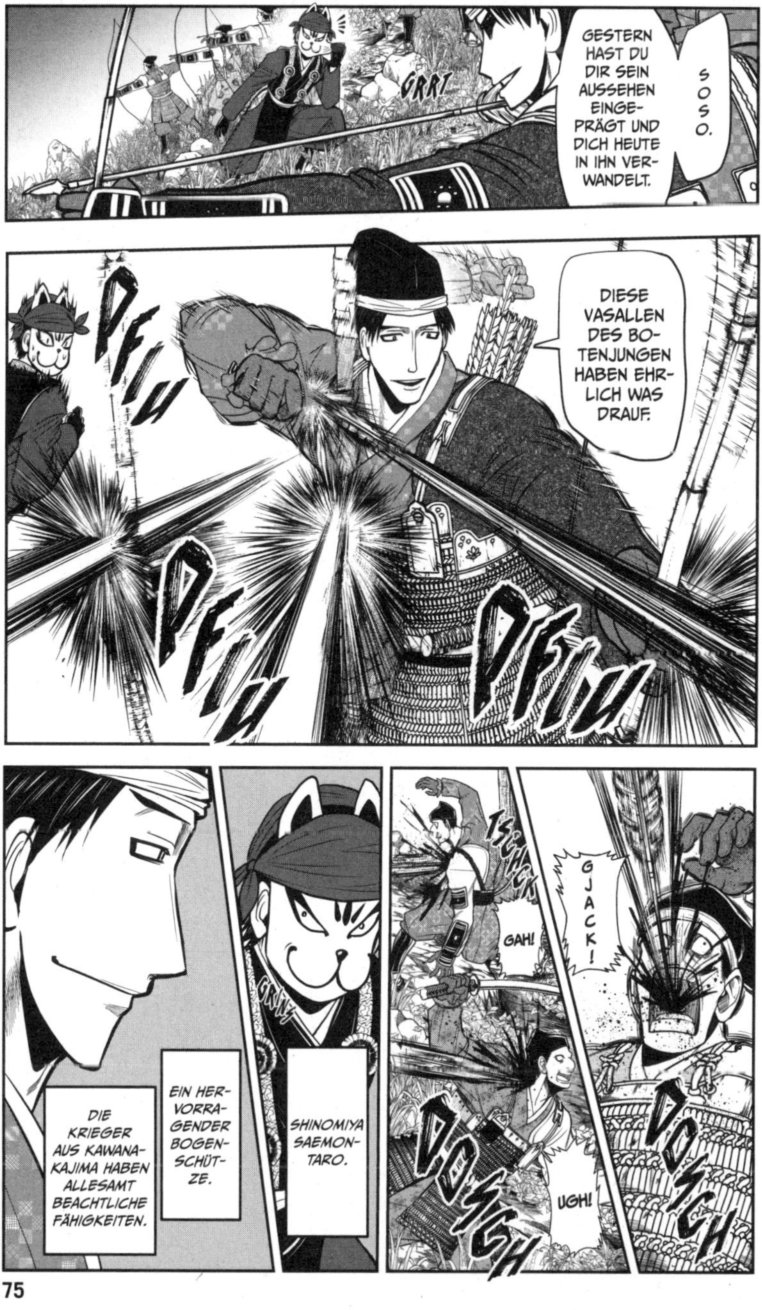
SOSO.
GESTERN HAST DU DIR SEIN AUSSEHEN EINGEPRÄGT UND DICH HEUTE IN IHN VERWANDELT.
GRRT
DIESE VASALLEN DES BOTENJUNGEN HABEN EHRLICH WAS DRAUF.
PFIUU
PFIUU
PFIUU
GJACK!
TSCHACK
GAH!
UGH!
DOSCH
DOSCH
SHINOMIYA SAEMONTARO.
EIN HERVORRAGENDER BOGENSCHÜTZE.
GRINS
DIE KRIEGER AUS KAWANAKAJIMA HABEN ALLESAMT BEACHTLICHE FÄHIGKEITEN.

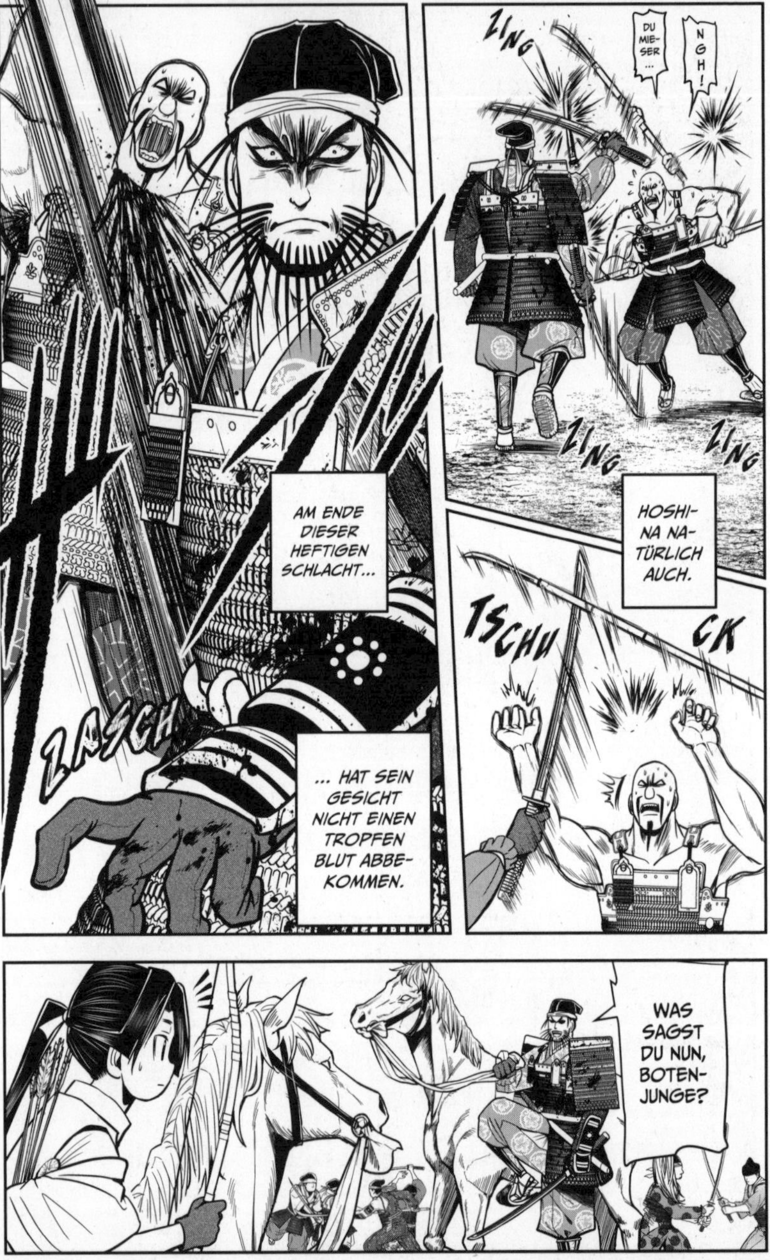
ZING
NGH!
DU MIESER ...
ZING
ZING
AM ENDE DIESER HEFTIGEN SCHLACHT...
HOSHINA NATÜRLICH AUCH.
TSCHU CK
ZASCH
... HAT SEIN GESICHT NICHT EINEN TROPFEN BLUT ABBEKOMMEN.
WAS SAGST DU NUN, BOTENJUNGE?

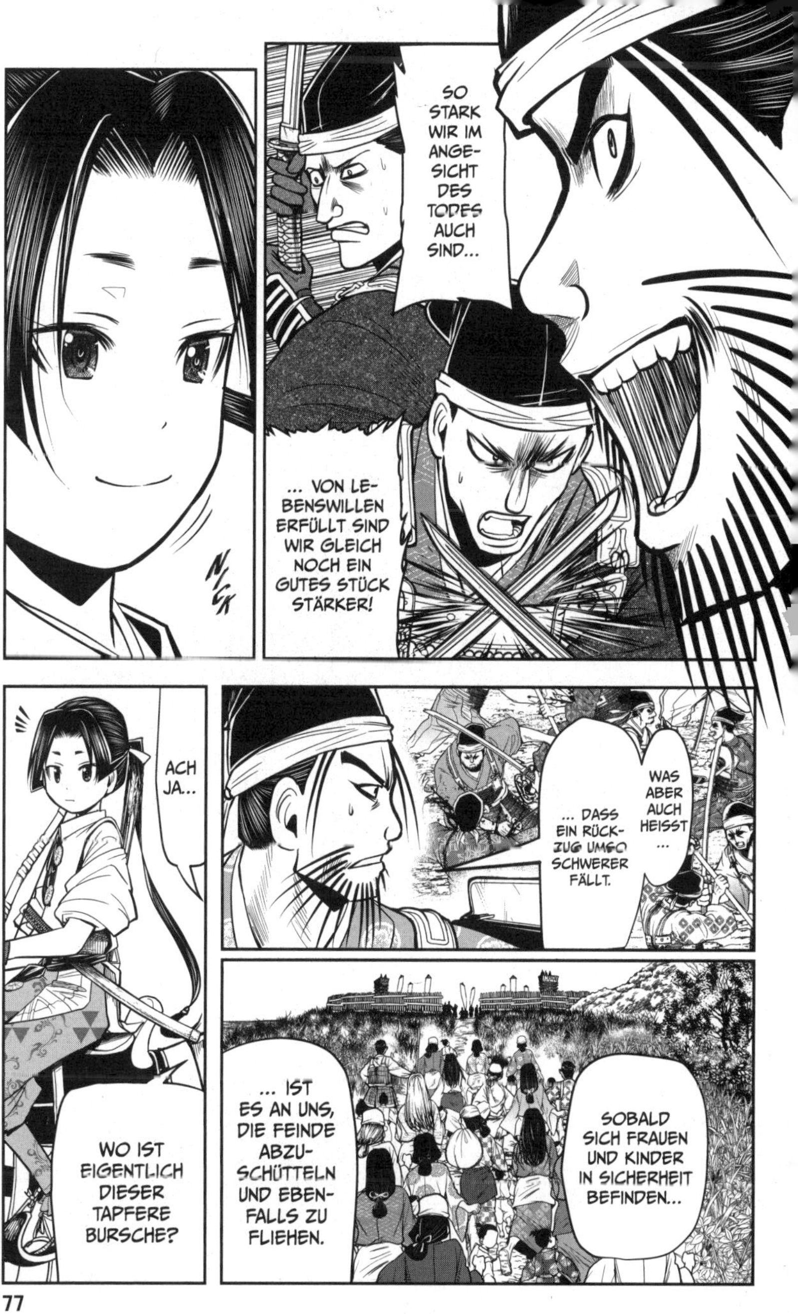
SO STARK WIR IM ANGESICHT DES TODES AUCH SIND...
... VON LEBENSWILLEN ERFÜLLT SIND WIR GLEICH NOCH EIN GUTES STÜCK STÄRKER!
NICK
WAS ABER AUCH HEISST ...
... DASS EIN RÜCKZUG UMSO SCHWERER FÄLLT.
ACH JA...
WO IST EIGENTLICH DIESER TAPFERE BURSCHE?
SOBALD SICH FRAUEN UND KINDER IN SICHERHEIT BEFINDEN...
... IST ES AN UNS, DIE FEINDE ABZUSCHÜTTELN UND EBENFALLS ZU FLIEHEN.

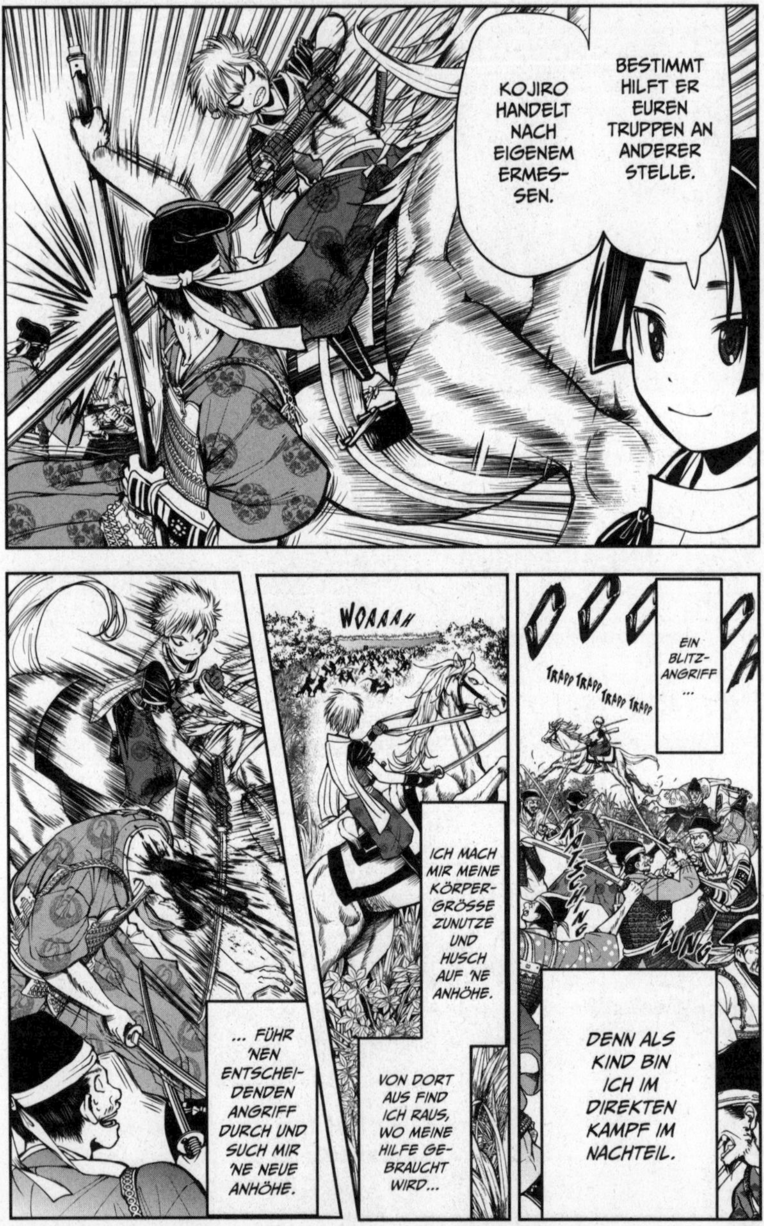
Kojiro handelt nach eigenem Ermes-sen.
Bestimmt hilft er euren Truppen an anderer Stelle.
Denn als Kind bin ich im direkten Kampf im Nachteil.
Trapp Trapp Trapp Trapp
Zing
Woaaah
Ich mach mir meine Körper-grösse zunutze und husch auf 'ne Anhöhe.
Von dort aus find ich raus, wo meine Hilfe ge-braucht wird...
Ein Blitz-angriff ...
... führ 'nen entschei-denden Angriff durch und such mir 'ne neue Anhöhe.

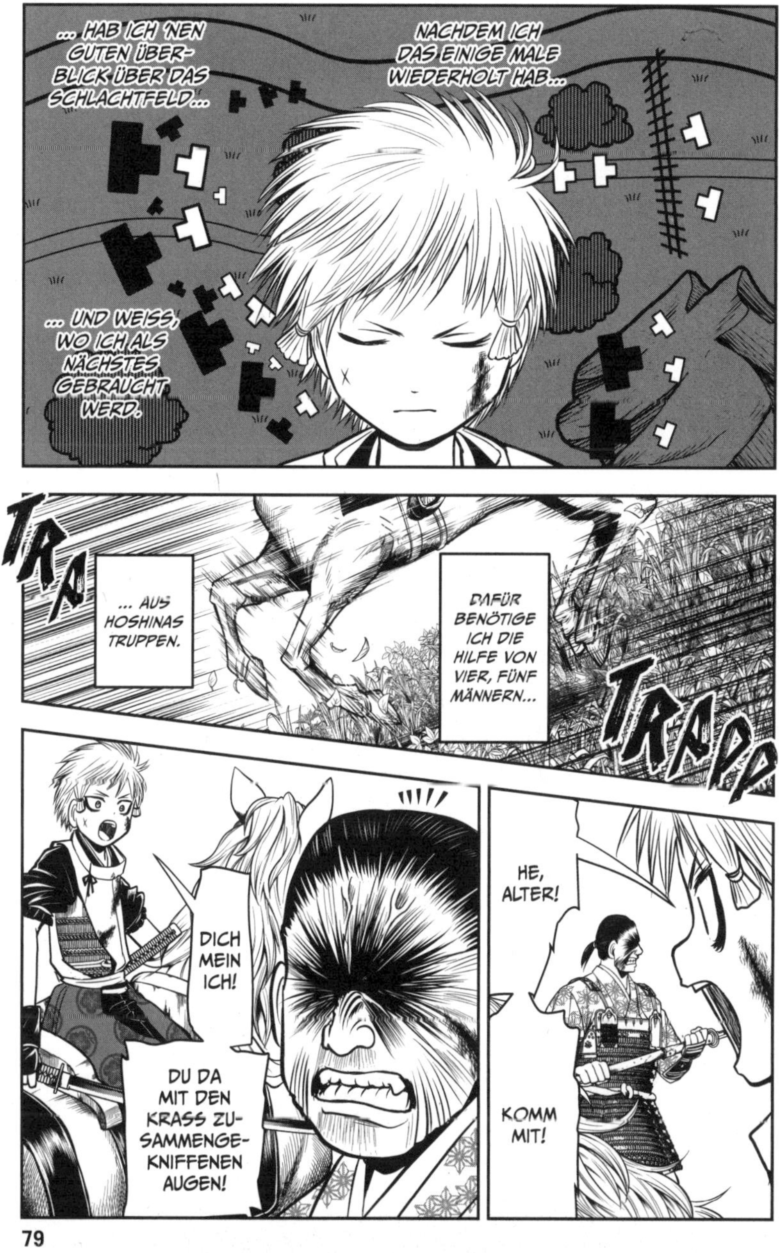
NACHDEM ICH DAS EINIGE MALE WIEDERHOLT HAB ...
... HAB ICH 'NEN GUTEN ÜBERBLICK ÜBER DAS SCHLACHTFELD ...
... UND WEISS, WO ICH ALS NÄCHSTES GEBRAUCHT WERD.
TRA
DAFÜR BENÖTIGE ICH DIE HILFE VON VIER, FÜNF MÄNNERN ...
... AUS HOSHINAS TRUPPEN.
TRAPP
HE, ALTER!
KOMM MIT!
DICH MEIN ICH!
DU DA MIT DEN KRASS ZUSAMMENGEKNIFFENEN AUGEN!

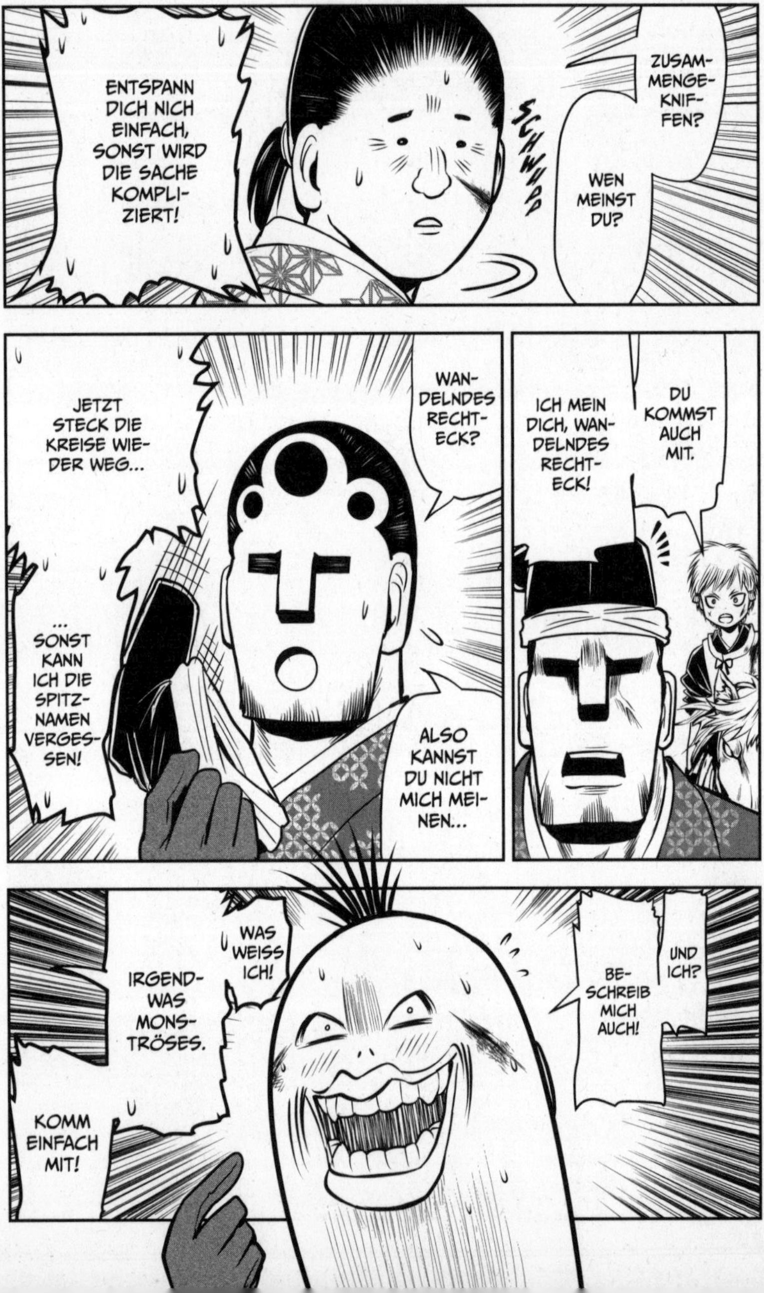
ZUSAMMENGEKNIFFEN?
WEN MEINST DU?
SCHWUPP
ENTSPANN DICH NICH EINFACH, SONST WIRD DIE SACHE KOMPLIZIERT!
DU KOMMST AUCH MIT.
ICH MEIN DICH, WANDELNDES RECHTECK!
WANDELNDES RECHTECK?
ALSO KANNST DU NICHT MICH MEINEN...
JETZT STECK DIE KREISE WIEDER WEG...
... SONST KANN ICH DIE SPITZNAMEN VERGESSEN!
UND ICH?
BESCHREIB MICH AUCH!
WAS WEISS ICH!
IRGENDWAS MONSTRÖSES.
KOMM EINFACH MIT!

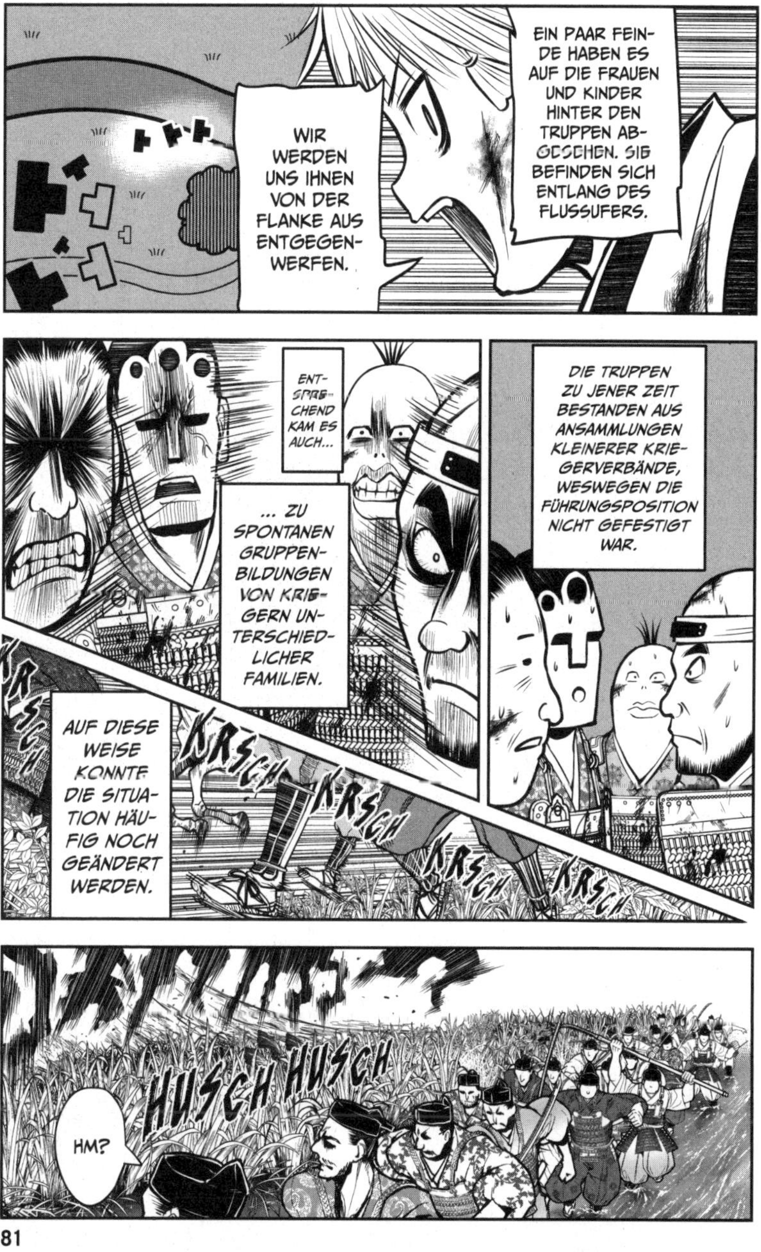
EIN PAAR FEINDE HABEN ES AUF DIE FRAUEN UND KINDER HINTER DEN TRUPPEN ABGESEHEN. SIE BEFINDEN SICH ENTLANG DES FLUSSUFERS.
WIR WERDEN UNS IHNEN VON DER FLANKE AUS ENTGEGENWERFEN.
DIE TRUPPEN ZU JENER ZEIT BESTANDEN AUS ANSAMMLUNGEN KLEINERER KRIEGERVERBÄNDE, WESWEGEN DIE FÜHRUNGSPOSITION NICHT GEFESTIGT WAR.
ENTSPRECHEND KAM ES AUCH...
... ZU SPONTANEN GRUPPENBILDUNGEN VON KRIEGERN UNTERSCHIEDLICHER FAMILIEN.
KRSCH
KRSCH
KRSCH
KRSCH
KRSCH
KRSCH
AUF DIESE WEISE KONNTE DIE SITUATION HÄUFIG NOCH GEÄNDERT WERDEN.
HUSCH HUSCH
HM?

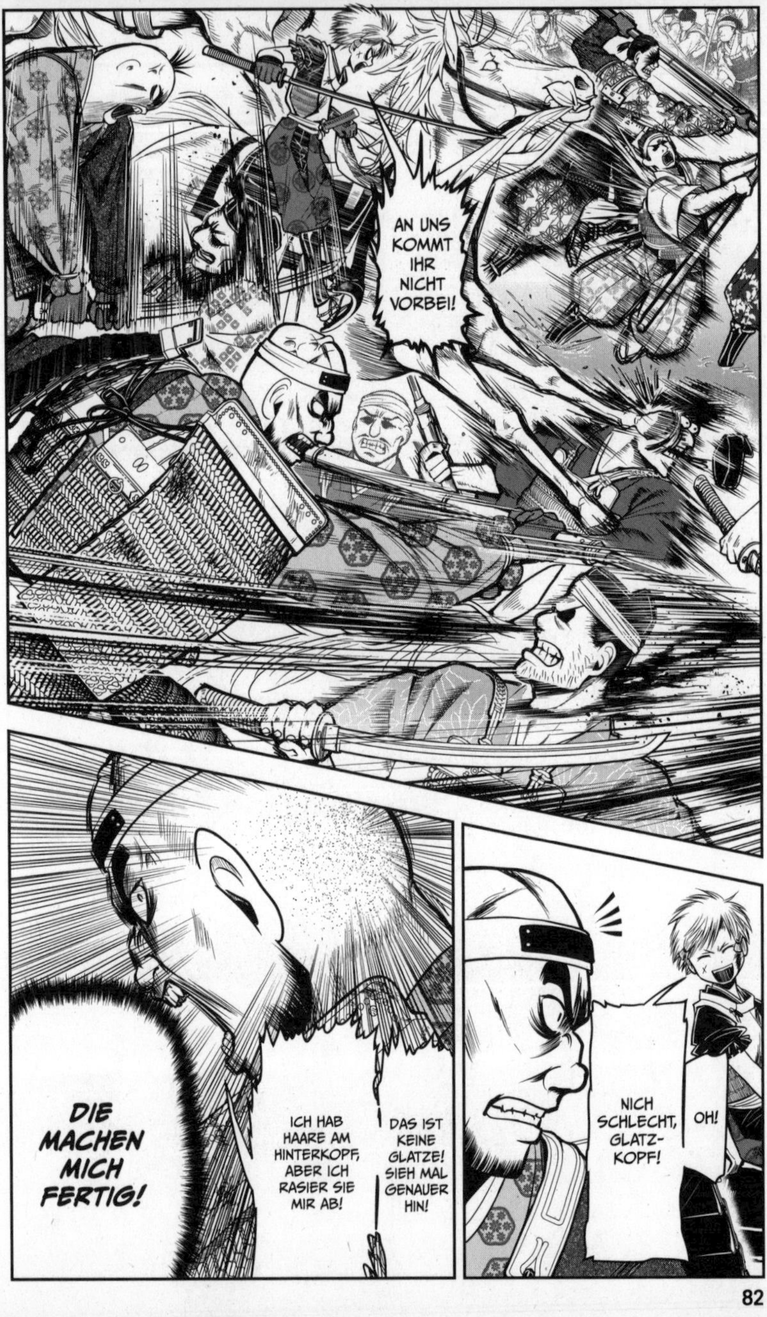
AN UNS KOMMT IHR NICHT VORBEI!
OH!
NICH SCHLECHT, GLATZ-KOPF!
DAS IST KEINE GLATZE! SIEH MAL GENAUER HIN!
ICH HAB HAARE AM HINTERKOPF, ABER ICH RASIER SIE MIR AB!
DIE MACHEN MICH FERTIG!

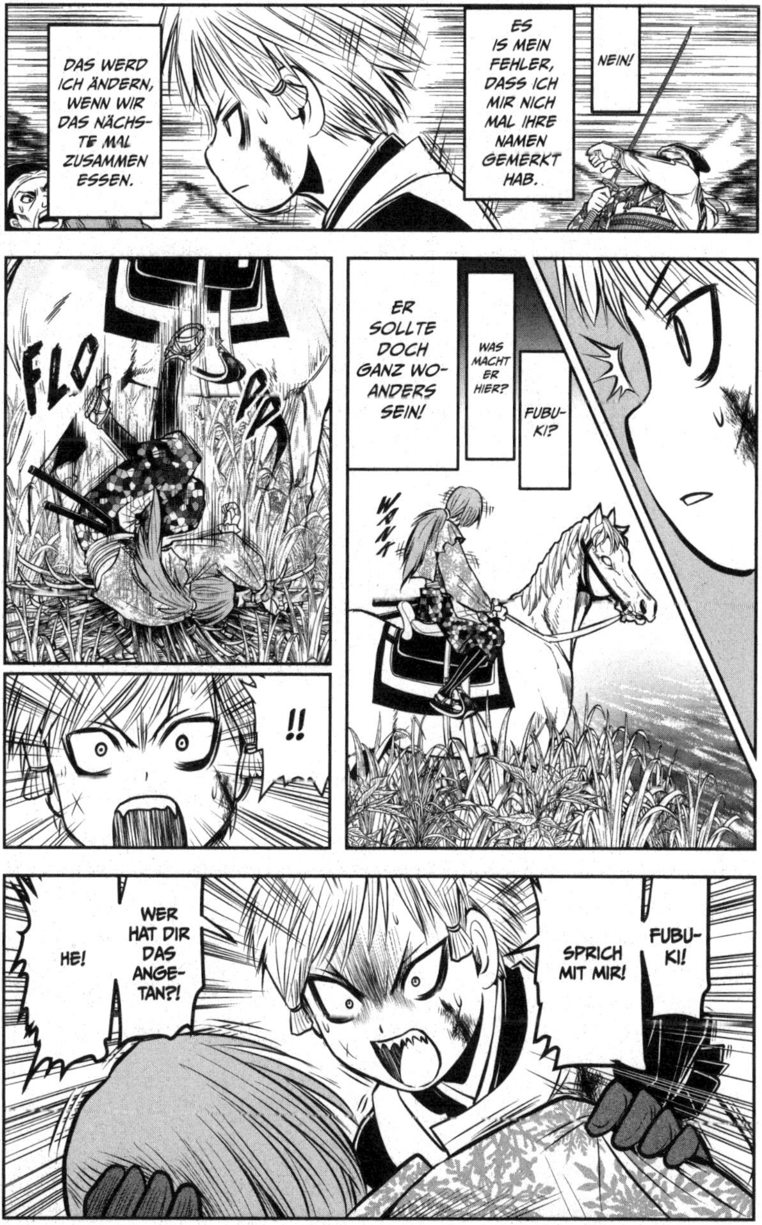
NEIN!
ES IS MEIN FEHLER, DASS ICH MIR NICH MAL IHRE NAMEN GEMERKT HAB.
DAS WERD ICH ÄNDERN, WENN WIR DAS NÄCHSTE MAL ZUSAMMEN ESSEN.
FUBUKI?
WAS MACHT ER HIER?
ER SOLLTE DOCH GANZ WOANDERS SEIN!
WANK
FLOPP
!!
FUBUKI!
SPRICH MIT MIR!
WER HAT DIR DAS ANGETAN?!
HE!

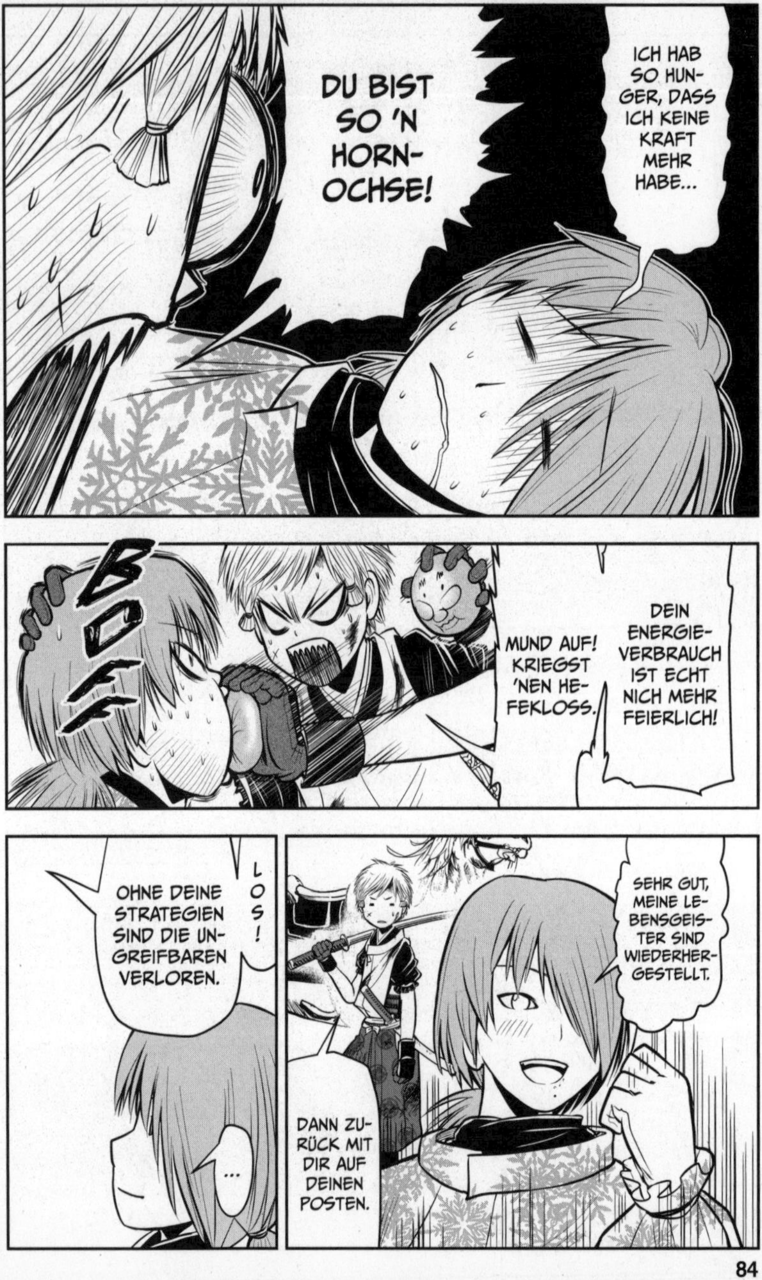
ICH HAB SO HUNGER, DASS ICH KEINE KRAFT MEHR HABE...
DU BIST SO 'N HORNOCHSE!
DEIN ENERGIEVERBRAUCH IST ECHT NICH MEHR FEIERLICH!
MUND AUF! KRIEGST 'NEN HEFEKLOSS.
BOFF
SEHR GUT, MEINE LEBENSGEISTER SIND WIEDERHERGESTELLT.
DANN ZURÜCK MIT DIR AUF DEINEN POSTEN.
LOS!
OHNE DEINE STRATEGIEN SIND DIE UNGREIFBAREN VERLOREN.
...

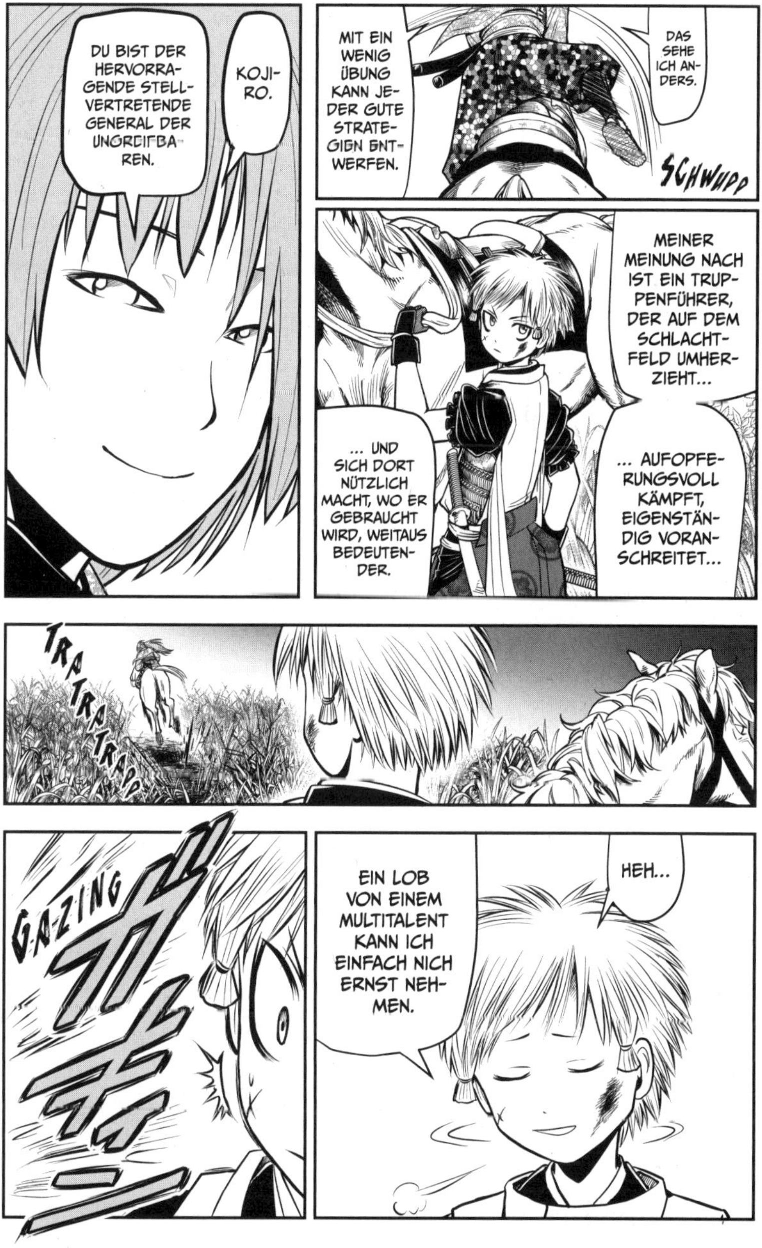
Koji-ro.
Du bist der hervorragende stellvertretende General der Ungreifbaren.
Das sehe ich anders.
Mit ein wenig Übung kann jeder gute Strategien entwerfen.
Schwupp
Meiner Meinung nach ist ein Truppenführer, der auf dem Schlachtfeld umherzieht...
... aufopferungsvoll kämpft, eigenständig voranschreitet...
... und sich dort nützlich macht, wo er gebraucht wird, weitaus bedeutender.
Trapptrapptrapp
Heh...
Ein Lob von einem Multitalent kann ich einfach nich ernst nehmen.
G-A-Z-I-N-G

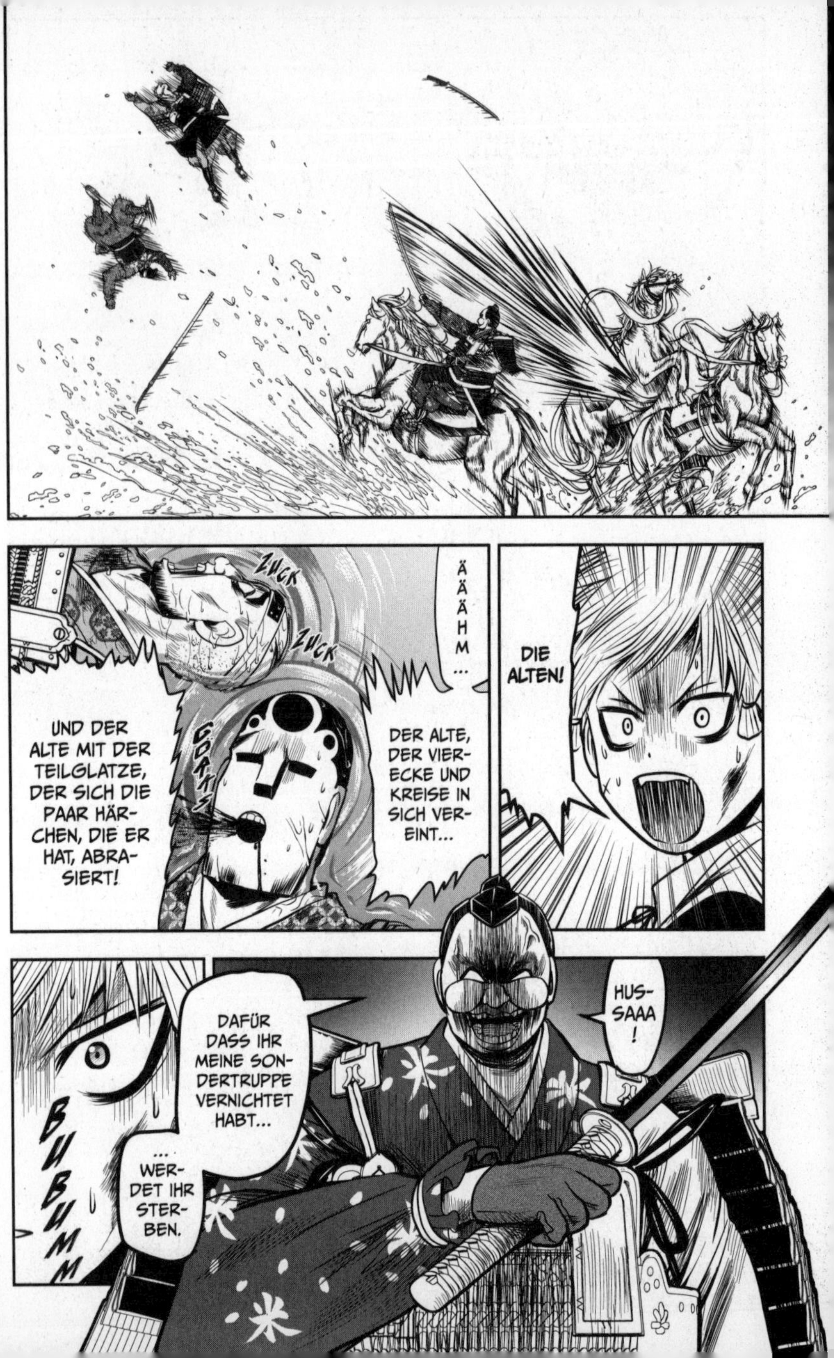
DIE ALTEN!
ÄÄÄHM...
DER ALTE, DER VIERECKE UND KREISE IN SICH VEREINT...
ZUCK
ZUCK
GORKS
UND DER ALTE MIT DER TEILGLATZE, DER SICH DIE PAAR HÄRCHEN, DIE ER HAT, ABRASIERT!
HUSSAAA!
DAFÜR DASS IHR MEINE SONDERTRUPPE VERNICHTET HABT...
... WERDET IHR STERBEN.
BUBUMM

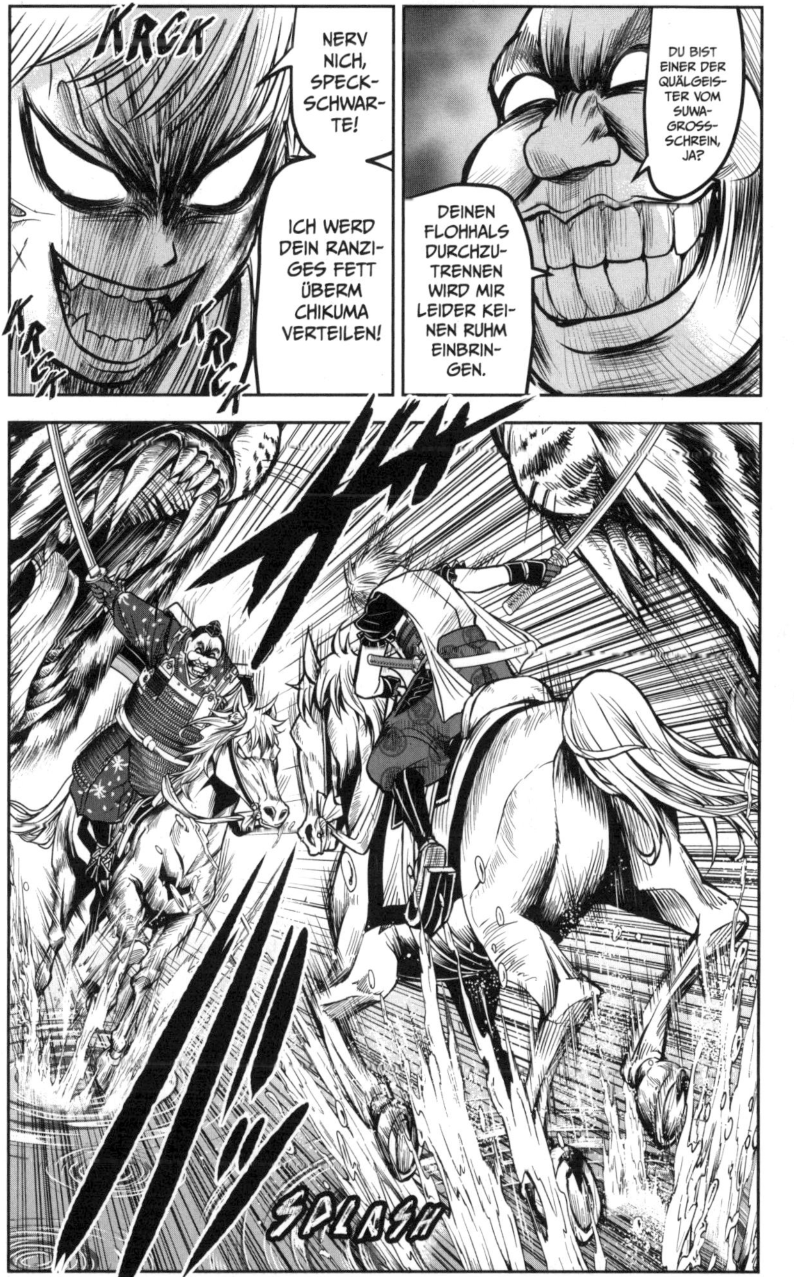
DU BIST EINER DER QUÄLGEISTER VOM SUWA-GROSSSCHREIN, JA?
DEINEN FLOHHALS DURCHZUTRENNEN WIRD MIR LEIDER KEINEN RUHM EINBRINGEN.
KRCK
NERV NICH, SPECKSCHWARTE!
ICH WERD DEIN RANZIGES FETT ÜBERM CHIKUMA VERTEILEN!
KRCK
KRCK
SPLASH

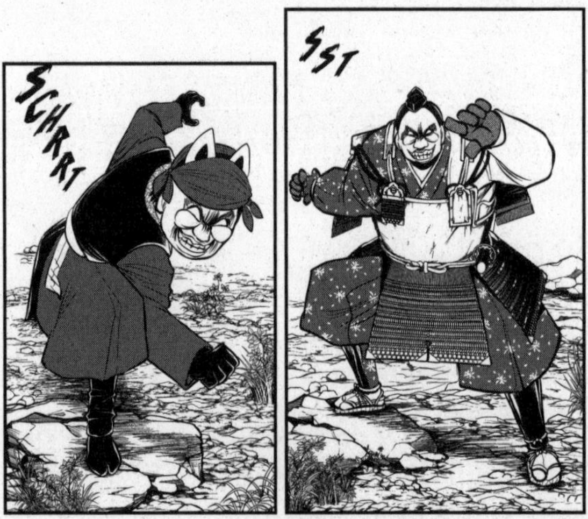

WER HAT DIE STÄRKSTE AURA DES UNIVERSUMS?

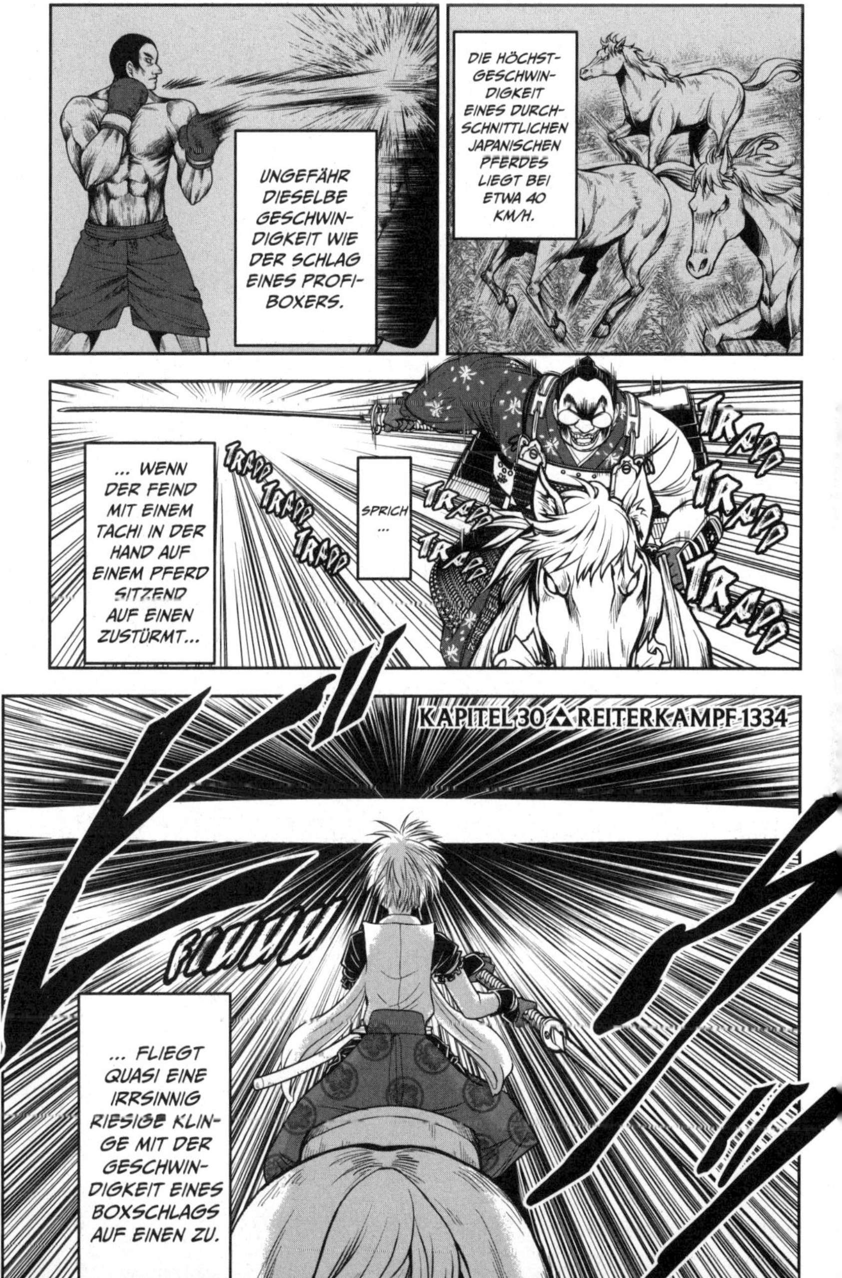
DIE HÖCHST-GESCHWIN-DIGKEIT EINES DURCH-SCHNITTLICHEN JAPANISCHEN PFERDES LIEGT BEI ETWA 40 KM/H.
UNGEFÄHR DIESELBE GESCHWIN-DIGKEIT WIE DER SCHLAG EINES PROFI-BOXERS.
TRAPP TRAPP TRAPP
SPRICH ...
... WENN DER FEIND MIT EINEM TACHI IN DER HAND AUF EINEM PFERD SITZEND AUF EINEN ZUSTÜRMT...
KAPITEL 30 ▲ REITERKAMPF 1334
FLUUUSH
... FLIEGT QUASI EINE IRRSINNIG RIESIGE KLIN-GE MIT DER GESCHWIN-DIGKEIT EINES BOXSCHLAGS AUF EINEN ZU.

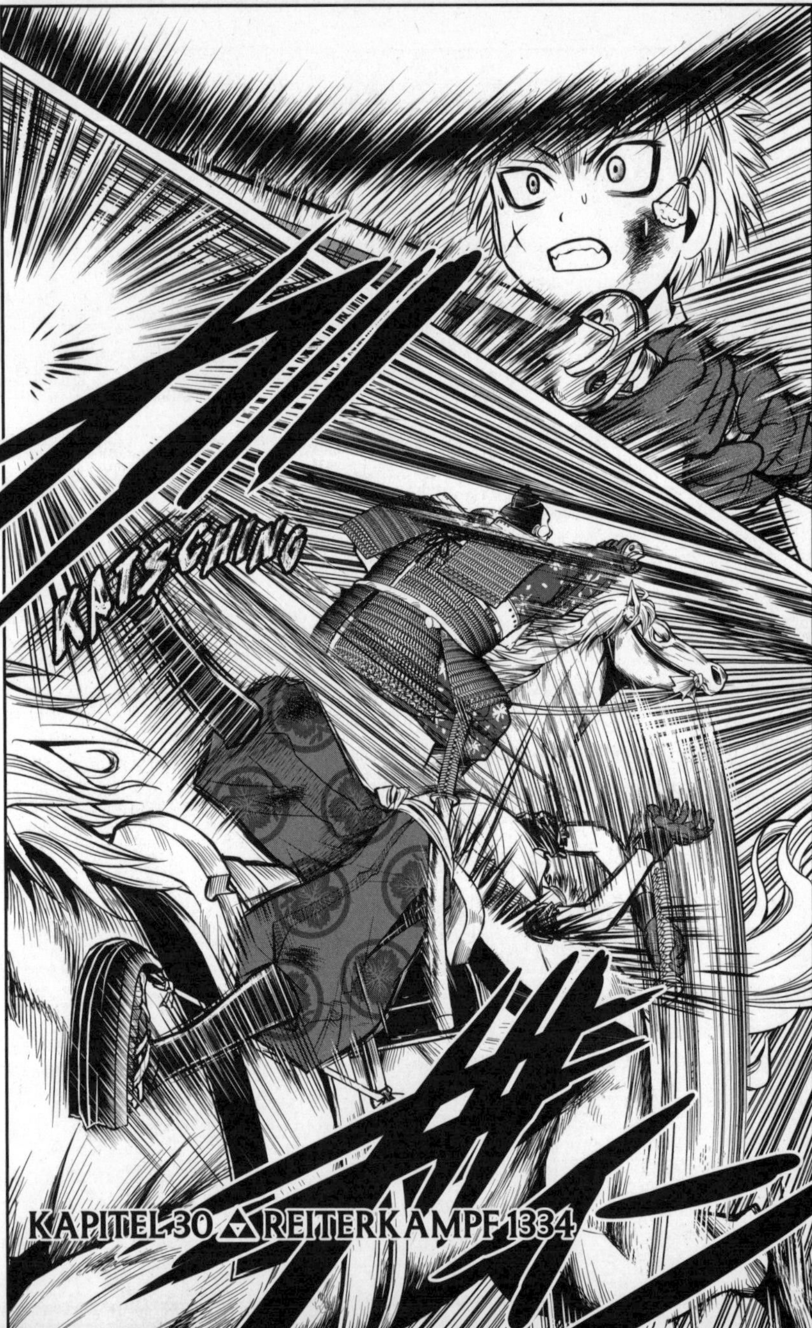

KAPITEL 30 △ REITERKAMPF 1334

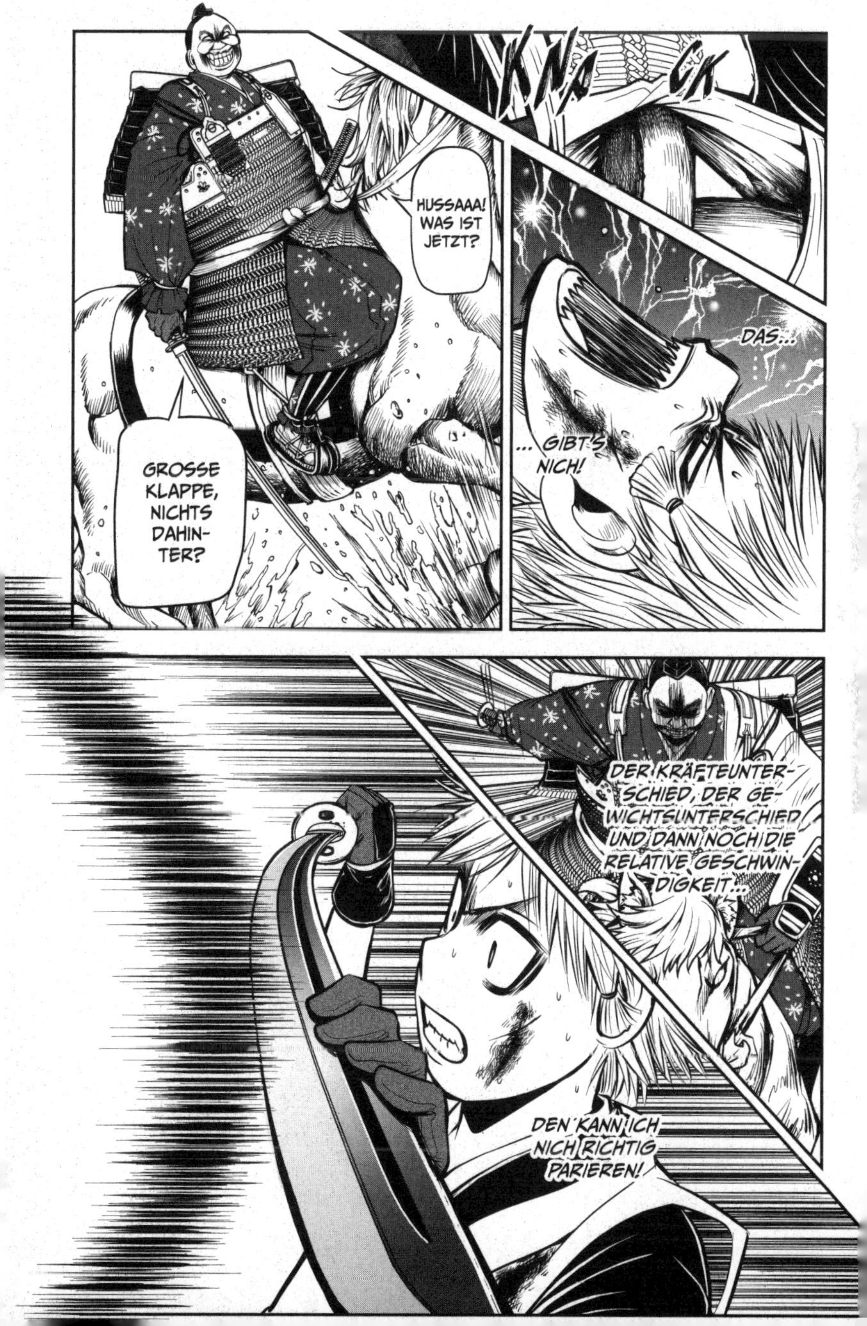
KNACK
HUSSAAA! WAS IST JETZT?
DAS...
... GIBT'S NICH!
GROSSE KLAPPE, NICHTS DAHINTER?
DER KRÄFTEUNTERSCHIED, DER GEWICHTSUNTERSCHIED UND DANN NOCH DIE RELATIVE GESCHWINDIGKEIT...
DEN KANN ICH NICH RICHTIG PARIEREN!

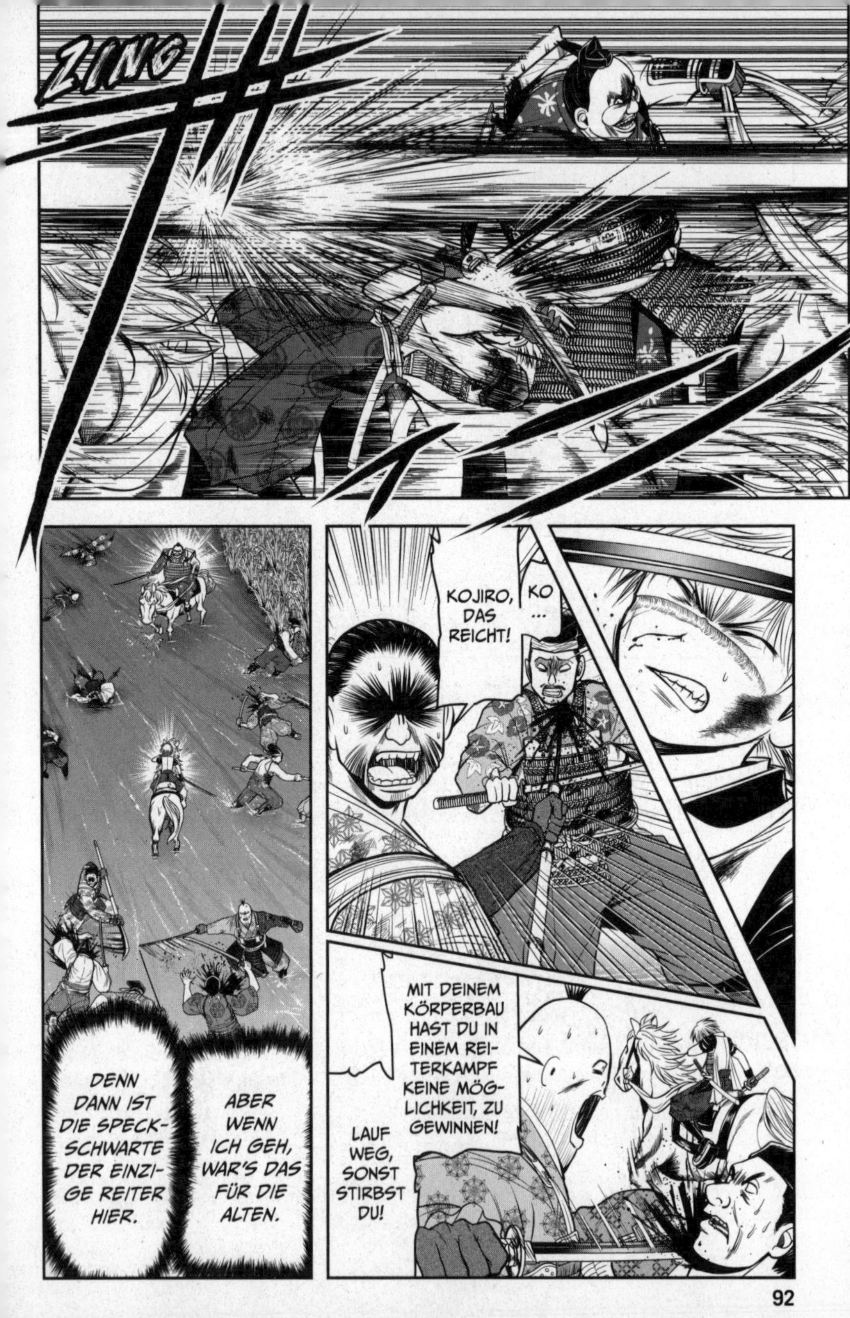
ZING
KO ...
KOJIRO, DAS REICHT!
MIT DEINEM KÖRPERBAU HAST DU IN EINEM REITERKAMPF KEINE MÖGLICHKEIT, ZU GEWINNEN!
LAUF WEG, SONST STIRBST DU!
ABER WENN ICH GEH, WAR'S DAS FÜR DIE ALTEN.
DENN DANN IST DIE SPECKSCHWARTE DER EINZIGE REITER HIER.

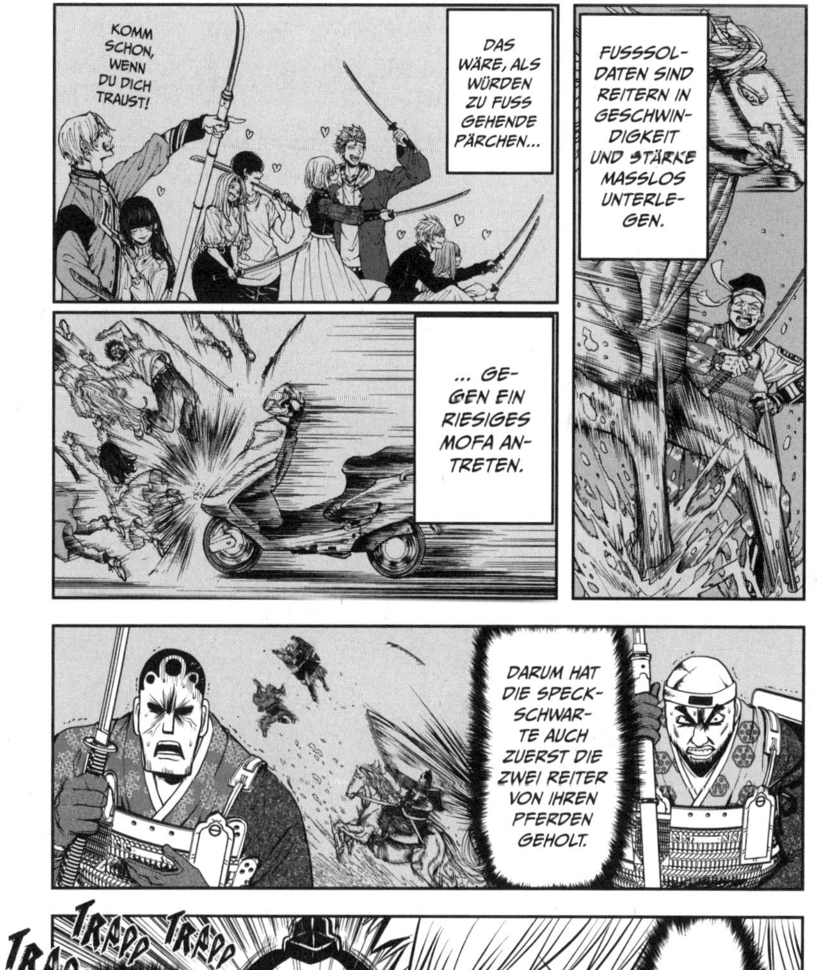
FUSSSOLDATEN SIND REITERN IN GESCHWINDIGKEIT UND STÄRKE MASSLOS UNTERLEGEN.
DAS WÄRE, ALS WÜRDEN ZU FUSS GEHENDE PÄRCHEN...
KOMM SCHON, WENN DU DICH TRAUST!
... GEGEN EIN RIESIGES MOFA ANTRETEN.
DARUM HAT DIE SPECKSCHWARTE AUCH ZUERST DIE ZWEI REITER VON IHREN PFERDEN GEHOLT.
WENN ICH MICH ALSO ZURÜCKZIEHE...
... BEGINNT DIE SPECKSCHWARTE, HIER ALLES NIEDERZUMÄHEN!
TRADD TRADD TRADD
TRADD TRADD TRADD

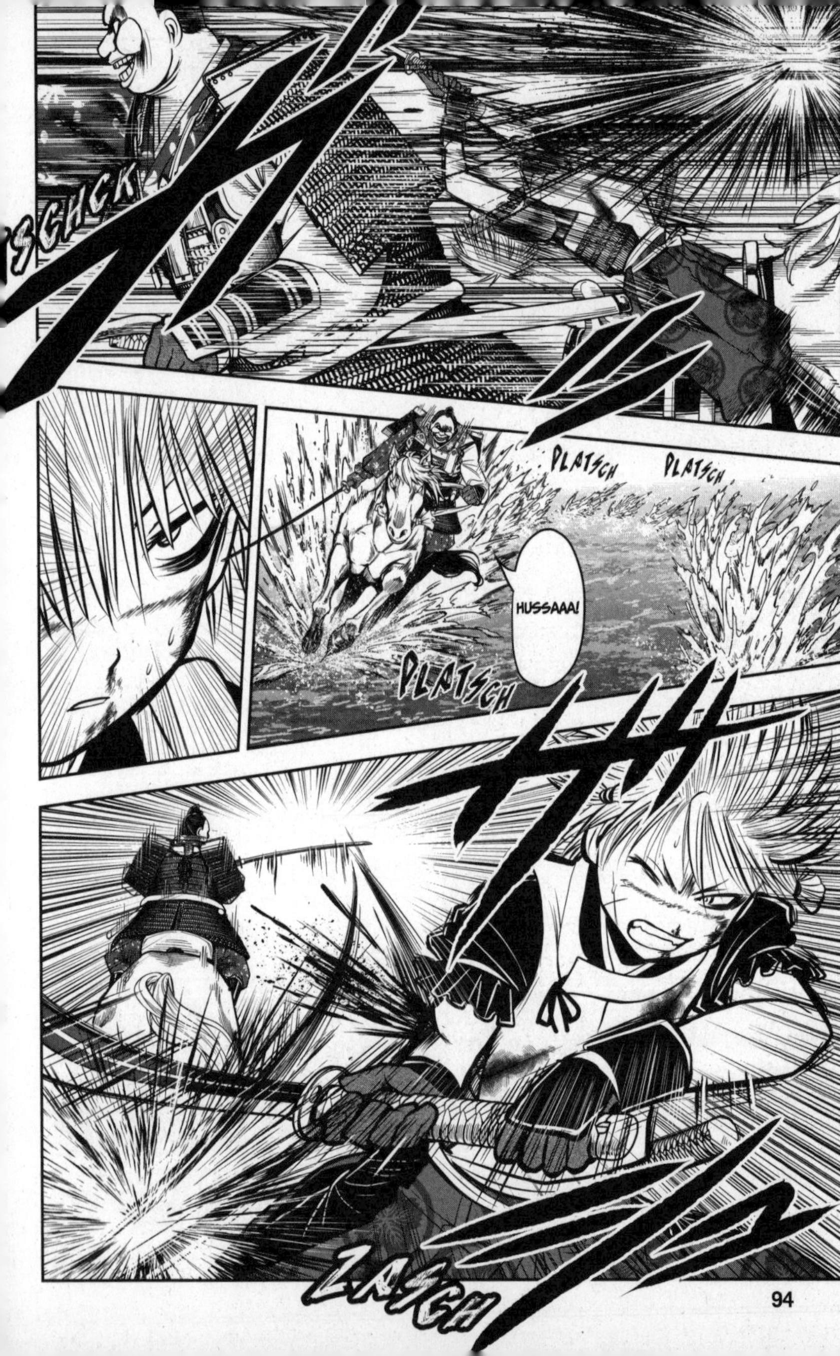
SCHCK
PLATSCH
PLATSCH
HUSSAAA!
PLATSCH
ZASCH

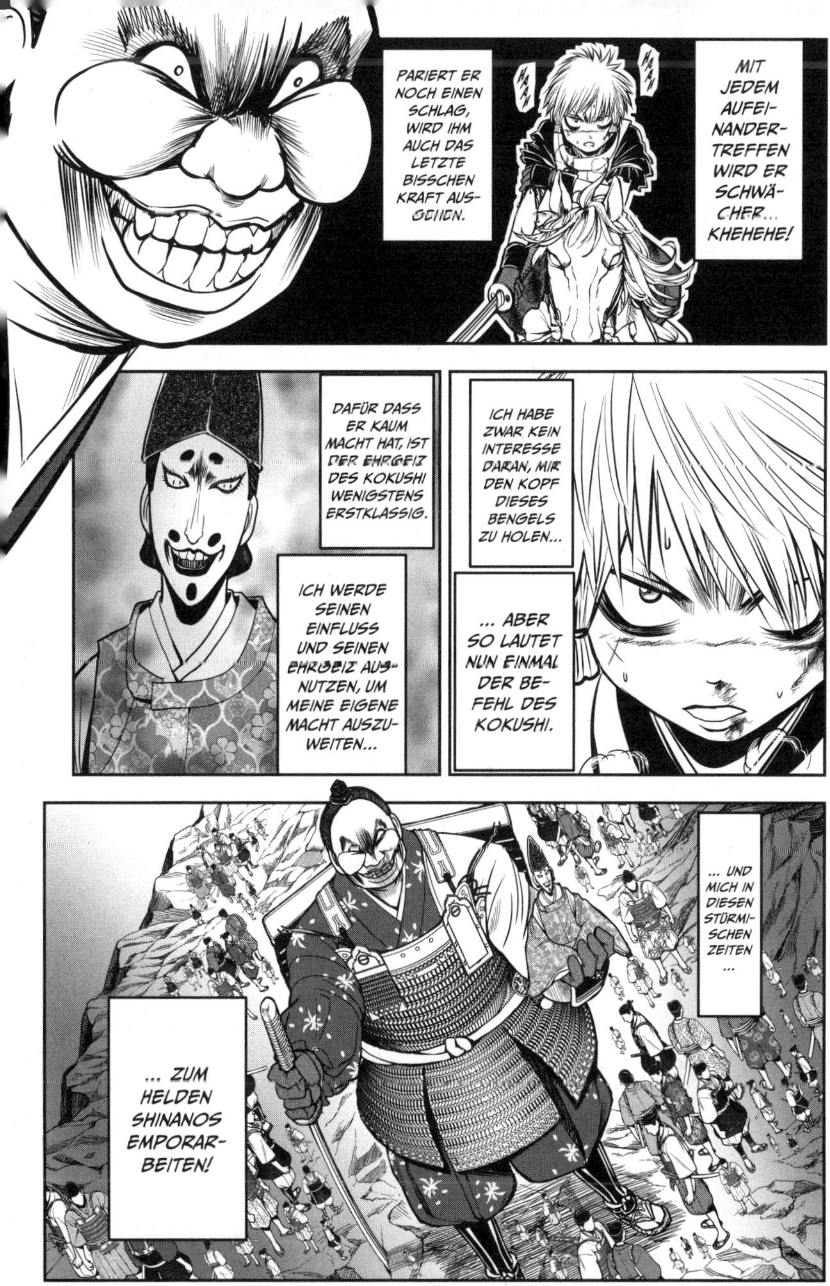
MIT JEDEM AUFEINANDERTREFFEN WIRD ER SCHWÄCHER... KHEHEHE!
PARIERT ER NOCH EINEN SCHLAG, WIRD IHM AUCH DAS LETZTE BISSCHEN KRAFT AUSGEHEN.
ICH HABE ZWAR KEIN INTERESSE DARAN, MIR DEN KOPF DIESES BENGELS ZU HOLEN...
... ABER SO LAUTET NUN EINMAL DER BEFEHL DES KOKUSHI.
DAFÜR DASS ER KAUM MACHT HAT, IST DER EHRGEIZ DES KOKUSHI WENIGSTENS ERSTKLASSIG.
ICH WERDE SEINEN EINFLUSS UND SEINEN EHRGEIZ AUSNUTZEN, UM MEINE EIGENE MACHT AUSZUWEITEN...
... UND MICH IN DIESEN STÜRMISCHEN ZEITEN ...
... ZUM HELDEN SHINANOS EMPORARBEITEN!

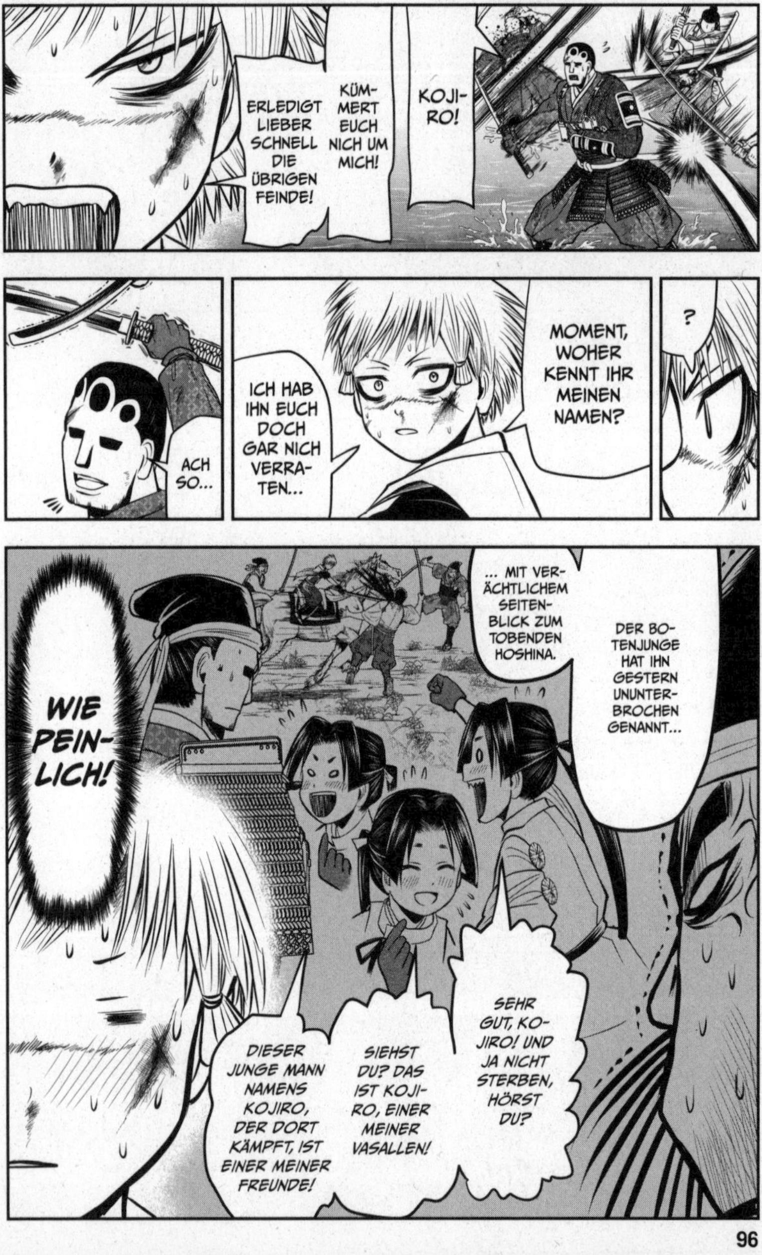
KOJIRO!
KÜMMERT EUCH NICH UM MICH!
ERLEDIGT LIEBER SCHNELL DIE ÜBRIGEN FEINDE!
?
MOMENT, WOHER KENNT IHR MEINEN NAMEN?
ICH HAB IHN EUCH DOCH GAR NICH VERRATEN...
ACH SO...
DER BOTENJUNGE HAT IHN GESTERN UNUNTERBROCHEN GENANNT...
... MIT VERÄCHTLICHEM SEITENBLICK ZUM TOBENDEN HOSHINA.
WIE PEINLICH!
SEHR GUT, KOJIRO! UND JA NICHT STERBEN, HÖRST DU?
SIEHST DU? DAS IST KOJIRO, EINER MEINER VASALLEN!
DIESER JUNGE MANN NAMENS KOJIRO, DER DORT KÄMPFT, IST EINER MEINER FREUNDE!

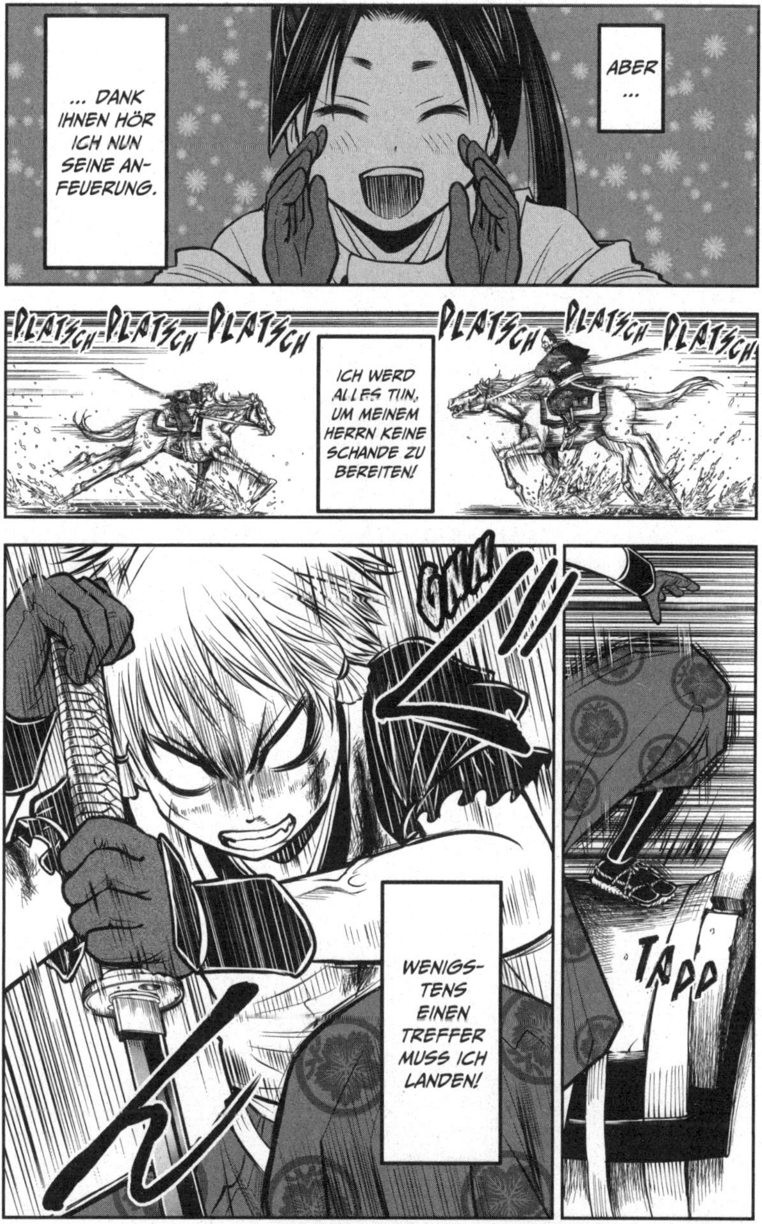
... DANK IHNEN HÖR ICH NUN SEINE AN-FEUERUNG.
ABER ...
PLATSCH PLATSCH PLATSCH
PLATSCH PLATSCH PLATSCH
ICH WERD ALLES TUN, UM MEINEM HERRN KEINE SCHANDE ZU BEREITEN!
GNN
TAPP
WENIGS-TENS EINEN TREFFER MUSS ICH LANDEN!

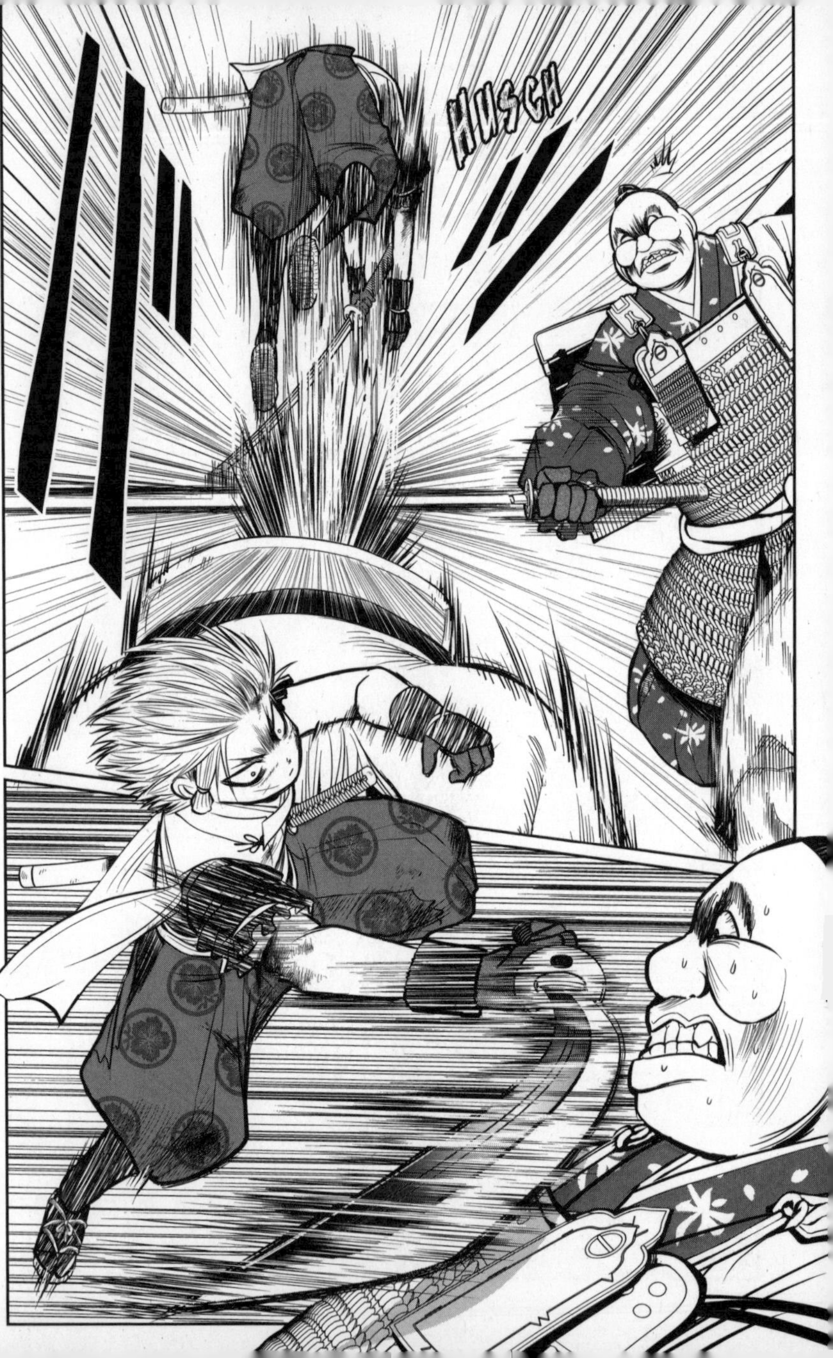
HUSCH

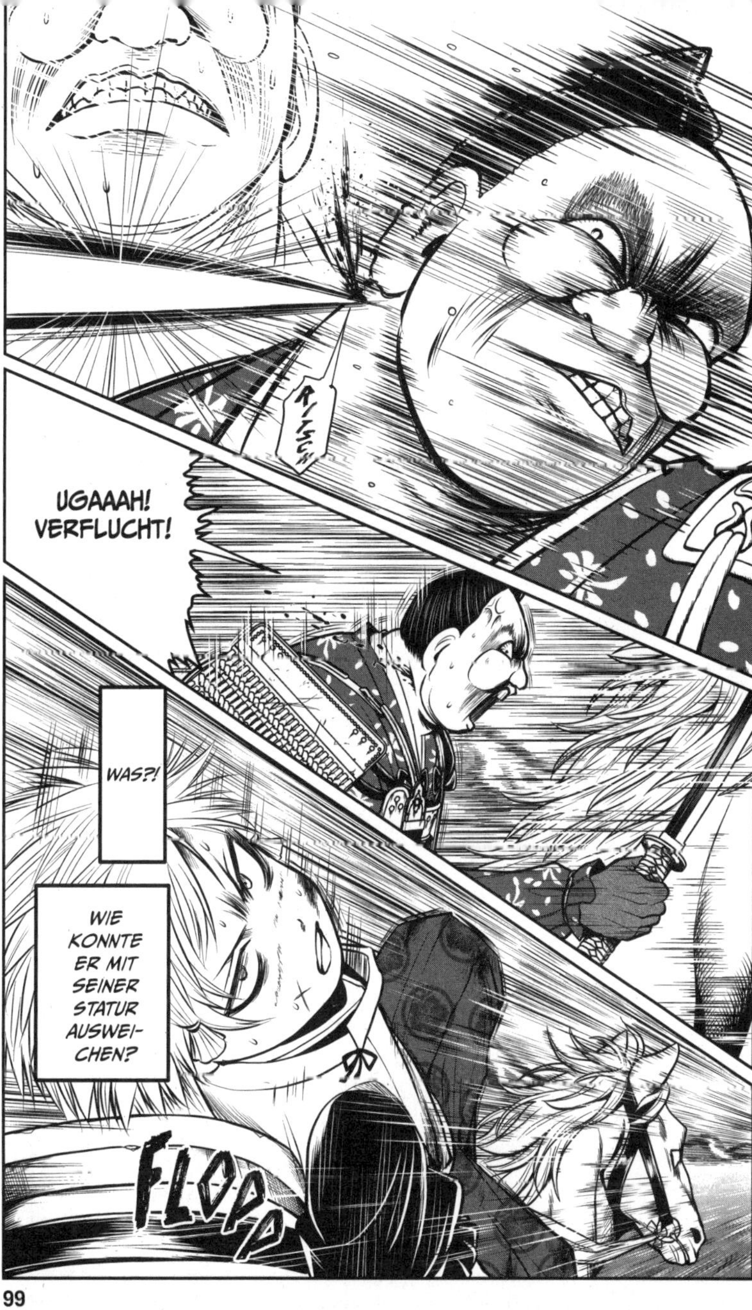
RITSCH
UGAAAH! VERFLUCHT!
WAS?!
WIE KONNTE ER MIT SEINER STATUR AUSWEI-CHEN?
FLOPP

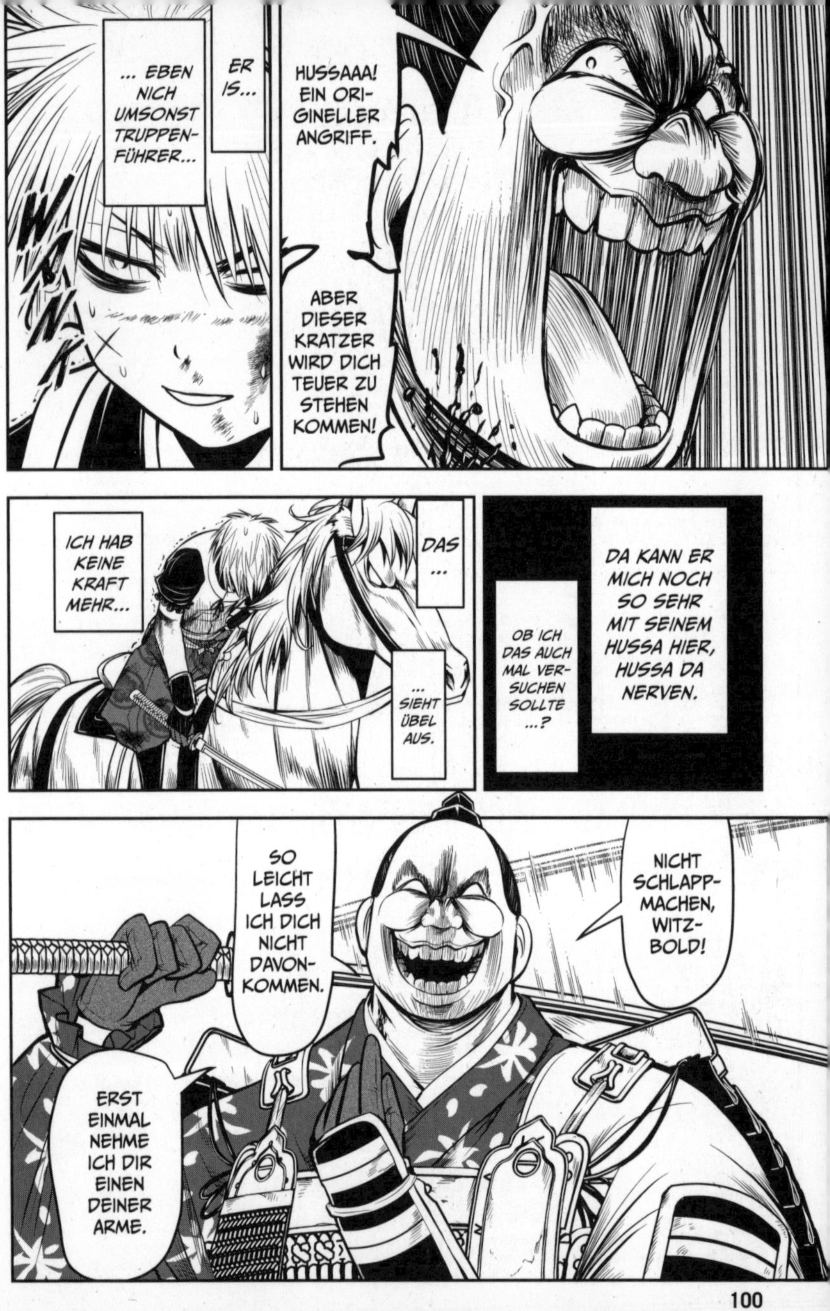
HUSSAAA! EIN ORIGINELLER ANGRIFF.
ABER DIESER KRATZER WIRD DICH TEUER ZU STEHEN KOMMEN!
ER IS...
... EBEN NICH UMSONST TRUPPENFÜHRER...
DA KANN ER MICH NOCH SO SEHR MIT SEINEM HUSSA HIER, HUSSA DA NERVEN.
OB ICH DAS AUCH MAL VERSUCHEN SOLLTE ...?
DAS ...
... SIEHT ÜBEL AUS.
ICH HAB KEINE KRAFT MEHR...
NICHT SCHLAPPMACHEN, WITZBOLD!
SO LEICHT LASS ICH DICH NICHT DAVONKOMMEN.
ERST EINMAL NEHME ICH DIR EINEN DEINER ARME.

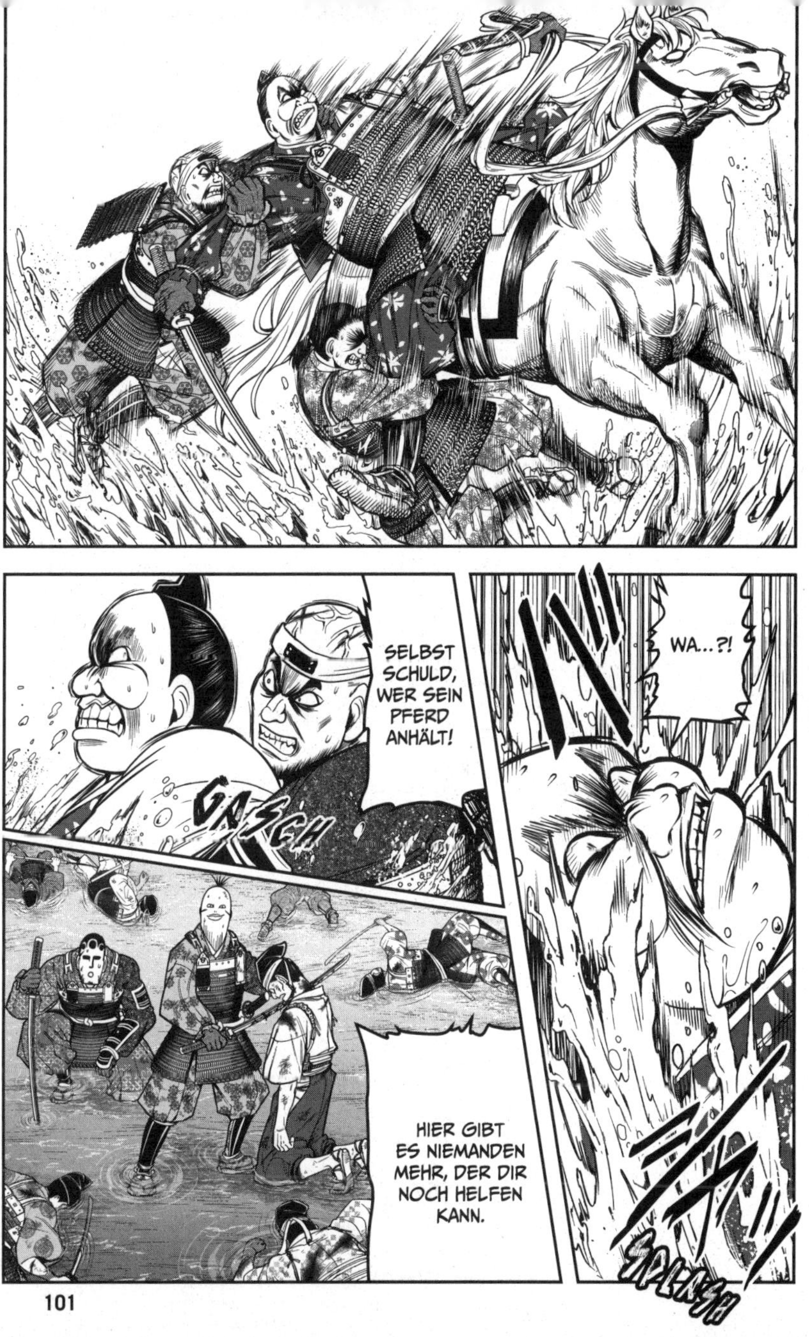
WA...?!
SELBST SCHULD, WER SEIN PFERD ANHÄLT!
GASCH
HIER GIBT ES NIEMANDEN MEHR, DER DIR NOCH HELFEN KANN.
SPLASH

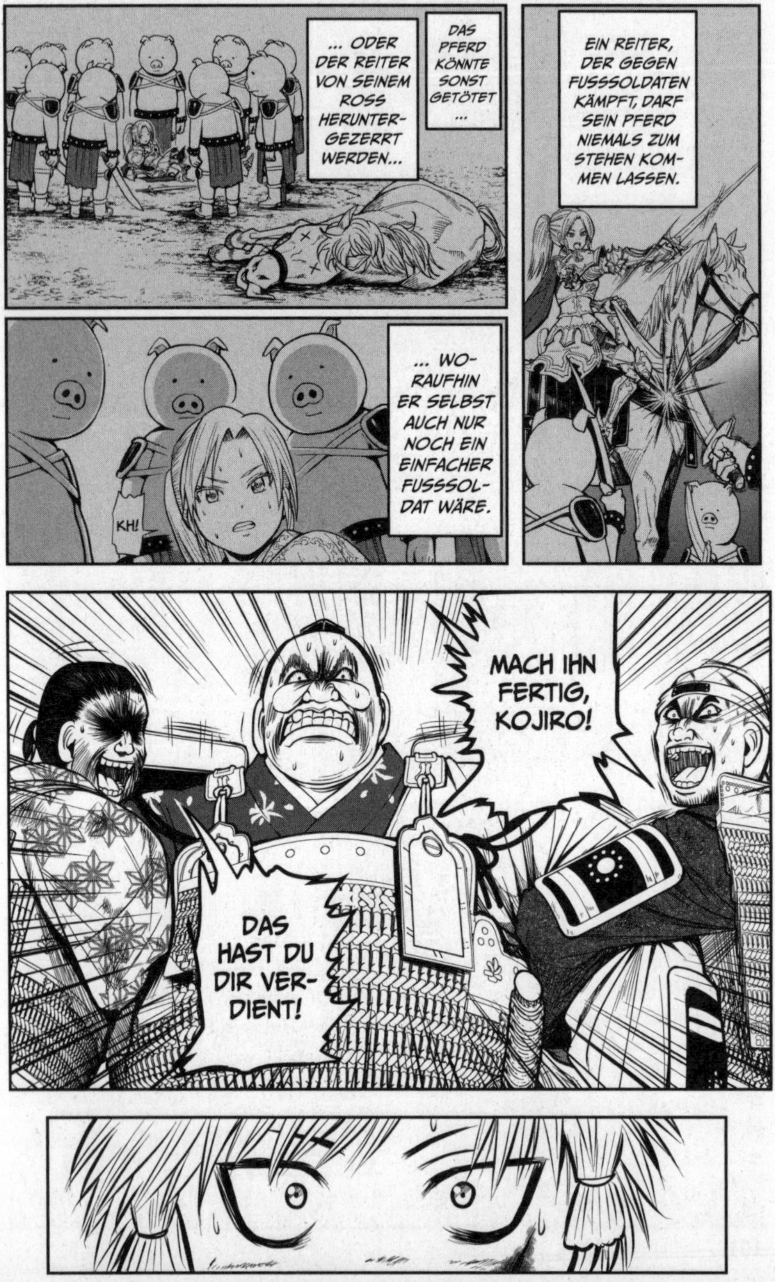
EIN REITER, DER GEGEN FUSSSOLDATEN KÄMPFT, DARF SEIN PFERD NIEMALS ZUM STEHEN KOMMEN LASSEN.
DAS PFERD KÖNNTE SONST GETÖTET ...
... ODER DER REITER VON SEINEM ROSS HERUNTERGEZERRT WERDEN...
... WORAUFHIN ER SELBST AUCH NUR NOCH EIN EINFACHER FUSSSOLDAT WÄRE.
KH!
MACH IHN FERTIG, KOJIRO!
DAS HAST DU DIR VERDIENT!

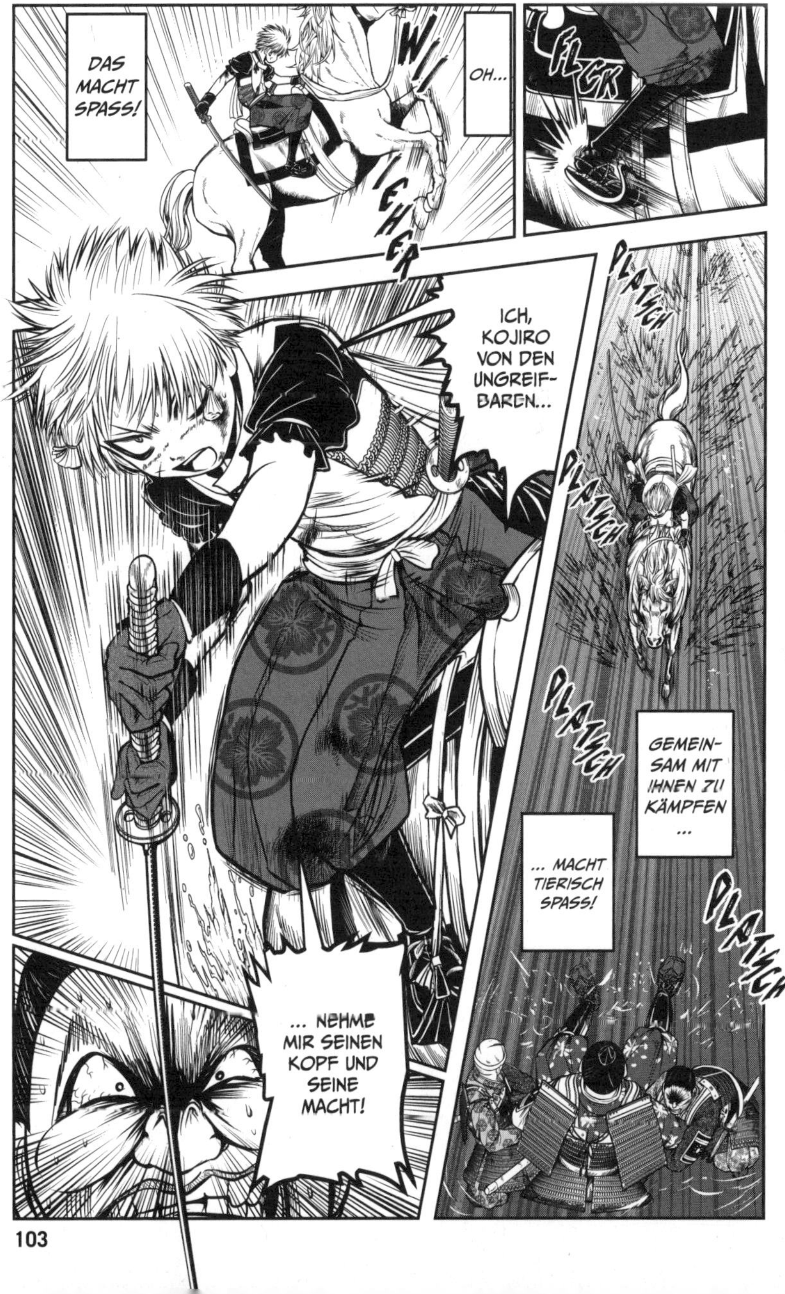
DAS MACHT SPASS!
OH...
WIIEHER
FLICK
ICH, KOJIRO VON DEN UNGREIF-BAREN...
PLATSCH
PLATSCH
PLATSCH
GEMEIN-SAM MIT IHNEN ZU KÄMPFEN ...
... MACHT TIERISCH SPASS!
PLATSCH
... NEHME MIR SEINEN KOPF UND SEINE MACHT!

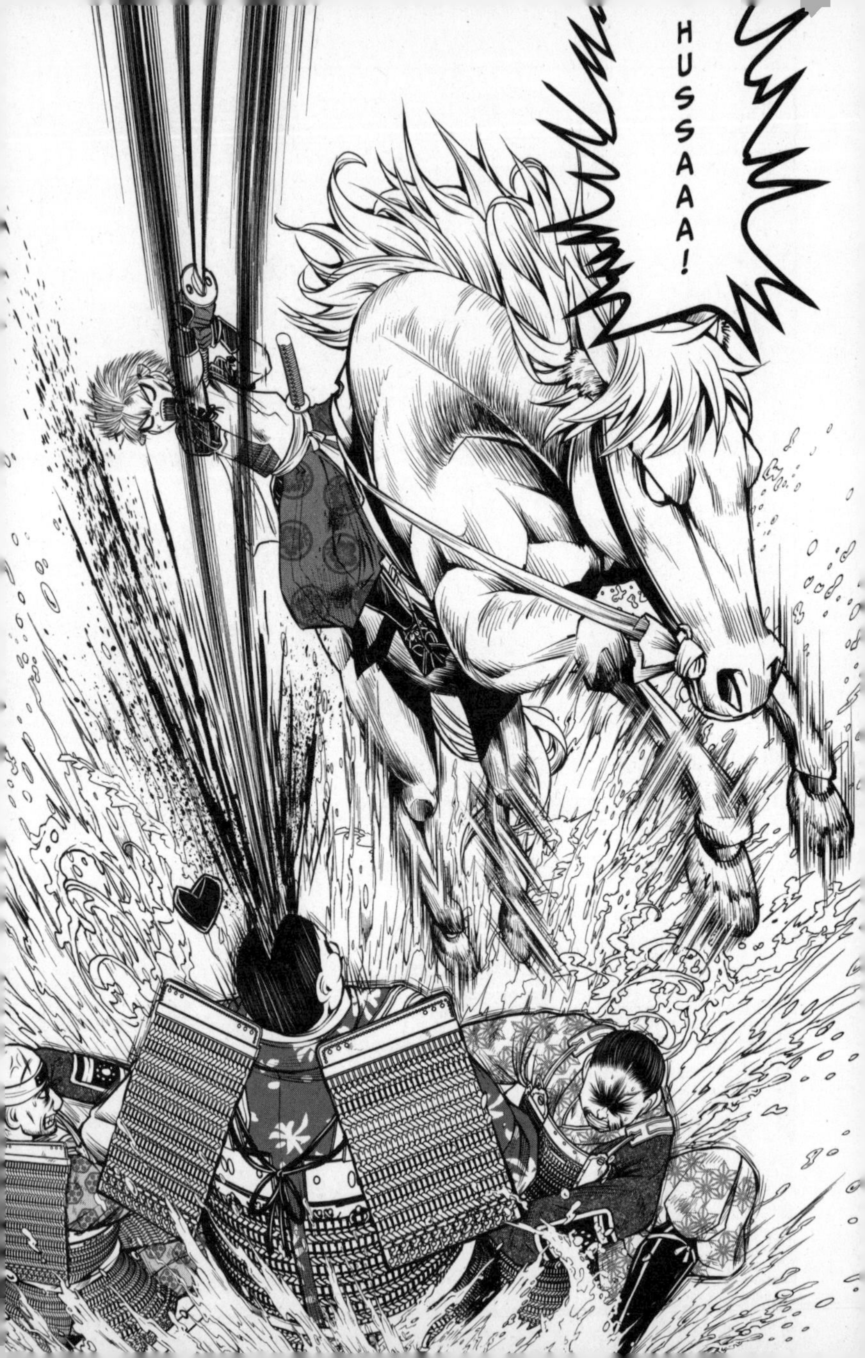
HUSSAAA!

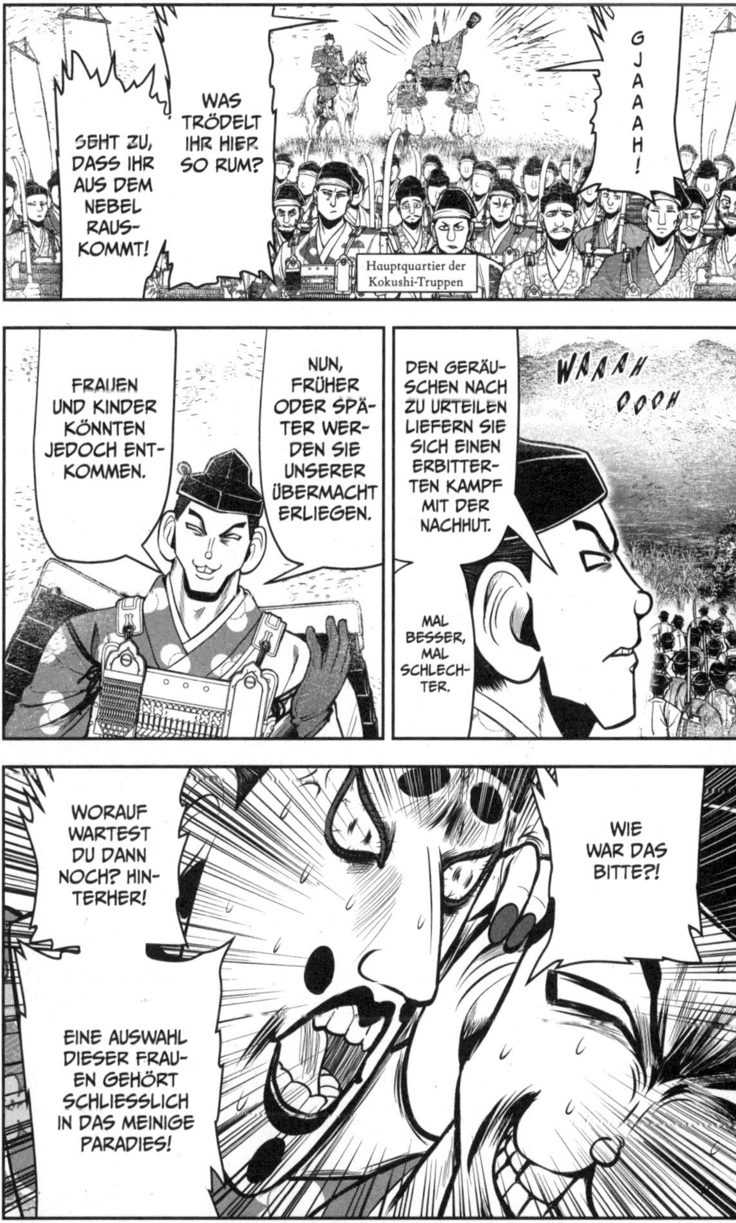
GJAAAAH!
WAS TRÖDELT IHR HIER SO RUM?
SEHT ZU, DASS IHR AUS DEM NEBEL RAUS-KOMMT!
Hauptquartier der Kokushi-Truppen
WAAAH OOOH
DEN GERÄU-SCHEN NACH ZU URTEILEN LIEFERN SIE SICH EINEN ERBITTER-TEN KAMPF MIT DER NACHHUT.
MAL BESSER, MAL SCHLECH-TER.
NUN, FRÜHER ODER SPÄ-TER WER-DEN SIE UNSERER ÜBERMACHT ERLIEGEN.
FRAUEN UND KINDER KÖNNTEN JEDOCH ENT-KOMMEN.
WIE WAR DAS BITTE?!
WORAUF WARTEST DU DANN NOCH? HIN-TERHER!
EINE AUSWAHL DIESER FRAU-EN GEHÖRT SCHLIESSLICH IN DAS MEINIGE PARADIES!

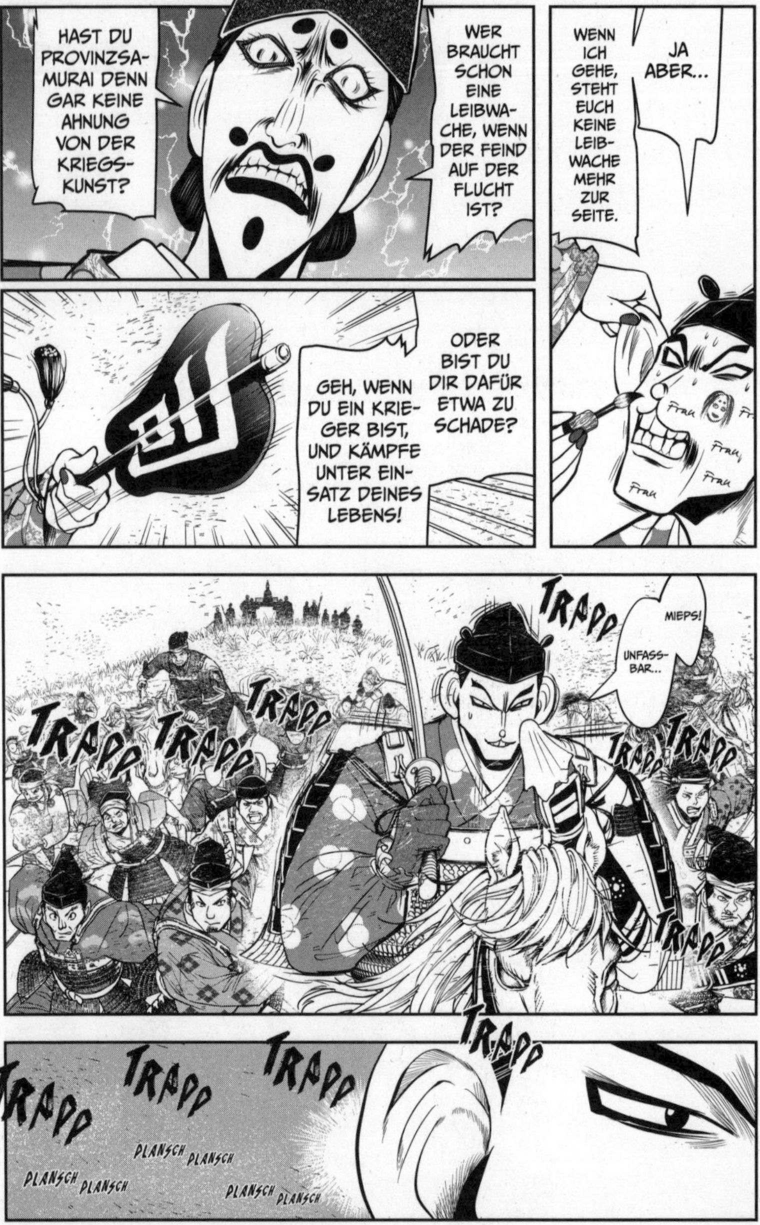
JA ABER...
WENN ICH GEHE, STEHT EUCH KEINE LEIBWACHE MEHR ZUR SEITE.
WER BRAUCHT SCHON EINE LEIBWACHE, WENN DER FEIND AUF DER FLUCHT IST?
HAST DU PROVINZSAMURAI DENN GAR KEINE AHNUNG VON DER KRIEGSKUNST?
Frau
Frau
Frau
Frau
ODER BIST DU DIR DAFÜR ETWA ZU SCHADE?
GEH, WENN DU EIN KRIEGER BIST, UND KÄMPFE UNTER EINSATZ DEINES LEBENS!
TRAPP
MIEPS!
UNFASSBAR...
TRAPP
TRAPP
TRAPP
TRAPP
TRAPP
TRAPP
TRAPP
TRAPP
TRAPP
TRAPP
PLANSCH PLANSCH
PLANSCH PLANSCH
PLANSCH PLANSCH

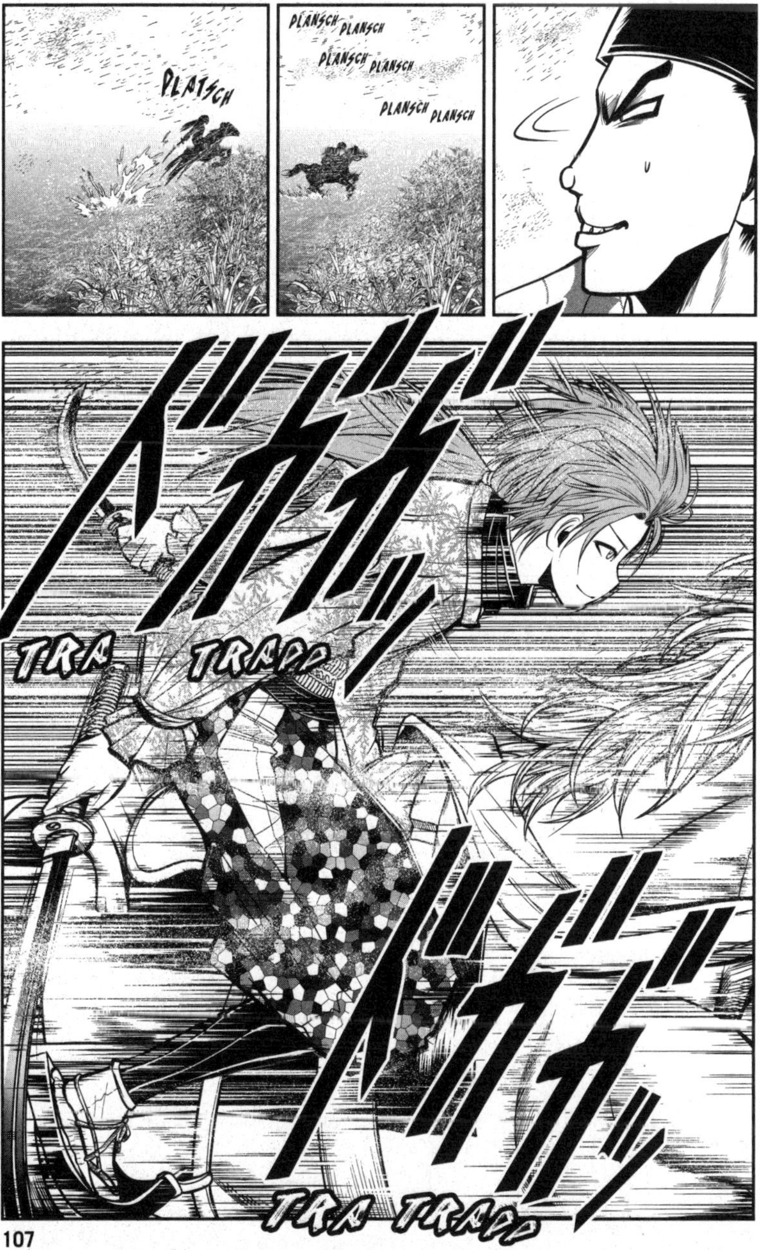
PLATSCH
PLANSCH PLANSCH
PLANSCH PLANSCH
PLANSCH PLANSCH
TRA TRAPP
TRA TRAPP

FINDE DIE UNTERSCHIEDE

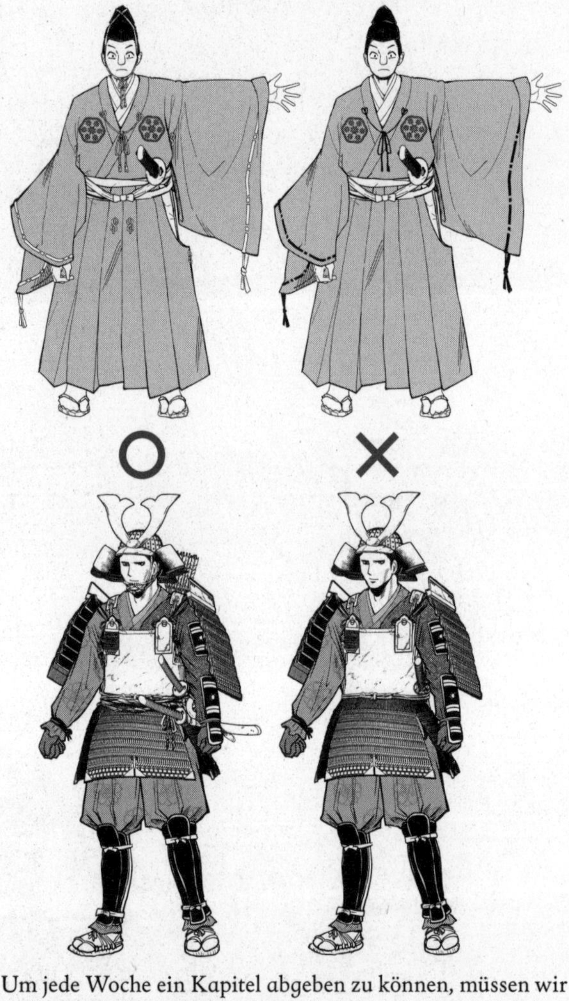

Um jede Woche ein Kapitel abgeben zu können, müssen wir einige Details weglassen, vereinfachen oder abändern, was einem auf den ersten Blick gar nicht so auffällt. Die Zeichnungen eignen sich also nicht als akkurates Referenzmaterial.

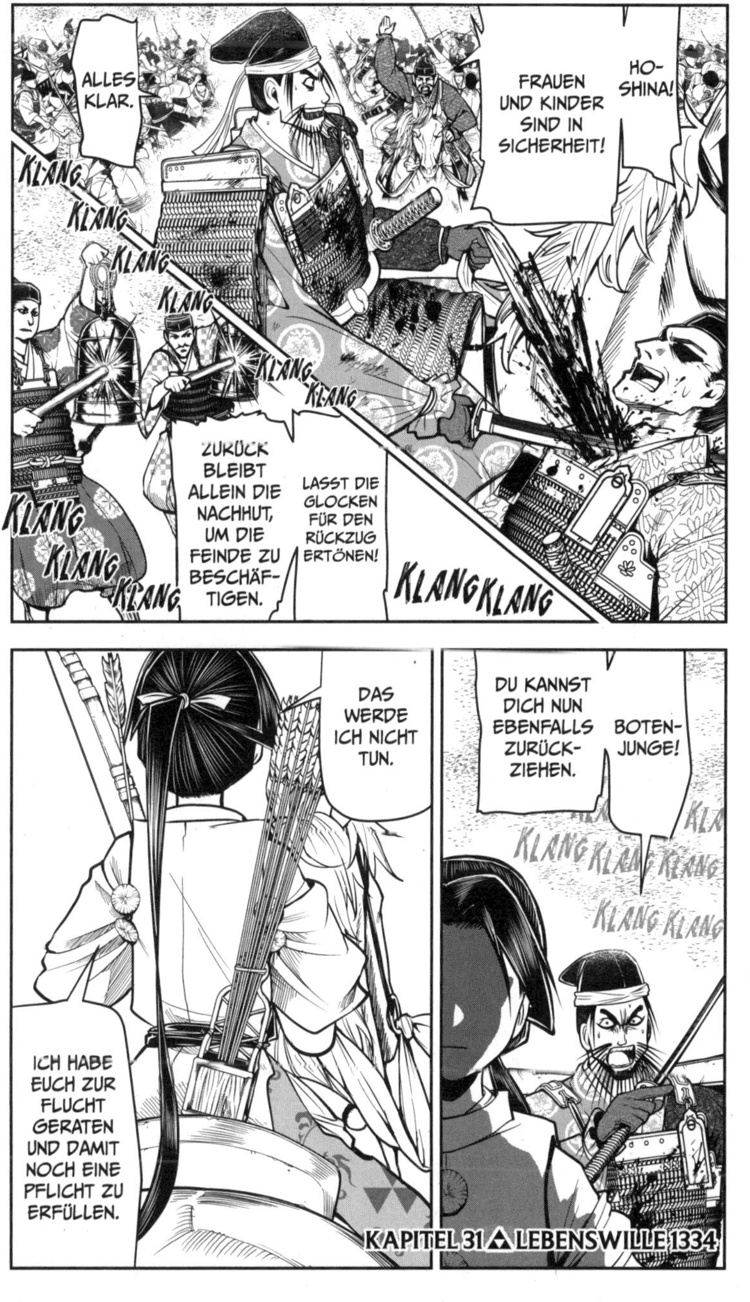
HO-SHINA!
FRAUEN UND KINDER SIND IN SICHERHEIT!
ALLES KLAR.
KLANG KLANG KLANG KLANG KLANG KLANG
LASST DIE GLOCKEN FÜR DEN RÜCKZUG ERTÖNEN!
ZURÜCK BLEIBT ALLEIN DIE NACHHUT, UM DIE FEINDE ZU BESCHÄFTIGEN.
KLANG KLANG KLANG
KLANG KLANG
BOTEN-JUNGE!
DU KANNST DICH NUN EBENFALLS ZURÜCKZIEHEN.
KLANG KLANG KLANG KLANG KLANG KLANG
DAS WERDE ICH NICHT TUN.
ICH HABE EUCH ZUR FLUCHT GERATEN UND DAMIT NOCH EINE PFLICHT ZU ERFÜLLEN.
KAPITEL 31 △ LEBENSWILLE 1334

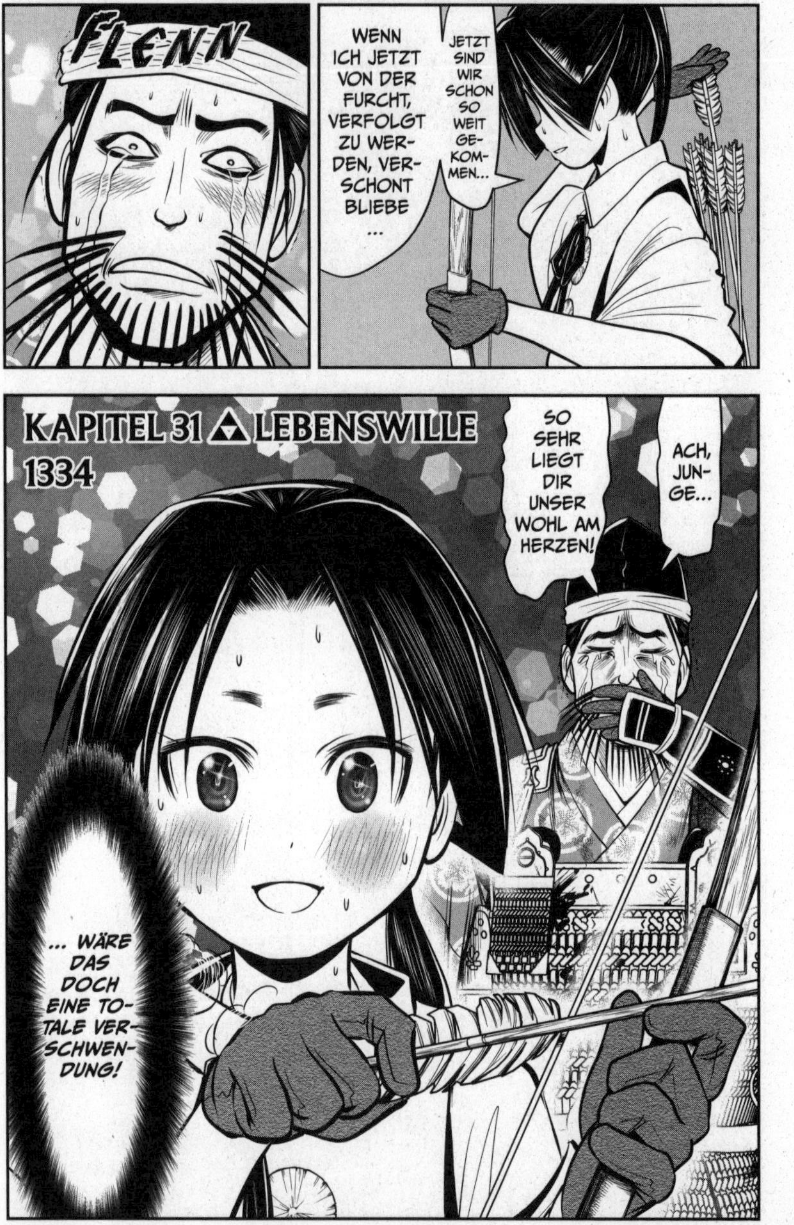
JETZT SIND WIR SCHON SO WEIT GEKOMMEN...
WENN ICH JETZT VON DER FURCHT, VERFOLGT ZU WERDEN, VERSCHONT BLIEBE ...
FLENN
KAPITEL 31 LEBENSWILLE
1334
ACH, JUNGE...
SO SEHR LIEGT DIR UNSER WOHL AM HERZEN!
... WÄRE DAS DOCH EINE TOTALE VERSCHWENDUNG!

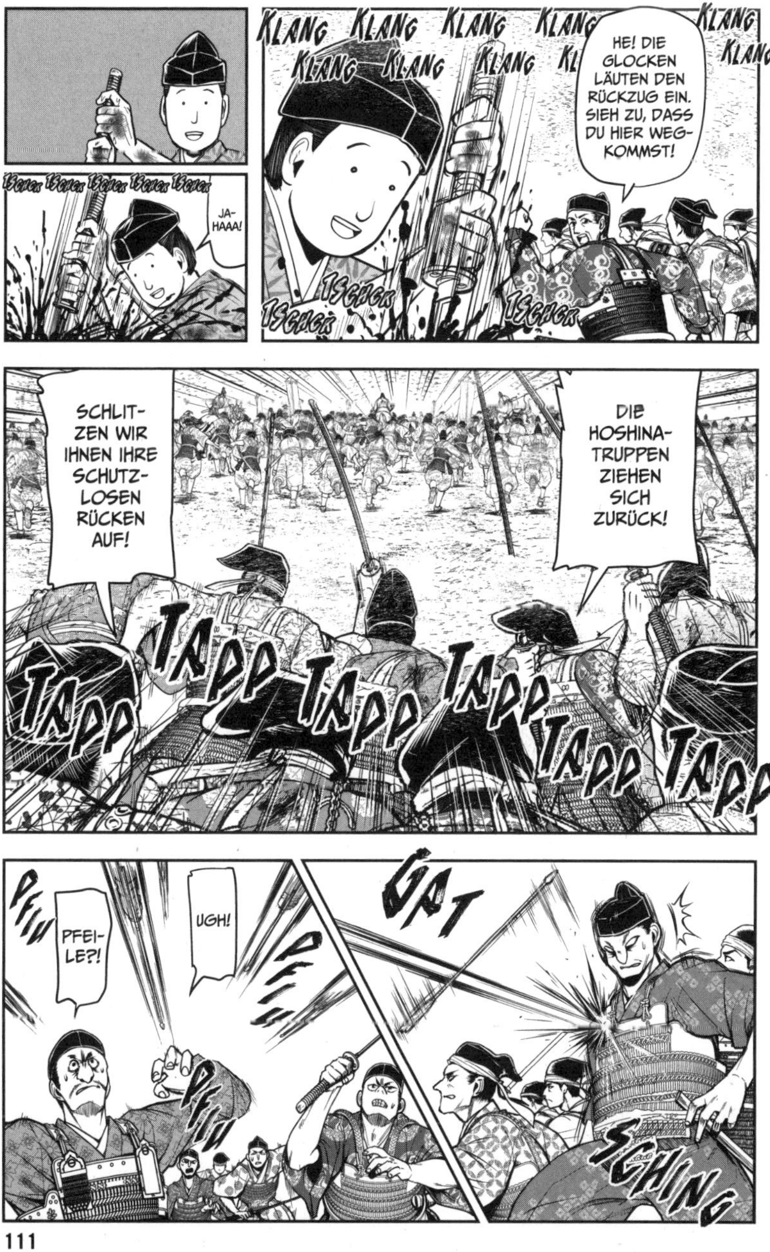
KLANG KLANG KLANG KLANG KLANG KLANG KLANG KLANG KL KLANG KLANG
HE! DIE GLOCKEN LÄUTEN DEN RÜCKZUG EIN. SIEH ZU, DASS DU HIER WEGKOMMST!
JA-HAAA!
DIE HOSHINA-TRUPPEN ZIEHEN SICH ZURÜCK!
SCHLITZEN WIR IHNEN IHRE SCHUTZLOSEN RÜCKEN AUF!
TAPP TAPP TAPP TAPP TAPP TAPP TAPP
GAT
SCHING
UGH!
PFEILE?!

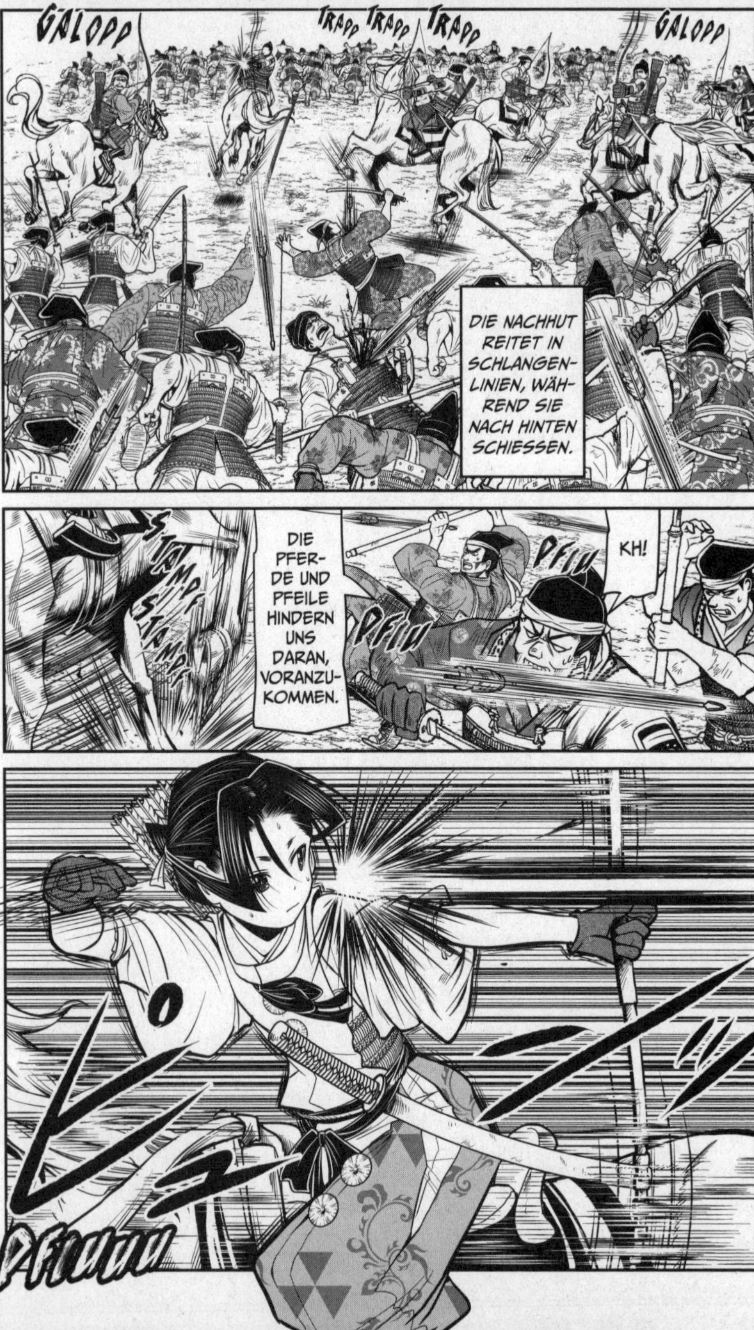
GALOPP
TRAPP TRAPP TRAPP
GALOPP
DIE NACHHUT REITET IN SCHLANGEN-LINIEN, WÄH-REND SIE NACH HINTEN SCHIESSEN.
KH!
PFIU
PFIU
DIE PFER-DE UND PFEILE HINDERN UNS DARAN, VORANZU-KOMMEN.
STAMPF STAMPF
PFIUUU

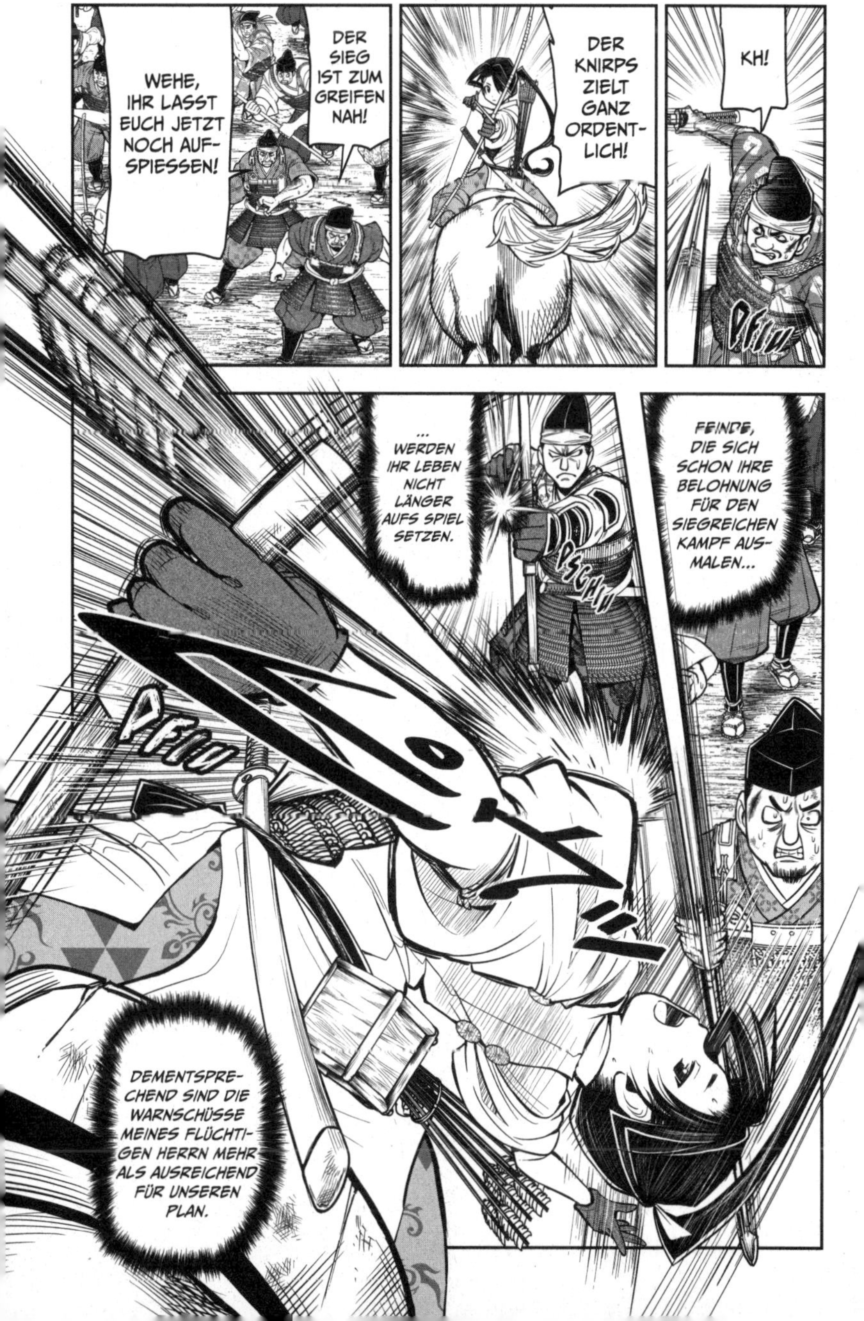
KH!
PFIU
DER KNIRPS ZIELT GANZ ORDENTLICH!
DER SIEG IST ZUM GREIFEN NAH!
WEHE, IHR LASST EUCH JETZT NOCH AUFSPIESSEN!
FEINDE, DIE SICH SCHON IHRE BELOHNUNG FÜR DEN SIEGREICHEN KAMPF AUSMALEN...
... WERDEN IHR LEBEN NICHT LÄNGER AUFS SPIEL SETZEN.
PSCHU
PFIU
DEMENTSPRECHEND SIND DIE WARNSCHÜSSE MEINES FLÜCHTIGEN HERRN MEHR ALS AUSREICHEND FÜR UNSEREN PLAN.

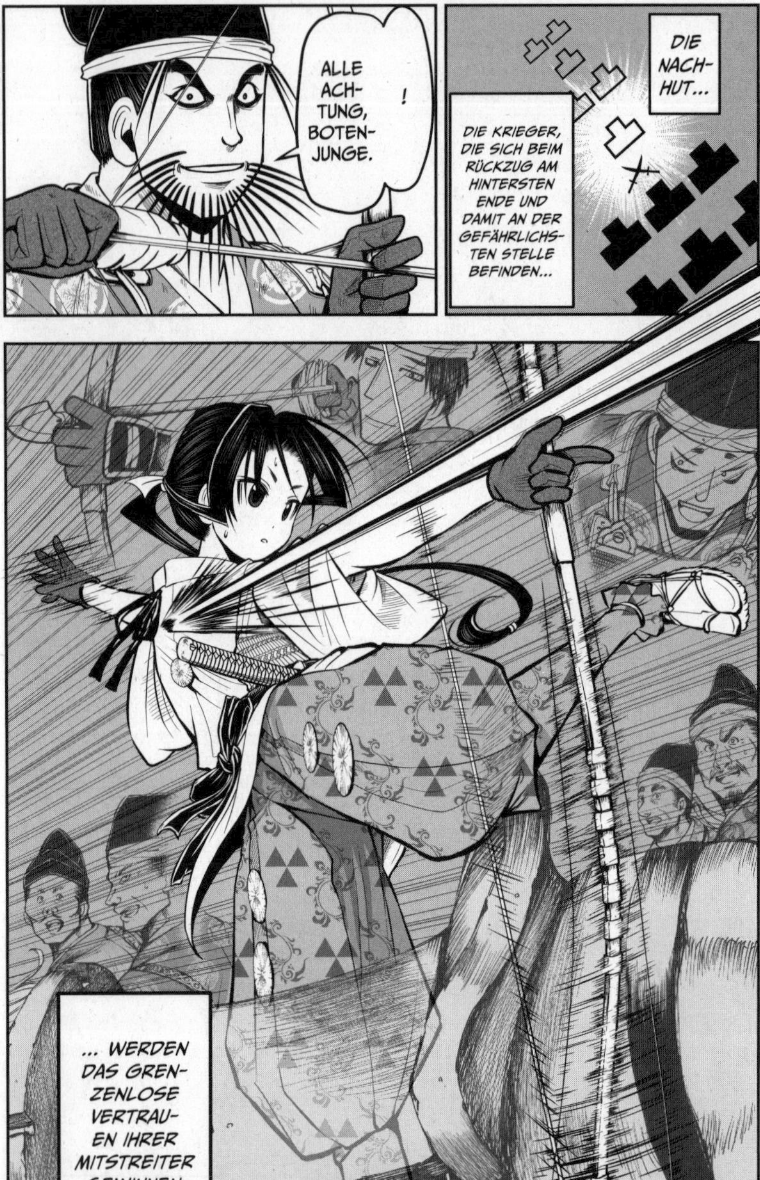
DIE NACH-HUT...
DIE KRIEGER, DIE SICH BEIM RÜCKZUG AM HINTERSTEN ENDE UND DAMIT AN DER GEFÄHRLICHS-TEN STELLE BEFINDEN...
ALLE ACH-TUNG, BOTEN-JUNGE.
!
... WERDEN DAS GREN-ZENLOSE VERTRAU-EN IHRER MITSTREITER GEWINNEN.

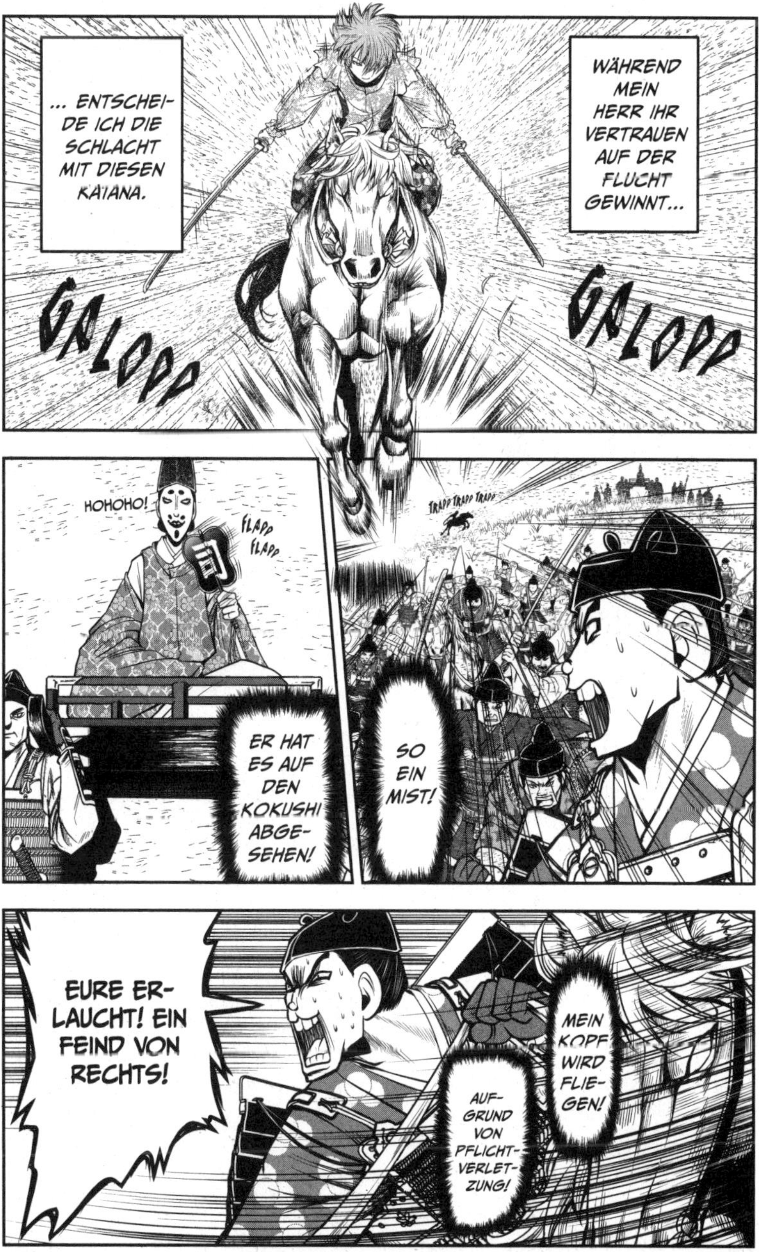
WÄHREND MEIN HERR IHR VERTRAUEN AUF DER FLUCHT GEWINNT...
... ENTSCHEIDE ICH DIE SCHLACHT MIT DIESEN KATANA.
GALOPP
GALOPP
TRAPP TRAPP TRAPP
SO EIN MIST!
HOHOHO!
FLAPP FLAPP
ER HAT ES AUF DEN KOKUSHI ABGESEHEN!
MEIN KOPF WIRD FLIEGEN!
AUFGRUND VON PFLICHTVERLETZUNG!
EURE ERLAUCHT! EIN FEIND VON RECHTS!

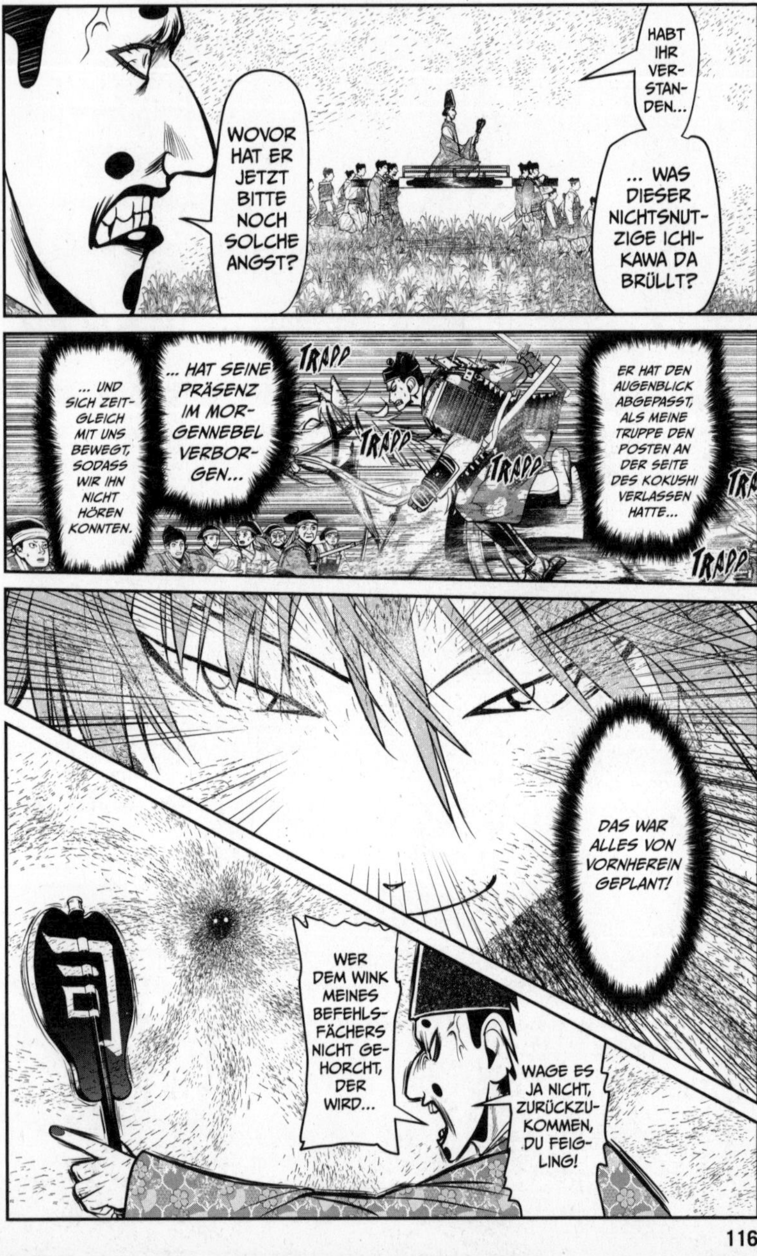

HABT IHR VERSTANDEN...
... WAS DIESER NICHTSNUTZIGE ICHIKAWA DA BRÜLLT?
WOVOR HAT ER JETZT BITTE NOCH SOLCHE ANGST?
ER HAT DEN AUGENBLICK ABGEPASST, ALS MEINE TRUPPE DEN POSTEN AN DER SEITE DES KOKUSHI VERLASSEN HATTE...
TRAPP
TRAPP
TRAPP
TRAPP
TRAPP
... HAT SEINE PRÄSENZ IM MORGENNEBEL VERBORGEN...
... UND SICH ZEITGLEICH MIT UNS BEWEGT, SODASS WIR IHN NICHT HÖREN KONNTEN.
DAS WAR ALLES VON VORNHEREIN GEPLANT!
WAGE ES JA NICHT, ZURÜCKZUKOMMEN, DU FEIGLING!
WER DEM WINK MEINES BEFEHLSFÄCHERS NICHT GEHORCHT, DER WIRD...

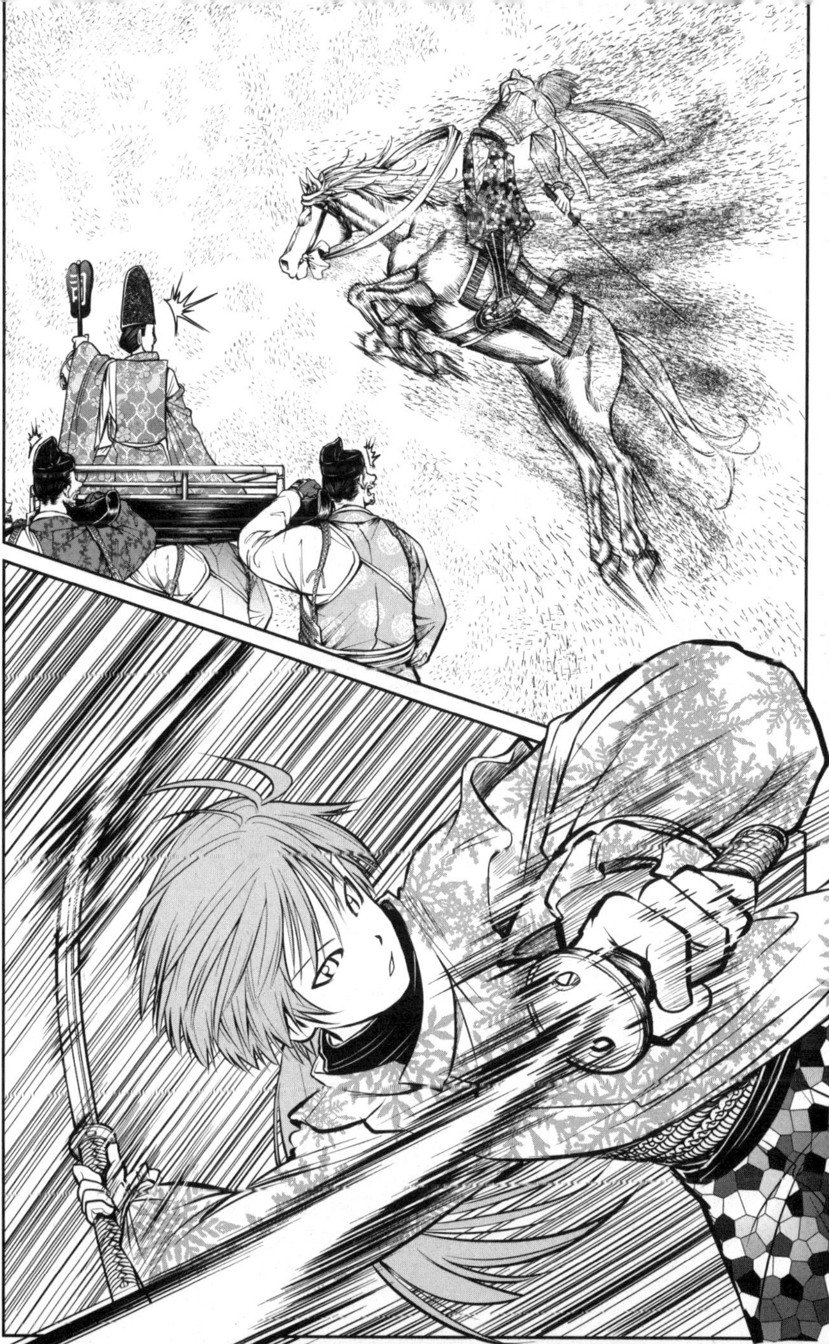

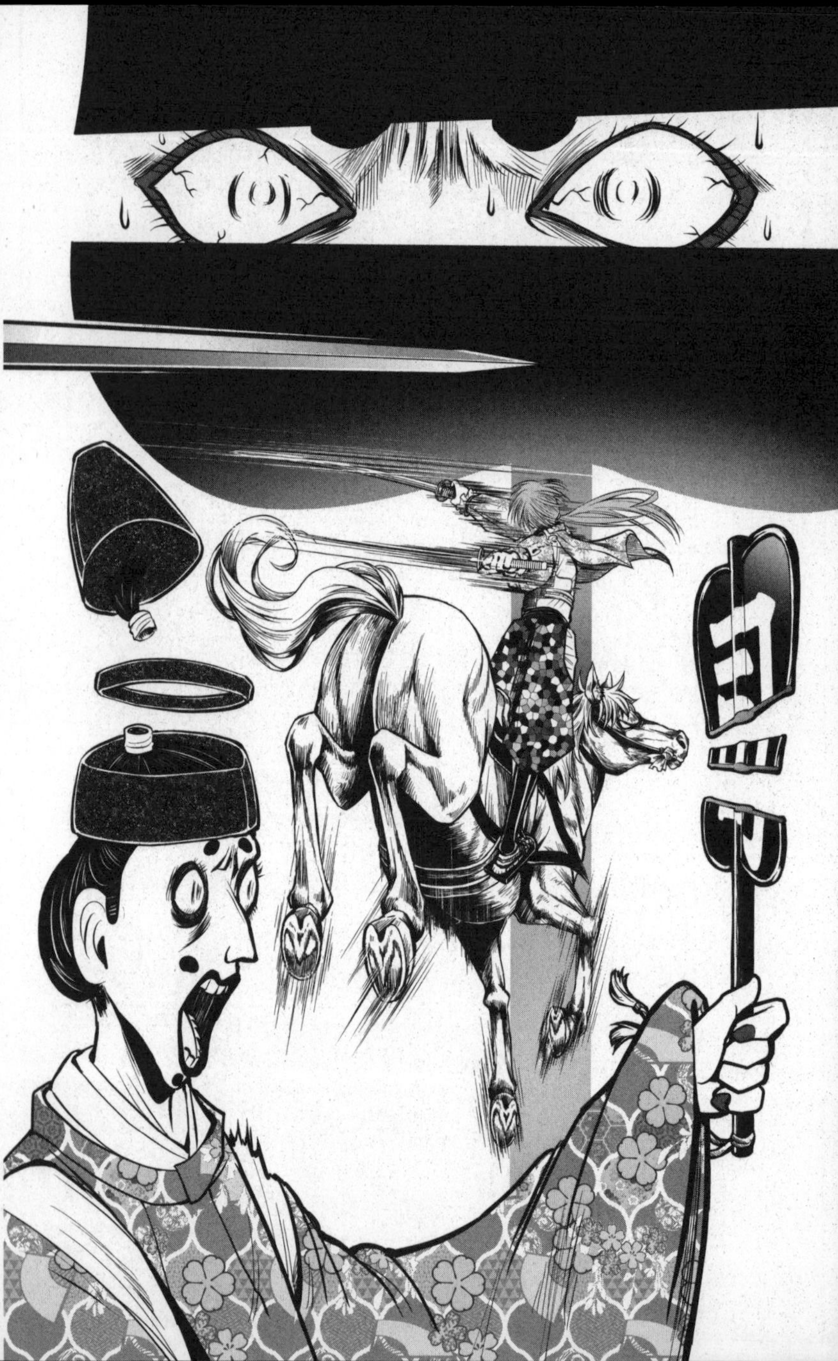

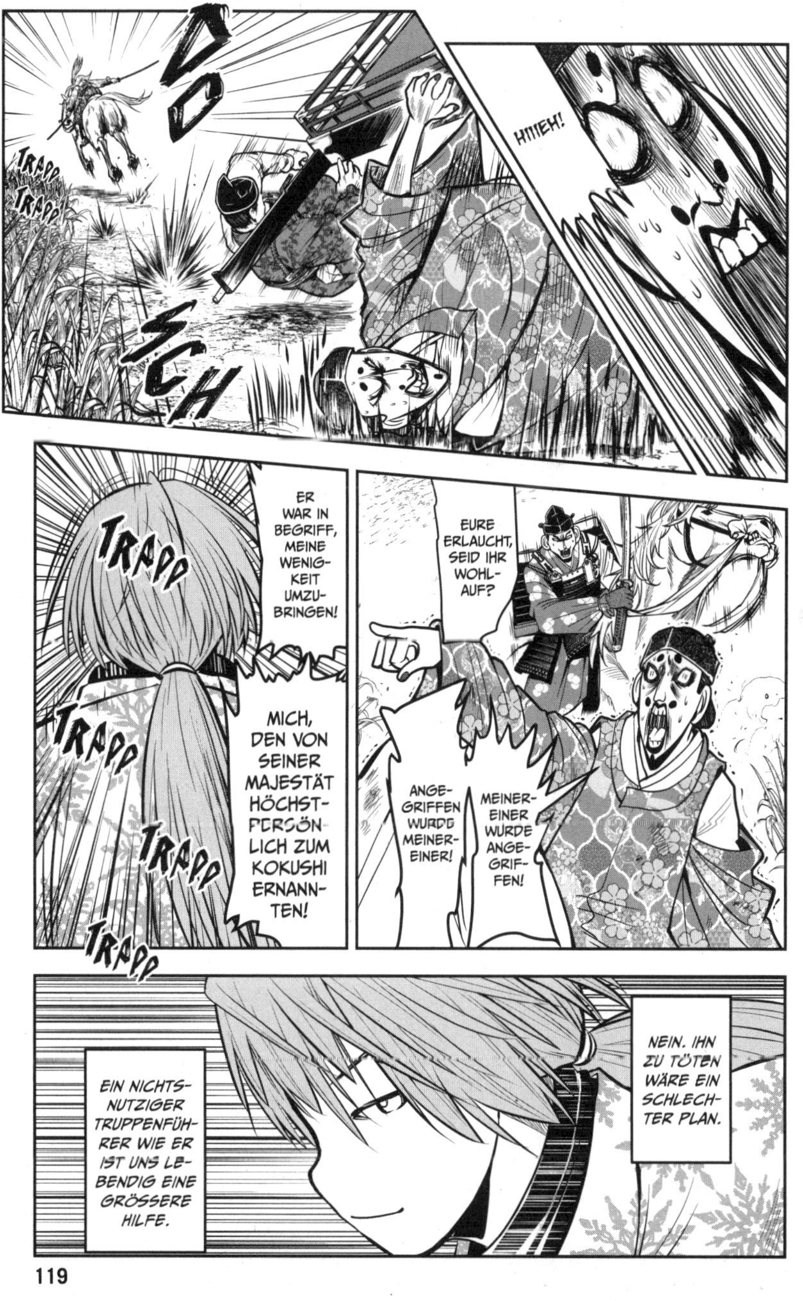
HIIIEH!
TRAPP TRAPP
SCH
EURE ERLAUCHT, SEID IHR WOHLAUF?
MEINEREINER WURDE ANGEGRIFFEN!
ANGEGRIFFEN WURDE MEINEREINER!
ER WAR IN BEGRIFF, MEINE WENIGKEIT UMZUBRINGEN!
MICH, DEN VON SEINER MAJESTÄT HÖCHSTPERSÖNLICH ZUM KOKUSHI ERNANNTEN!
TRAPP TRAPP TRAPP TRAPP
NEIN. IHN ZU TÖTEN WÄRE EIN SCHLECHTER PLAN.
EIN NICHTSNUTZIGER TRUPPENFÜHRER WIE ER IST UNS LEBENDIG EINE GRÖSSERE HILFE.

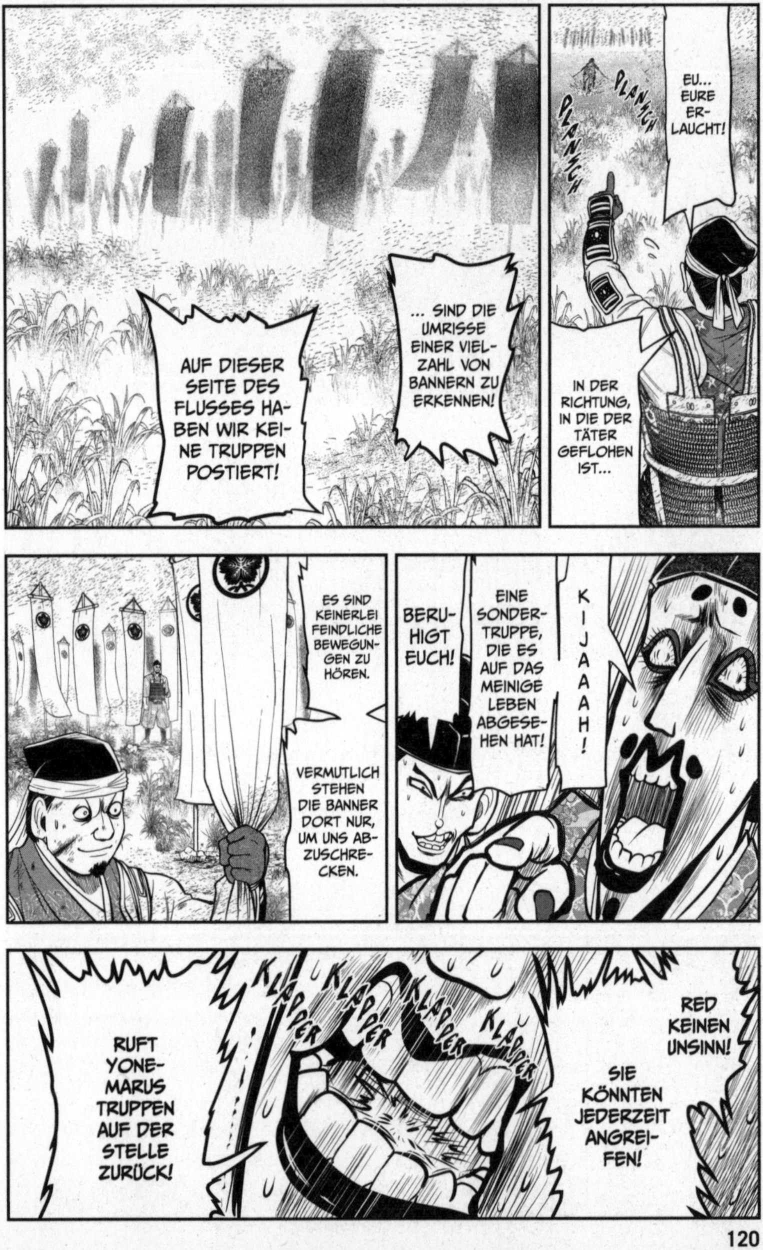
EU... EURE ER-LAUCHT!
PLANSCH
PLANSCH
IN DER RICHTUNG, IN DIE DER TÄTER GEFLOHEN IST...
... SIND DIE UMRISSE EINER VIEL-ZAHL VON BANNERN ZU ERKENNEN!
AUF DIESER SEITE DES FLUSSES HA-BEN WIR KEI-NE TRUPPEN POSTIERT!
KIJAAAAH!
EINE SONDER-TRUPPE, DIE ES AUF DAS MEINIGE LEBEN ABGESE-HEN HAT!
BERU-HIGT EUCH!
ES SIND KEINERLEI FEINDLICHE BEWEGUN-GEN ZU HÖREN.
VERMUTLICH STEHEN DIE BANNER DORT NUR, UM UNS AB-ZUSCHRE-CKEN.
RED KEINEN UNSINN!
SIE KÖNNTEN JEDERZEIT ANGREI-FEN!
KLAPPER KLAPPER KLAPPER KLAPPER
RUFT YONE-MARUS TRUPPEN AUF DER STELLE ZURÜCK!

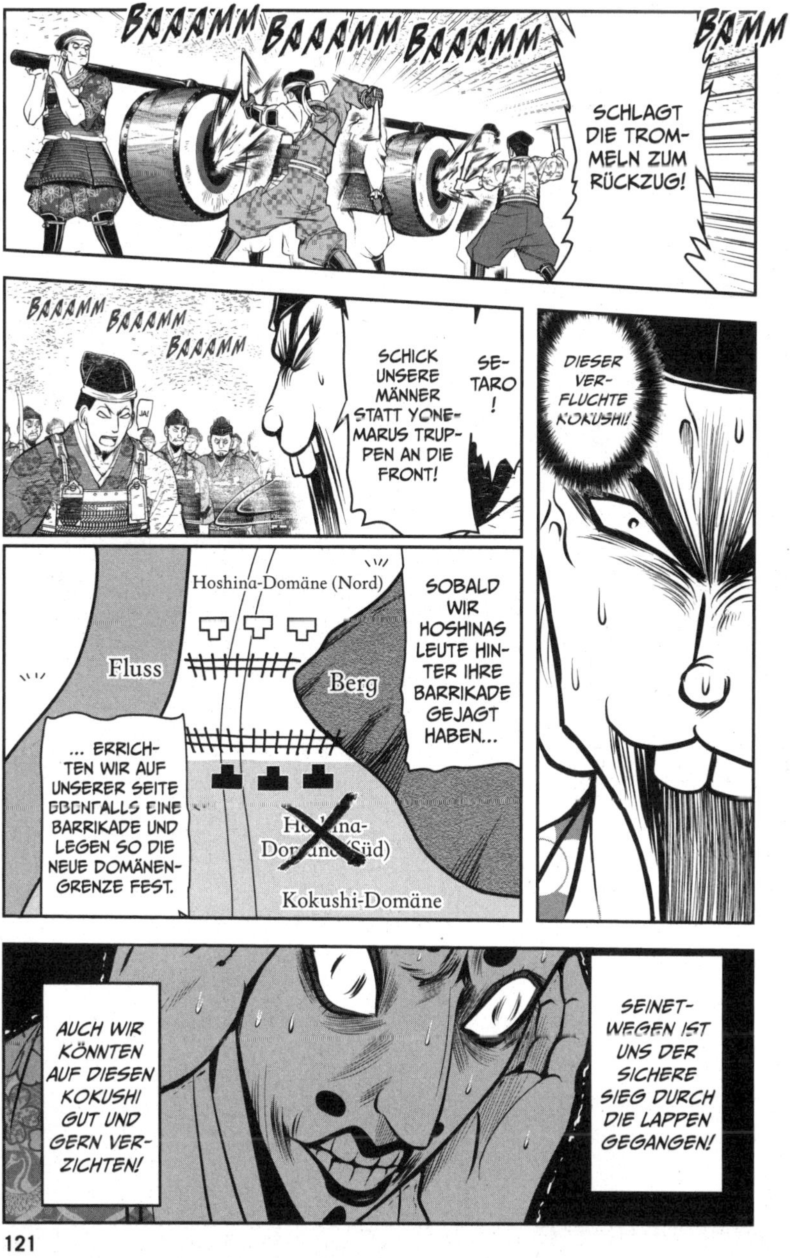
BAAAMM
BAAAMM
BAAAMM
BAMM
SCHLAGT DIE TROMMELN ZUM RÜCKZUG!
BAAAMM
BAAAMM
BAAAMM
SETARO!
SCHICK UNSERE MÄNNER STATT YONEMARUS TRUPPEN AN DIE FRONT!
JA!
SOBALD WIR HOSHINAS LEUTE HINTER IHRE BARRIKADE GEJAGT HABEN...
Hoshina-Domäne (Nord)
Fluss
Berg
Hoshina-Domäne (Süd)
Kokushi-Domäne
... ERRICHTEN WIR AUF UNSERER SEITE EBENFALLS EINE BARRIKADE UND LEGEN SO DIE NEUE DOMÄNENGRENZE FEST.
DIESER VERFLUCHTE KOKUSHI!
SEINETWEGEN IST UNS DER SICHERE SIEG DURCH DIE LAPPEN GEGANGEN!
AUCH WIR KÖNNTEN AUF DIESEN KOKUSHI GUT UND GERN VERZICHTEN!

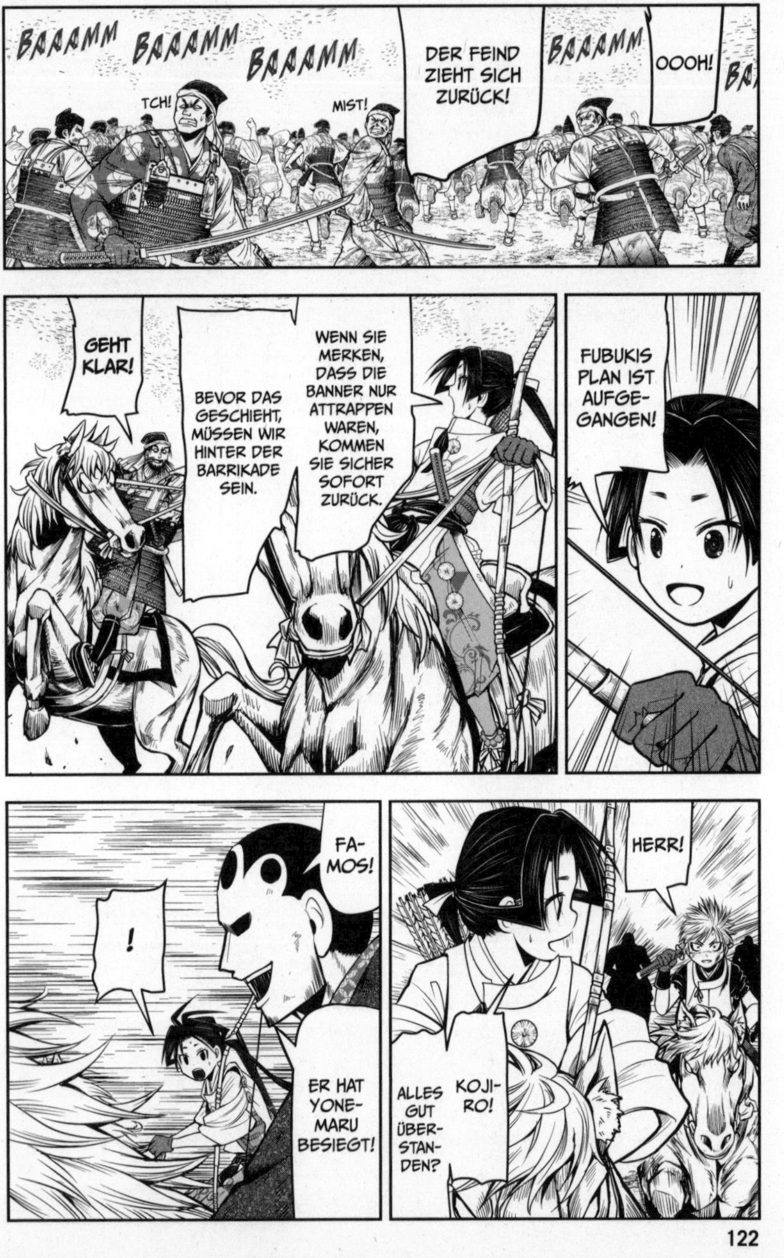
OOOH!
BAAAMM
DER FEIND ZIEHT SICH ZURÜCK!
BAAAMM
MIST!
BAAAMM
TCH!
BAAAMM
FUBUKIS PLAN IST AUFGEGANGEN!
WENN SIE MERKEN, DASS DIE BANNER NUR ATTRAPPEN WAREN, KOMMEN SIE SICHER SOFORT ZURÜCK.
BEVOR DAS GESCHIEHT, MÜSSEN WIR HINTER DER BARRIKADE SEIN.
GEHT KLAR!
HERR!
KOJIRO!
ALLES GUT ÜBERSTANDEN?
FAMOS!
ER HAT YONEMARU BESIEGT!
!

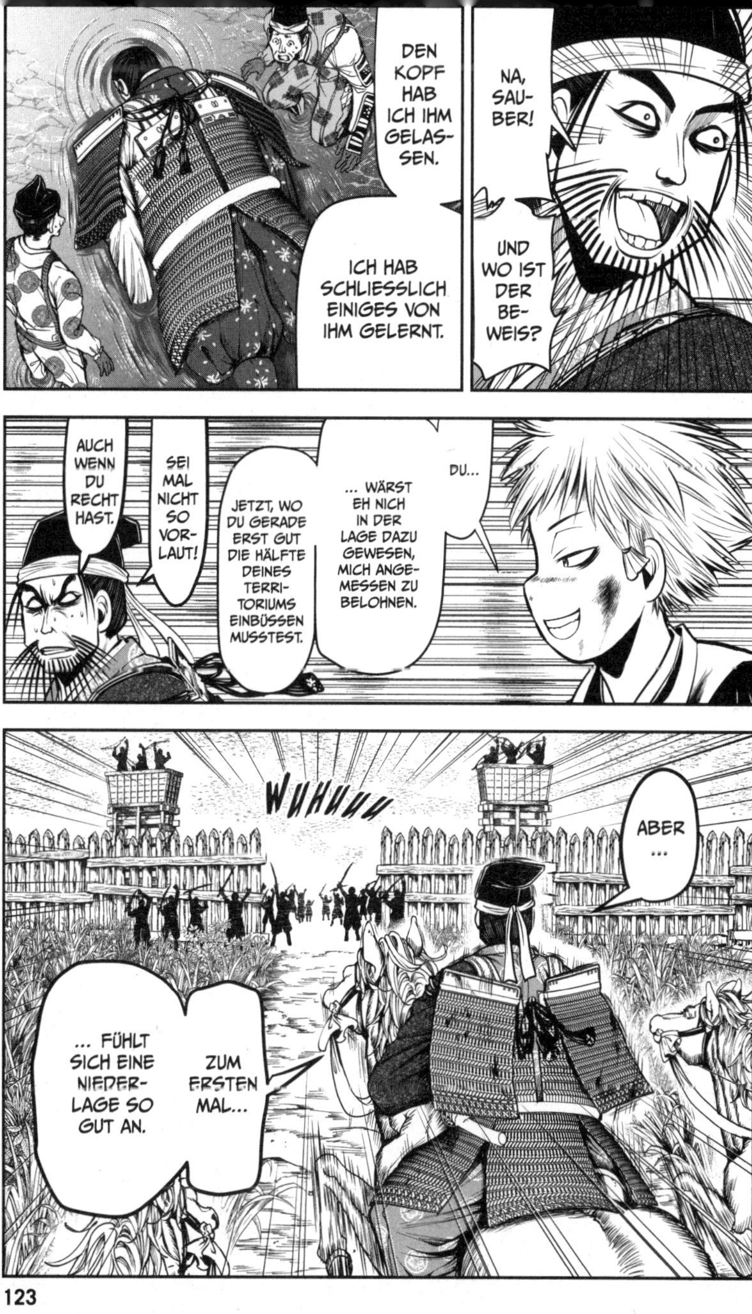
NA, SAUBER!
UND WO IST DER BEWEIS?
DEN KOPF HAB ICH IHM GELASSEN.
ICH HAB SCHLIESSLICH EINIGES VON IHM GELERNT.
DU...
... WÄRST EH NICH IN DER LAGE DAZU GEWESEN, MICH ANGEMESSEN ZU BELOHNEN.
JETZT, WO DU GERADE ERST GUT DIE HÄLFTE DEINES TERRITORIUMS EINBÜSSEN MUSSTEST.
SEI MAL NICHT SO VORLAUT!
AUCH WENN DU RECHT HAST.
WUHUUU
ABER ...
ZUM ERSTEN MAL...
... FÜHLT SICH EINE NIEDERLAGE SO GUT AN.

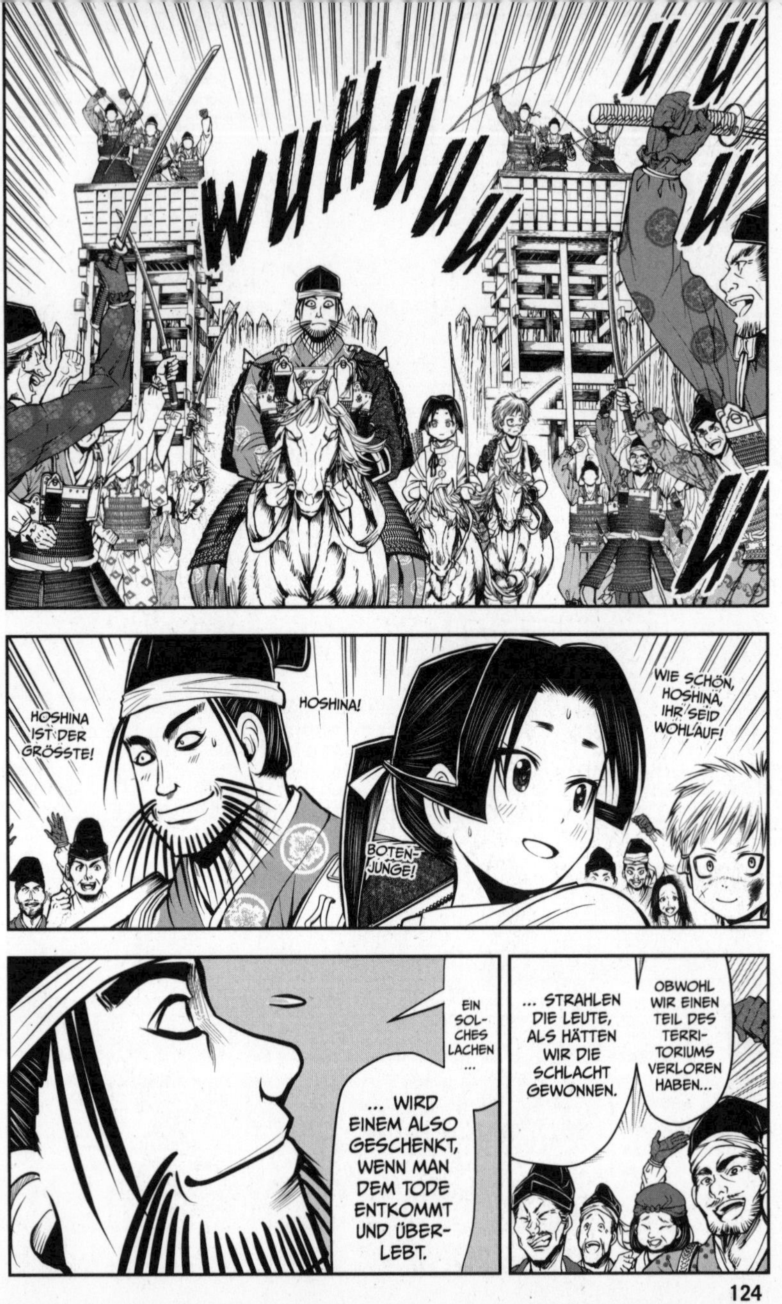
WUHUUUUUUUUUUU
WIE SCHÖN, HOSHINA, IHR SEID WOHLAUF!
HOSHINA!
HOSHINA IST DER GRÖSSTE!
BOTEN-JUNGE!
OBWOHL WIR EINEN TEIL DES TERRI-TORIUMS VERLOREN HABEN...
... STRAHLEN DIE LEUTE, ALS HÄTTEN WIR DIE SCHLACHT GEWONNEN.
EIN SOL-CHES LACHEN ...
... WIRD EINEM ALSO GESCHENKT, WENN MAN DEM TODE ENTKOMMT UND ÜBER-LEBT.

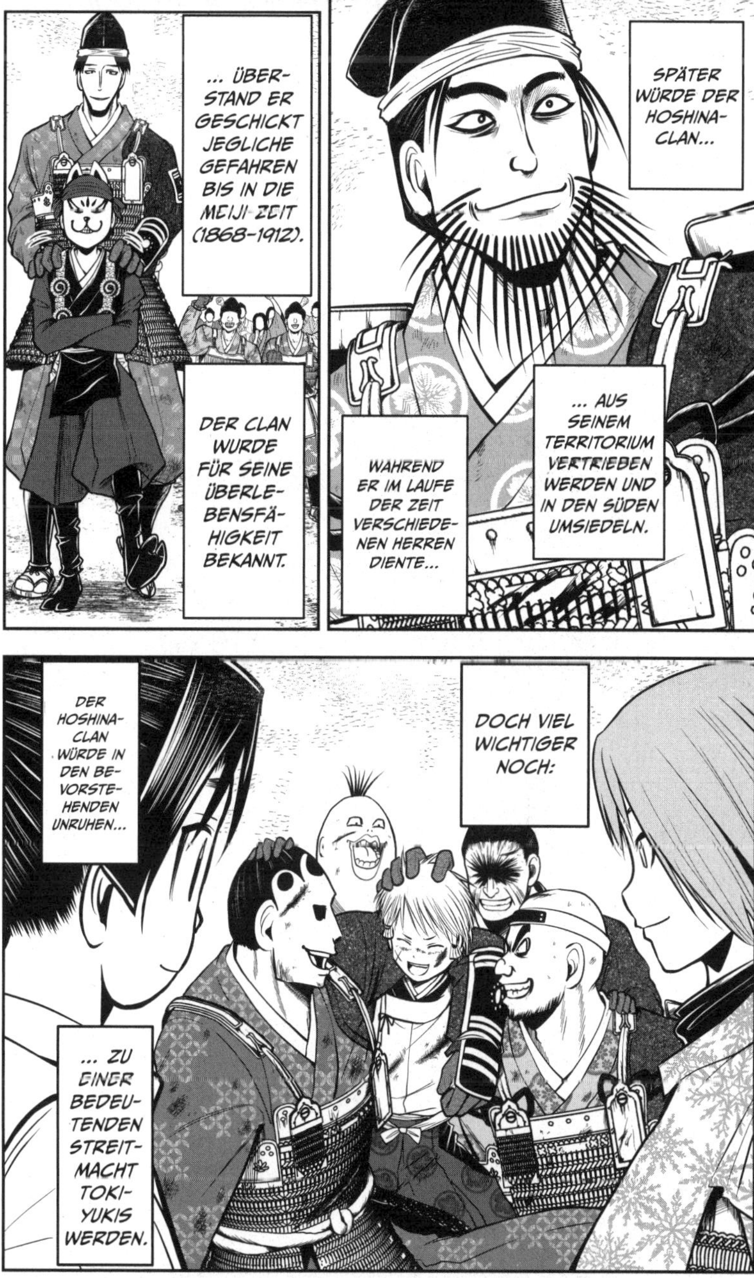
SPÄTER WÜRDE DER HOSHINA-CLAN...
... AUS SEINEM TERRITORIUM VERTRIEBEN WERDEN UND IN DEN SÜDEN UMSIEDELN.
WÄHREND ER IM LAUFE DER ZEIT VERSCHIEDENEN HERREN DIENTE...
... ÜBERSTAND ER GESCHICKT JEGLICHE GEFAHREN BIS IN DIE MEIJI-ZEIT (1868-1912).
DER CLAN WURDE FÜR SEINE ÜBERLEBENSFÄHIGKEIT BEKANNT.
DOCH VIEL WICHTIGER NOCH:
DER HOSHINA-CLAN WÜRDE IN DEN BEVORSTEHENDEN UNRUHEN...
... ZU EINER BEDEUTENDEN STREITMACHT TOKIYUKIS WERDEN.

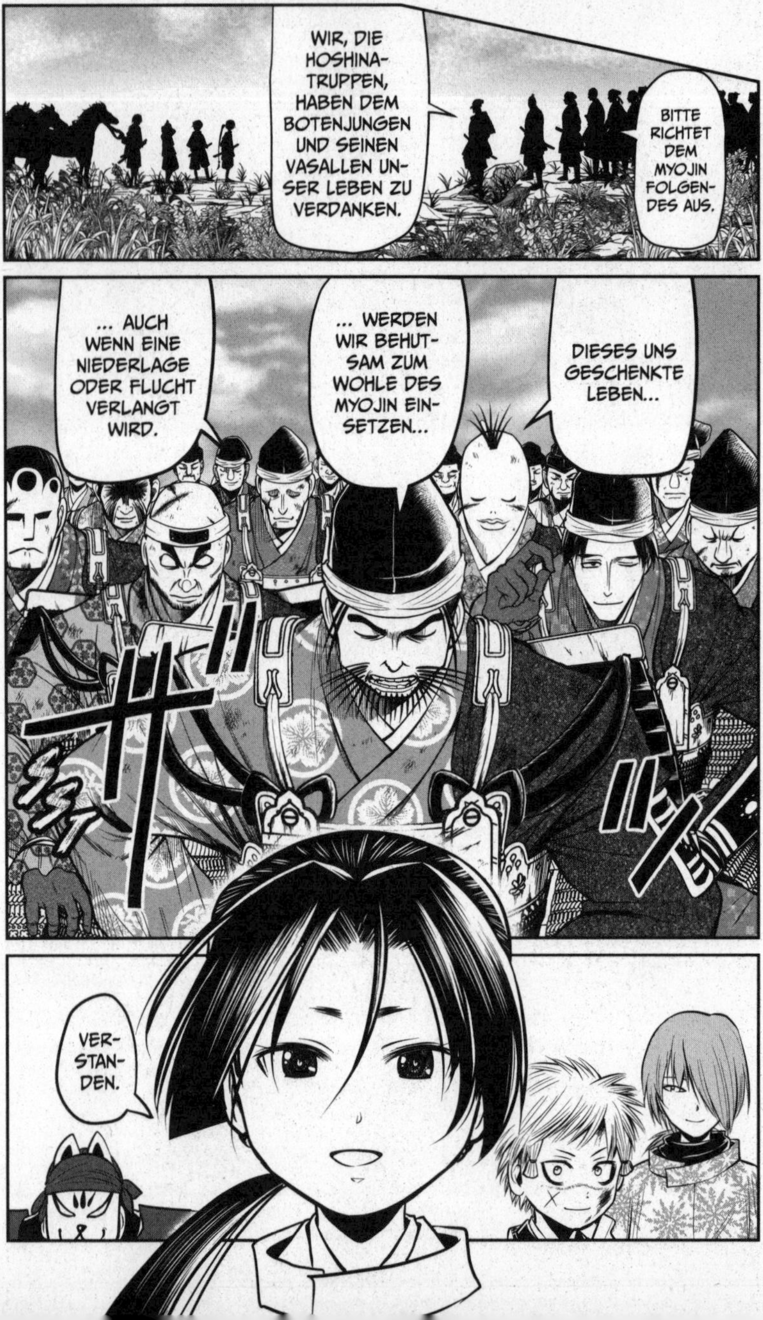

BITTE RICHTET DEM MYOJIN FOLGENDES AUS.
WIR, DIE HOSHINA-TRUPPEN, HABEN DEM BOTENJUNGEN UND SEINEN VASALLEN UNSER LEBEN ZU VERDANKEN.
DIESES UNS GESCHENKTE LEBEN...
... WERDEN WIR BEHUTSAM ZUM WOHLE DES MYOJIN EINSETZEN...
... AUCH WENN EINE NIEDERLAGE ODER FLUCHT VERLANGT WIRD.
SST
VERSTANDEN.

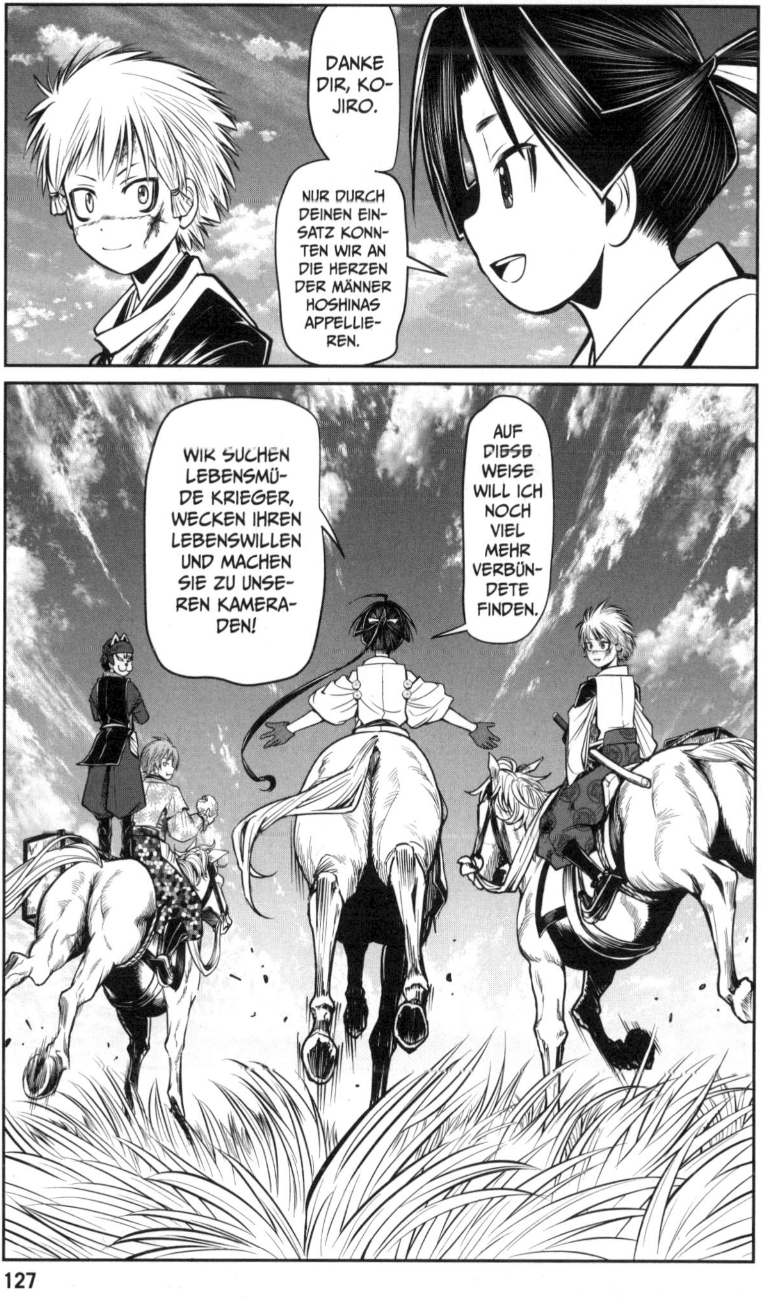
DANKE DIR, KOJIRO.
NUR DURCH DEINEN EINSATZ KONNTEN WIR AN DIE HERZEN DER MÄNNER HOSHINAS APPELLIEREN.
AUF DIESE WEISE WILL ICH NOCH VIEL MEHR VERBÜNDETE FINDEN.
WIR SUCHEN LEBENSMÜDE KRIEGER, WECKEN IHREN LEBENSWILLEN UND MACHEN SIE ZU UNSEREN KAMERADEN!

1334

Kazama Gemba

★ N

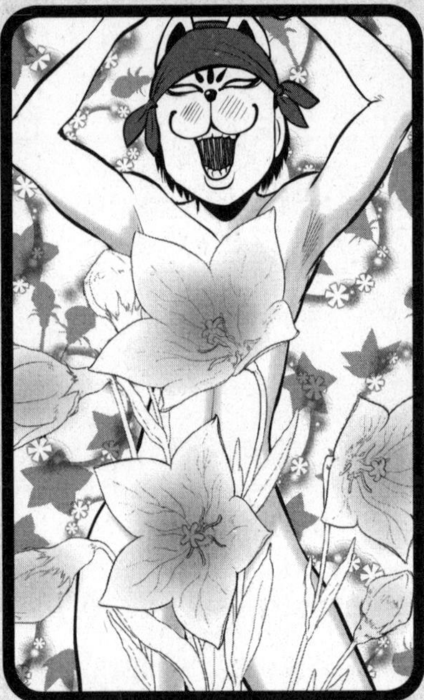

Kompetenzen		Eignung für die Namboku-cho-Zeit	
Waffen	11	Grausamkeit	75
Wissen	39	Loyalität	18
Politik	2	Chaos	84
Kommando	4	Reform	81
Charme	6	Fliehen & Verstecken	79

Muster

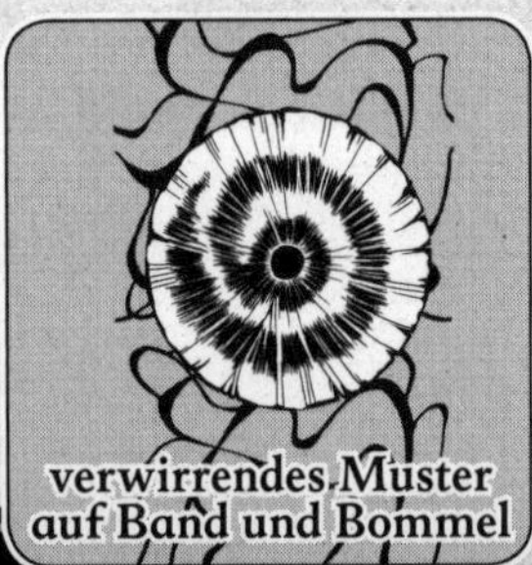

Fähigkeit	Primitiver Shinobi	(Kombiniert die Fähigkeiten Verstecken, subversive Tätigkeiten & Spionage)
Persönlicher Gegenstand	Die Maske der Ungezwungenheit	(Gembanojo-kaleidoskopischer-Wechsel-Aussehen)
Lieblingsbeschäftigung	Spannen, Einschleichen & Entblößen, Belästigung im großen Stil	

Motto

Es gibt keine Menschen ohne Hintergedanken.

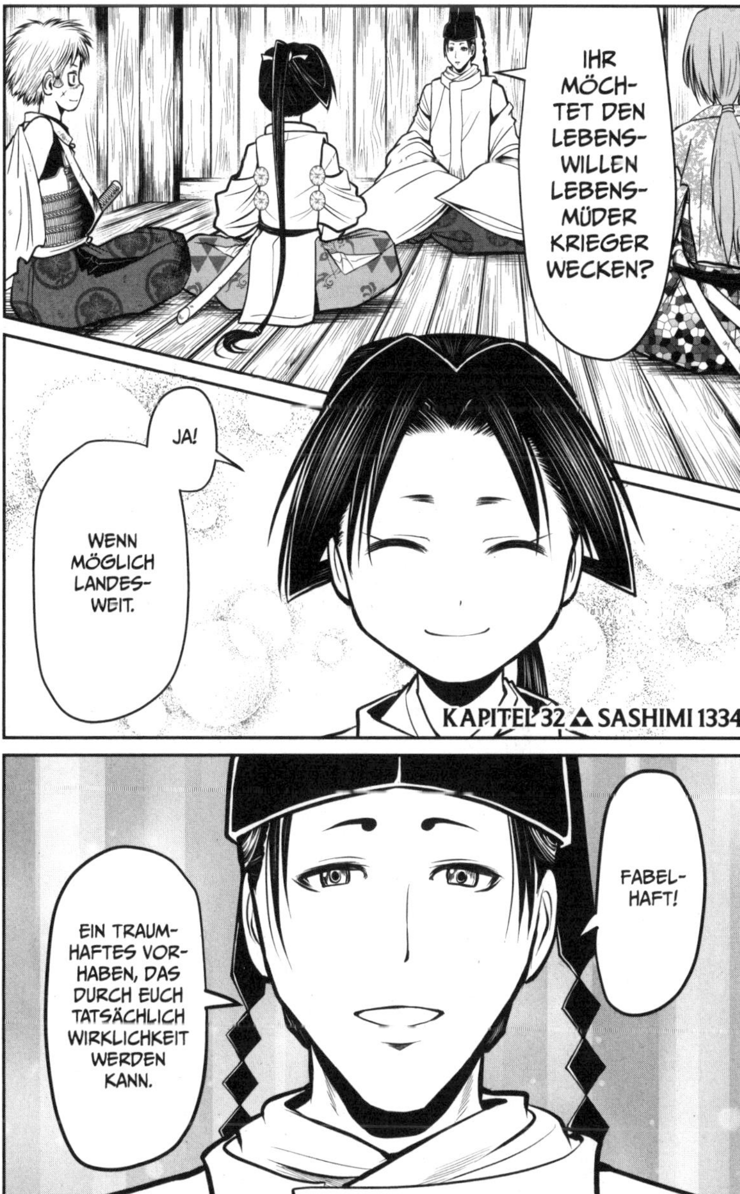
IHR MÖCHTET DEN LEBENSWILLEN LEBENSMÜDER KRIEGER WECKEN?
JA!
WENN MÖGLICH LANDESWEIT.
KAPITEL 32 SASHIMI 1334
FABELHAFT!
EIN TRAUMHAFTES VORHABEN, DAS DURCH EUCH TATSÄCHLICH WIRKLICHKEIT WERDEN KANN.

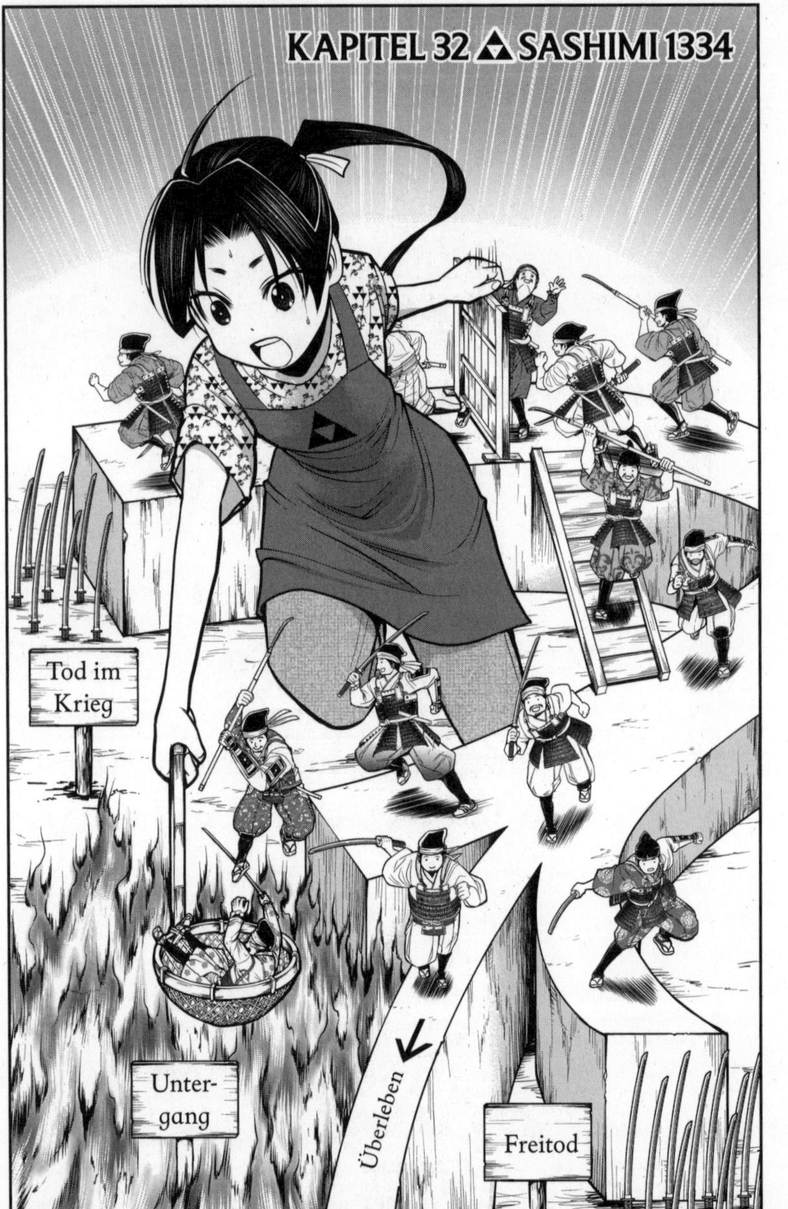
KAPITEL 32 SASHIMI 1334
Tod im Krieg
Untergang
Überleben
Freitod

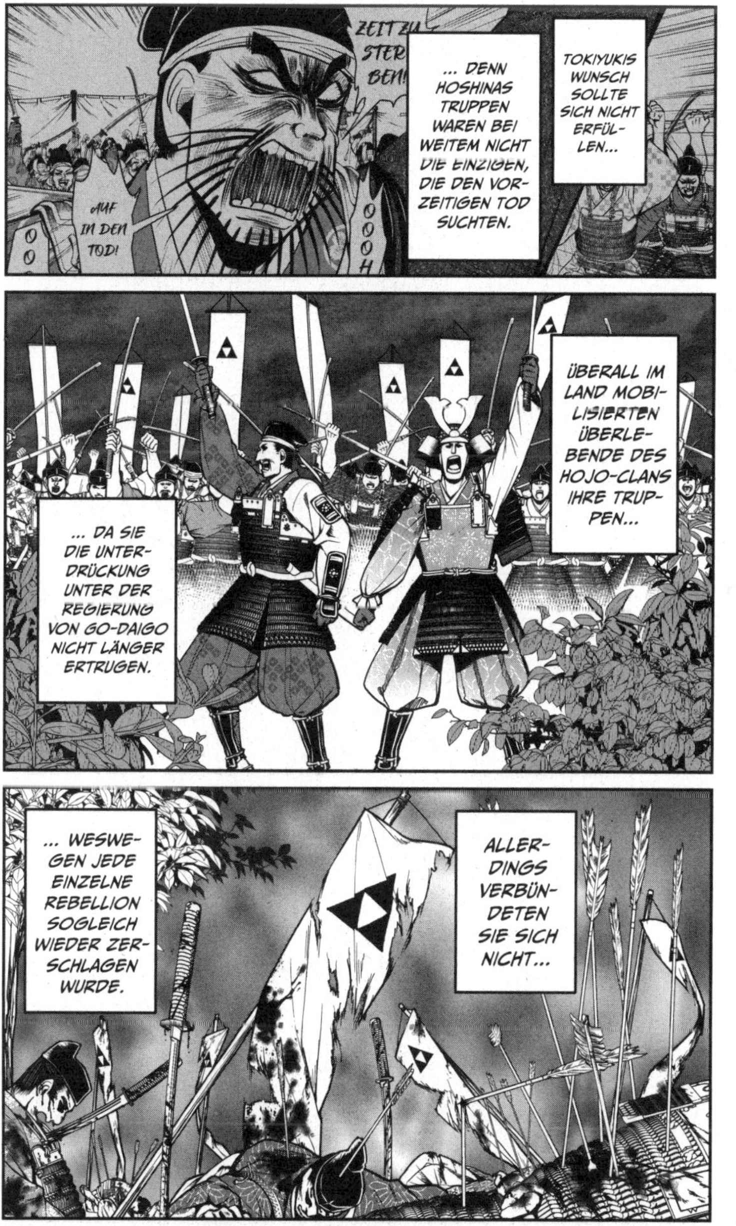
TOKIYUKIS WUNSCH SOLLTE SICH NICHT ERFÜLLEN...
... DENN HOSHINAS TRUPPEN WAREN BEI WEITEM NICHT DIE EINZIGEN, DIE DEN VORZEITIGEN TOD SUCHTEN.
ZEIT ZU STERBEN!
AUF IN DEN TOD!
ÜBERALL IM LAND MOBILISIERTEN ÜBERLEBENDE DES HOJO-CLANS IHRE TRUPPEN...
... DA SIE DIE UNTERDRÜCKUNG UNTER DER REGIERUNG VON GO-DAIGO NICHT LÄNGER ERTRUGEN.
ALLERDINGS VERBÜNDETEN SIE SICH NICHT...
... WESWEGEN JEDE EINZELNE REBELLION SOGLEICH WIEDER ZERSCHLAGEN WURDE.

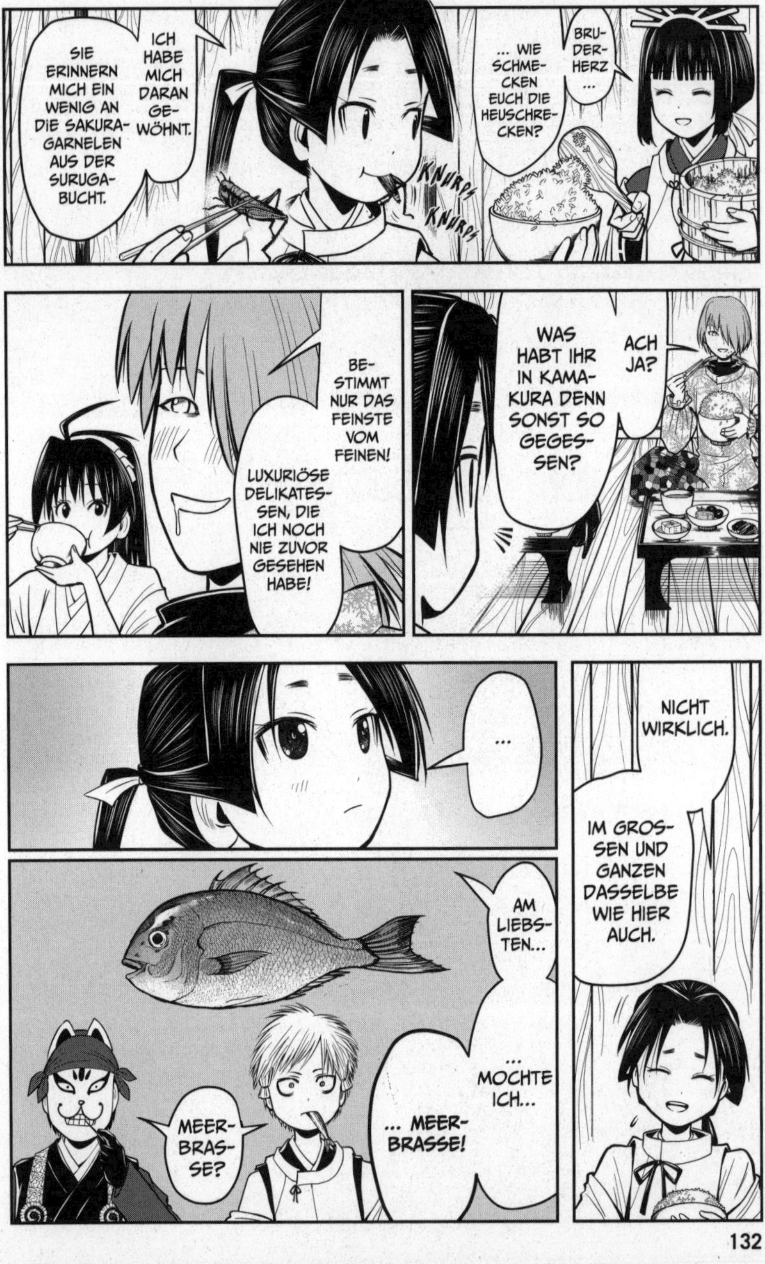
BRUDERHERZ ...
... WIE SCHMECKEN EUCH DIE HEUSCHRECKEN?
KNURPS KNURPS
ICH HABE MICH DARAN GEWÖHNT.
SIE ERINNERN MICH EIN WENIG AN DIE SAKURA-GARNELEN AUS DER SURUGA-BUCHT.
ACH JA?
WAS HABT IHR IN KAMAKURA DENN SONST SO GEGESSEN?
BESTIMMT NUR DAS FEINSTE VOM FEINEN!
LUXURIÖSE DELIKATESSEN, DIE ICH NOCH NIE ZUVOR GESEHEN HABE!
NICHT WIRKLICH.
IM GROSSEN UND GANZEN DASSELBE WIE HIER AUCH.
...
AM LIEBSTEN...
... MOCHTE ICH...
... MEERBRASSE!
MEERBRASSE?

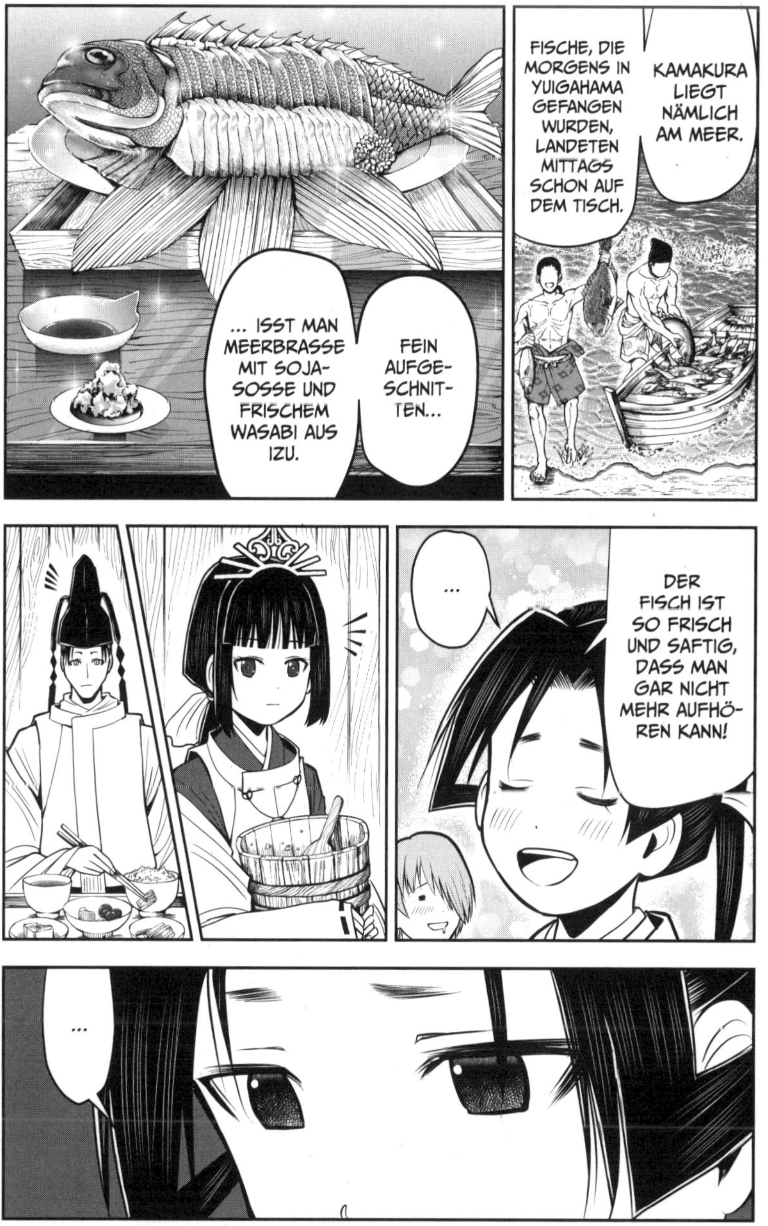
KAMAKURA LIEGT NÄMLICH AM MEER.
FISCHE, DIE MORGENS IN YUIGAHAMA GEFANGEN WURDEN, LANDETEN MITTAGS SCHON AUF DEM TISCH.
FEIN AUFGE-SCHNIT-TEN...
... ISST MAN MEERBRASSE MIT SOJA-SOSSE UND FRISCHEM WASABI AUS IZU.
DER FISCH IST SO FRISCH UND SAFTIG, DASS MAN GAR NICHT MEHR AUFHÖ-REN KANN!
...
...

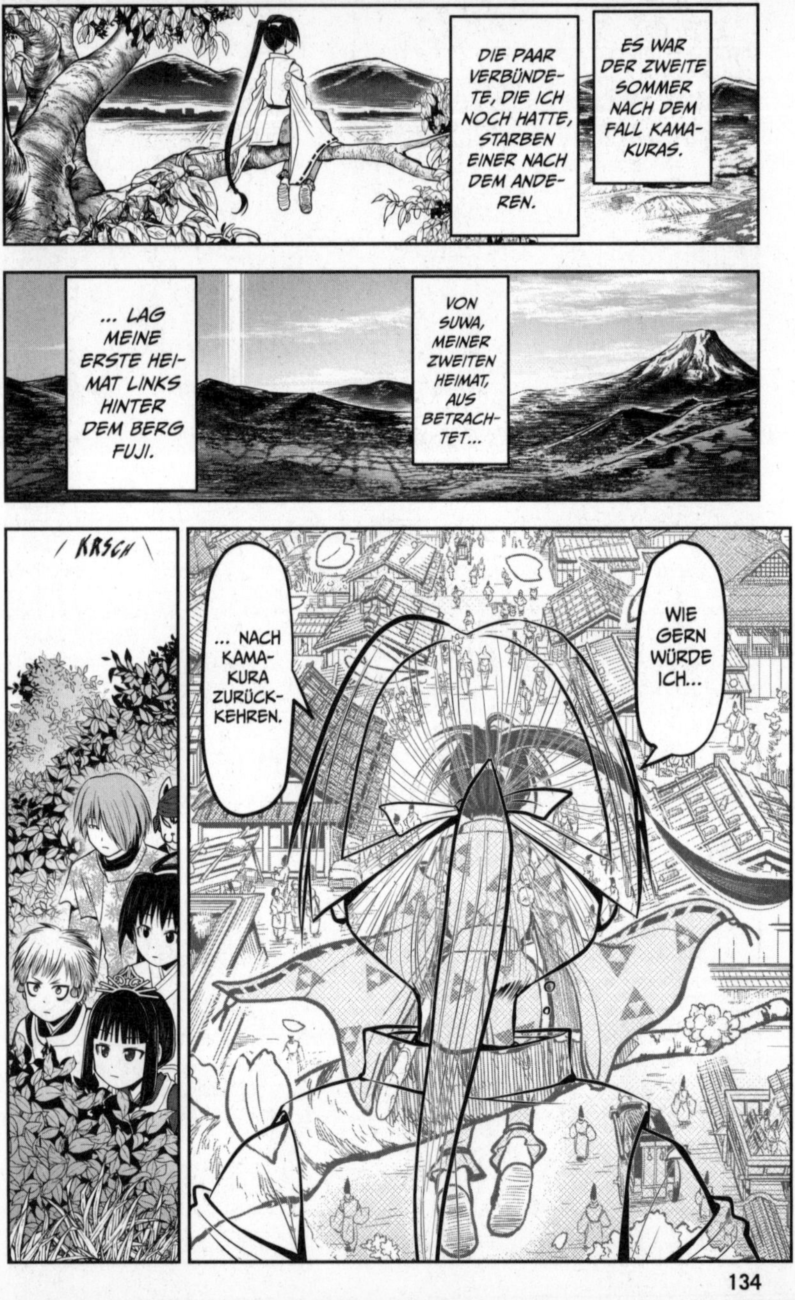
ES WAR DER ZWEITE SOMMER NACH DEM FALL KAMAKURAS.
DIE PAAR VERBÜNDETE, DIE ICH NOCH HATTE, STARBEN EINER NACH DEM ANDEREN.
VON SUWA, MEINER ZWEITEN HEIMAT, AUS BETRACHTET...
... LAG MEINE ERSTE HEIMAT LINKS HINTER DEM BERG FUJI.
WIE GERN WÜRDE ICH...
... NACH KAMAKURA ZURÜCKKEHREN.
KRSCH

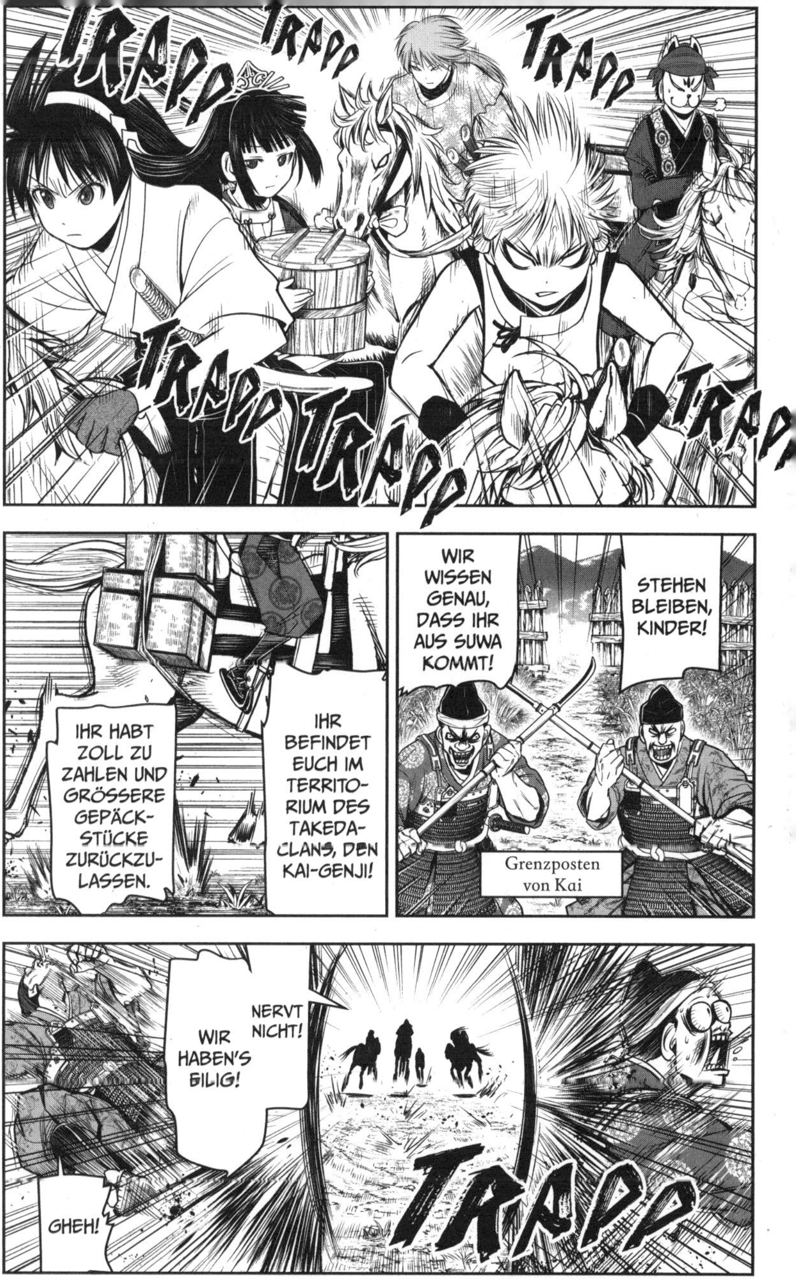
TRAPP
TRAPP
TRAPP
TRAPP
TRAPP
TRAPP
STEHEN BLEIBEN, KINDER!
WIR WISSEN GENAU, DASS IHR AUS SUWA KOMMT!
Grenzposten von Kai
IHR BEFINDET EUCH IM TERRITORIUM DES TAKEDA-CLANS, DEN KAI-GENJI!
IHR HABT ZOLL ZU ZAHLEN UND GRÖSSERE GEPÄCKSTÜCKE ZURÜCKZULASSEN.
NERVT NICHT!
WIR HABEN'S EILIG!
TRAPP
GHEH!

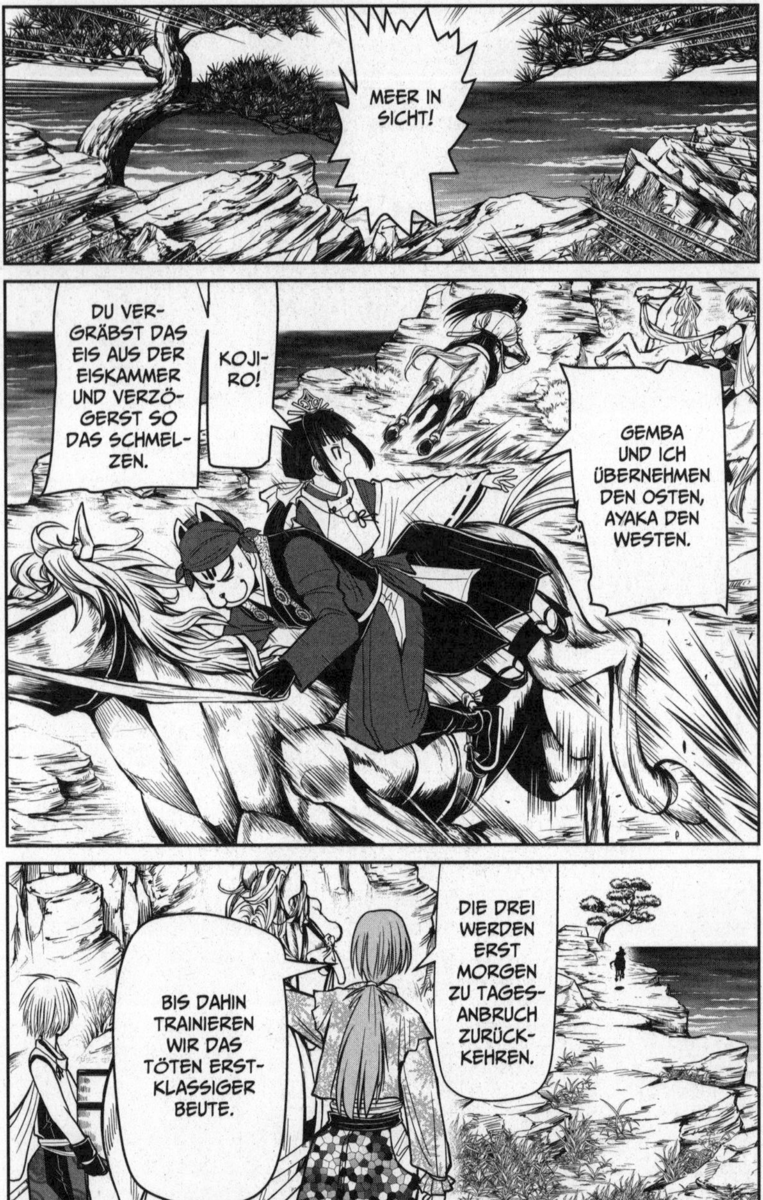
MEER IN SICHT!
GEMBA UND ICH ÜBERNEHMEN DEN OSTEN, AYAKA DEN WESTEN.
KOJI-RO!
DU VER-GRÄBST DAS EIS AUS DER EISKAMMER UND VERZÖ-GERST SO DAS SCHMEL-ZEN.
DIE DREI WERDEN ERST MORGEN ZU TAGES-ANBRUCH ZURÜCK-KEHREN.
BIS DAHIN TRAINIEREN WIR DAS TÖTEN ERST-KLASSIGER BEUTE.

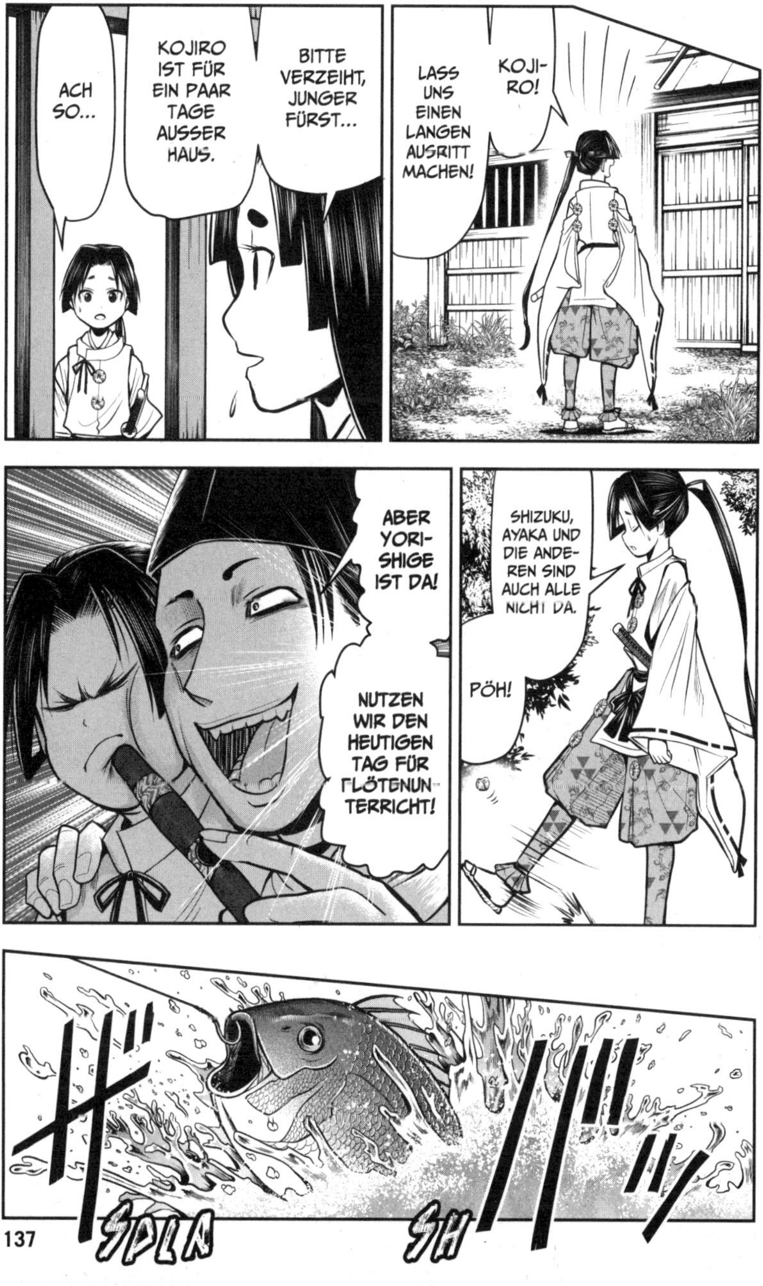

KOJI-RO!
LASS UNS EINEN LANGEN AUSRITT MACHEN!
BITTE VERZEIHT, JUNGER FÜRST...
KOJIRO IST FÜR EIN PAAR TAGE AUSSER HAUS.
ACH SO...
SHIZUKU, AYAKA UND DIE ANDEREN SIND AUCH ALLE NICHT DA.
PÖH!
ABER YORISHIGE IST DA!
NUTZEN WIR DEN HEUTIGEN TAG FÜR FLÖTENUNTERRICHT!
SH
SPLA

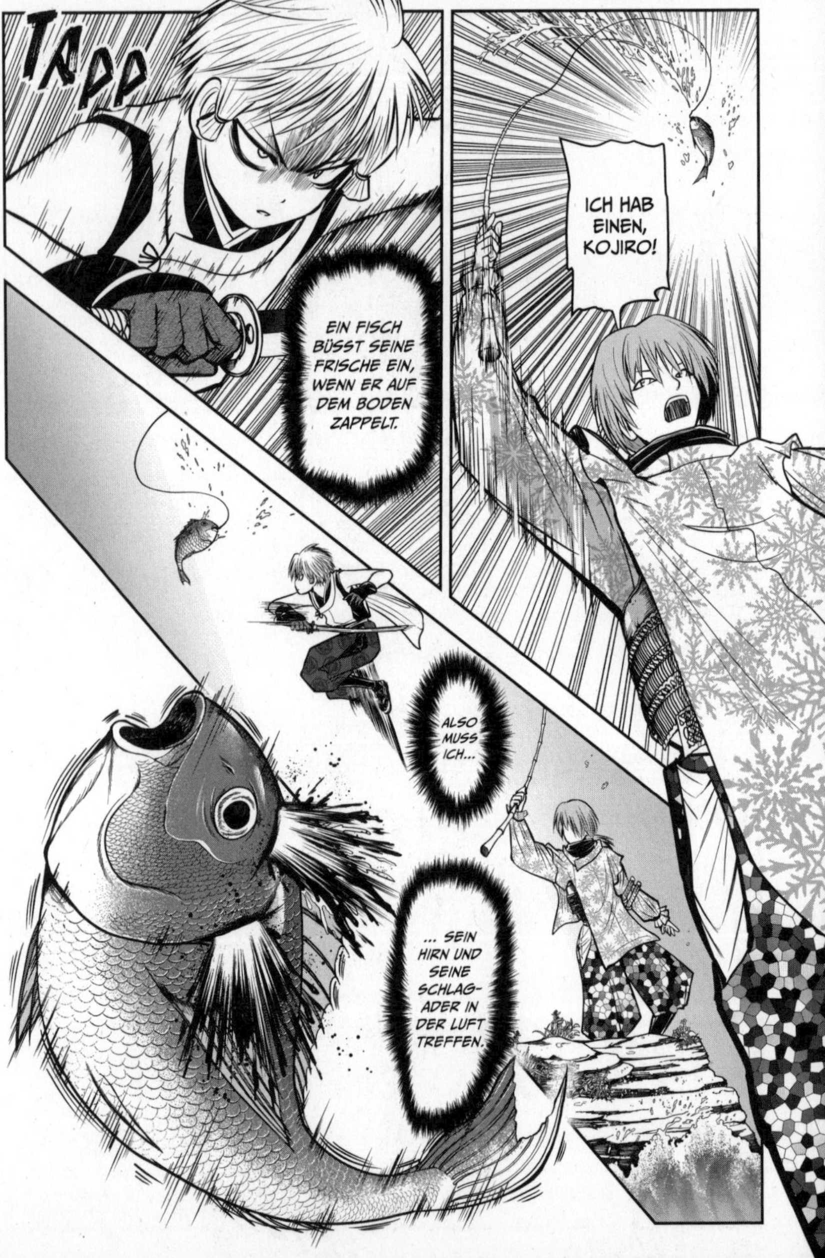
ICH HAB EINEN, KOJIRO!
TRAPP
EIN FISCH BÜSST SEINE FRISCHE EIN, WENN ER AUF DEM BODEN ZAPPELT.
ALSO MUSS ICH...
... SEIN HIRN UND SEINE SCHLAG-ADER IN DER LUFT TREFFEN.

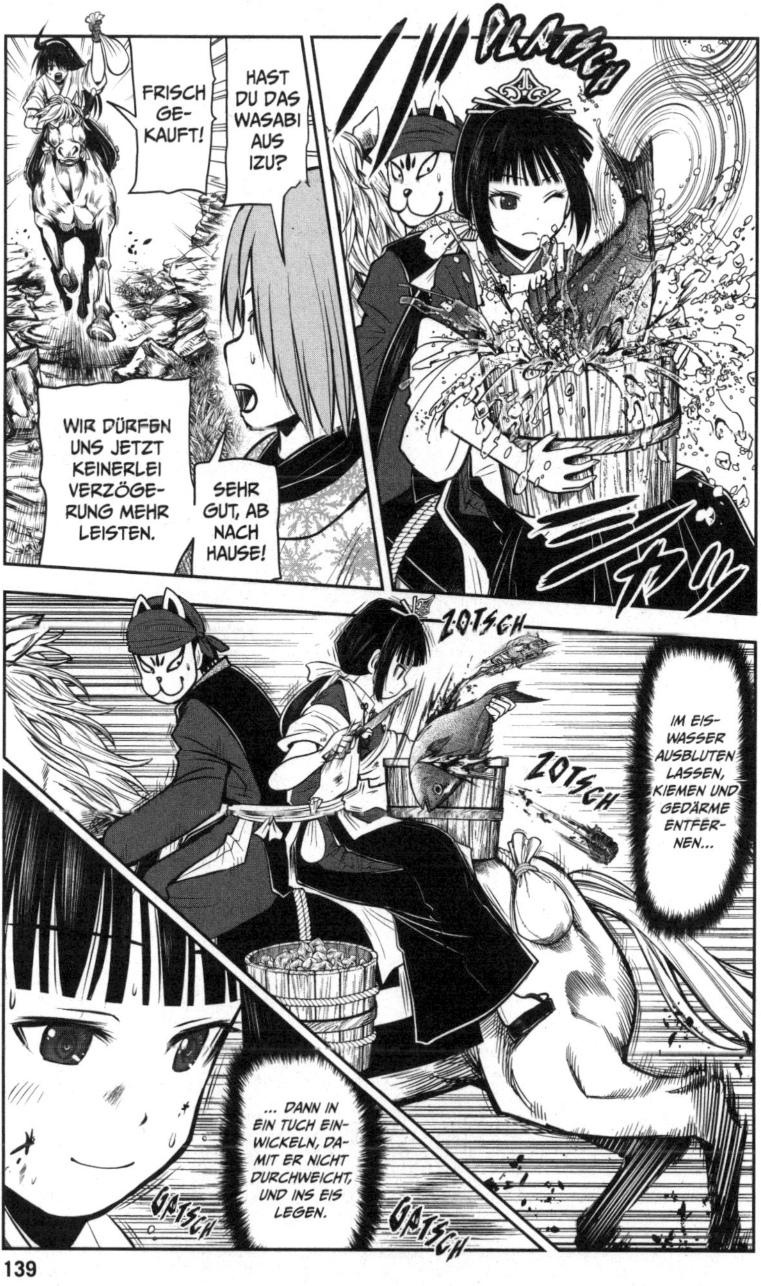
PLATSCH
HAST DU DAS WASABI AUS IZU?
FRISCH GEKAUFT!
SEHR GUT, AB NACH HAUSE!
WIR DÜRFEN UNS JETZT KEINERLEI VERZÖGERUNG MEHR LEISTEN.
ZOTSCH
ZOTSCH
IM EISWASSER AUSBLUTEN LASSEN, KIEMEN UND GEDÄRME ENTFERNEN...
... DANN IN EIN TUCH EINWICKELN, DAMIT ER NICHT DURCHWEICHT, UND INS EIS LEGEN.
GATSCH
GATSCH

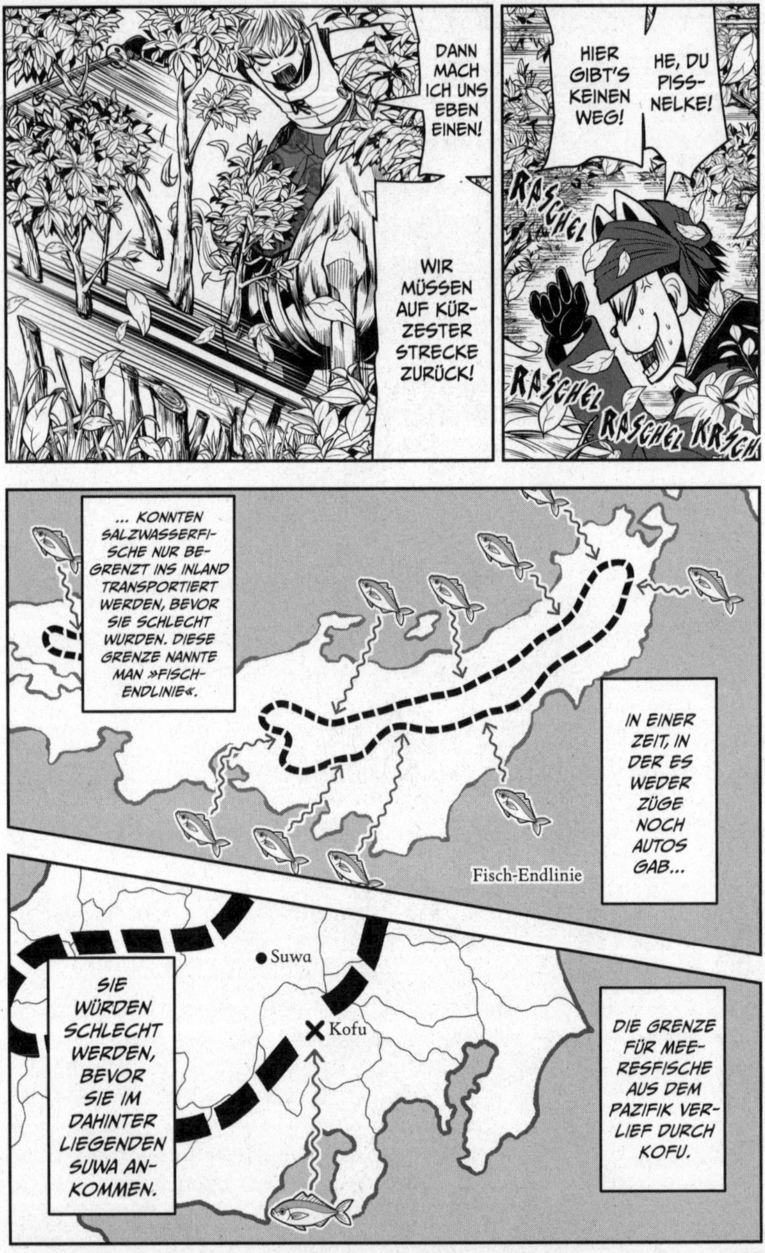
HE, DU PISS-NELKE!
HIER GIBT'S KEINEN WEG!
RASCHEL
RASCHEL RASCHEL KRSCH
DANN MACH ICH UNS EBEN EINEN!
WIR MÜSSEN AUF KÜRZESTER STRECKE ZURÜCK!
IN EINER ZEIT, IN DER ES WEDER ZÜGE NOCH AUTOS GAB...
... KONNTEN SALZWASSERFISCHE NUR BEGRENZT INS INLAND TRANSPORTIERT WERDEN, BEVOR SIE SCHLECHT WURDEN. DIESE GRENZE NANNTE MAN »FISCH-ENDLINIE«.
Fisch-Endlinie
DIE GRENZE FÜR MEERESFISCHE AUS DEM PAZIFIK VERLIEF DURCH KOFU.
Suwa
Kofu
SIE WÜRDEN SCHLECHT WERDEN, BEVOR SIE IM DAHINTER LIEGENDEN SUWA ANKOMMEN.

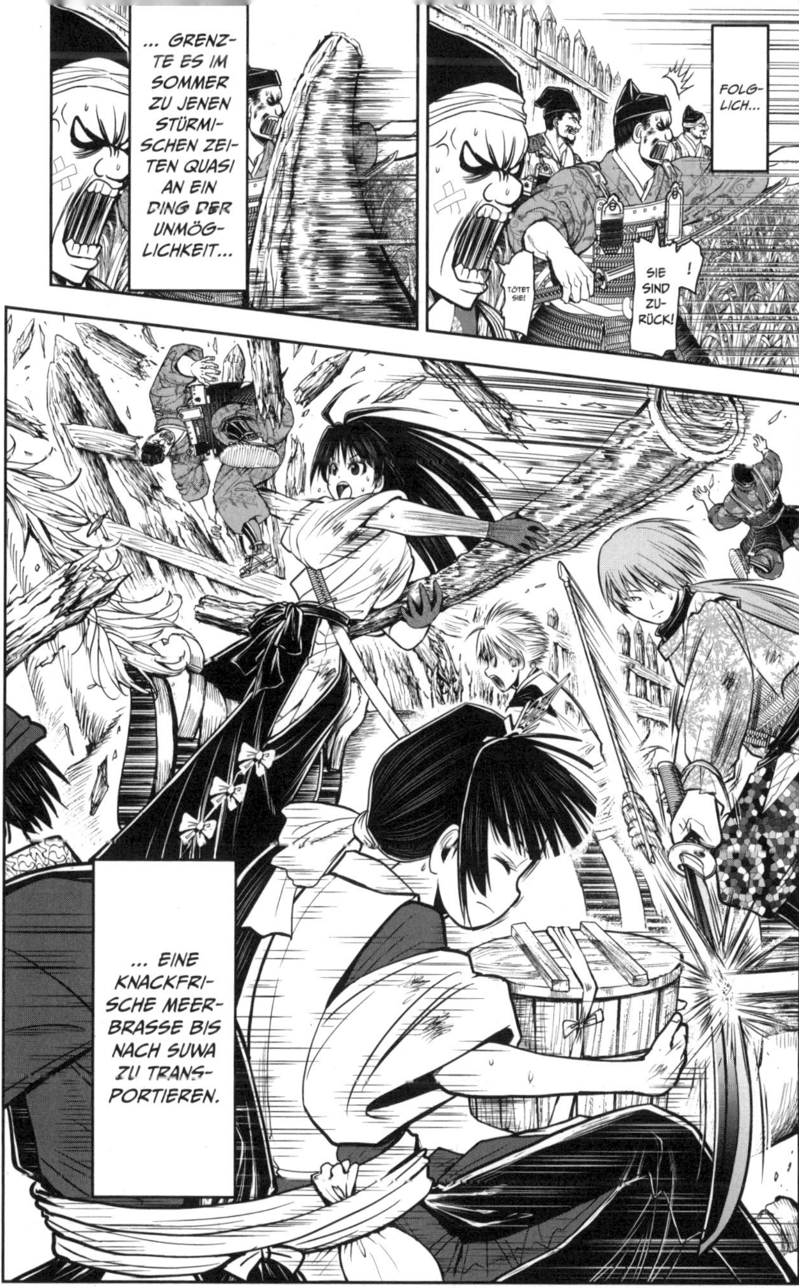
FOLG-LICH...
SIE SIND ZURÜCK!
!
TÖTET SIE!
... GRENZTE ES IM SOMMER ZU JENEN STÜRMISCHEN ZEITEN QUASI AN EIN DING DER UNMÖGLICHKEIT...
... EINE KNACKFRISCHE MEERBRASSE BIS NACH SUWA ZU TRANSPORTIEREN.

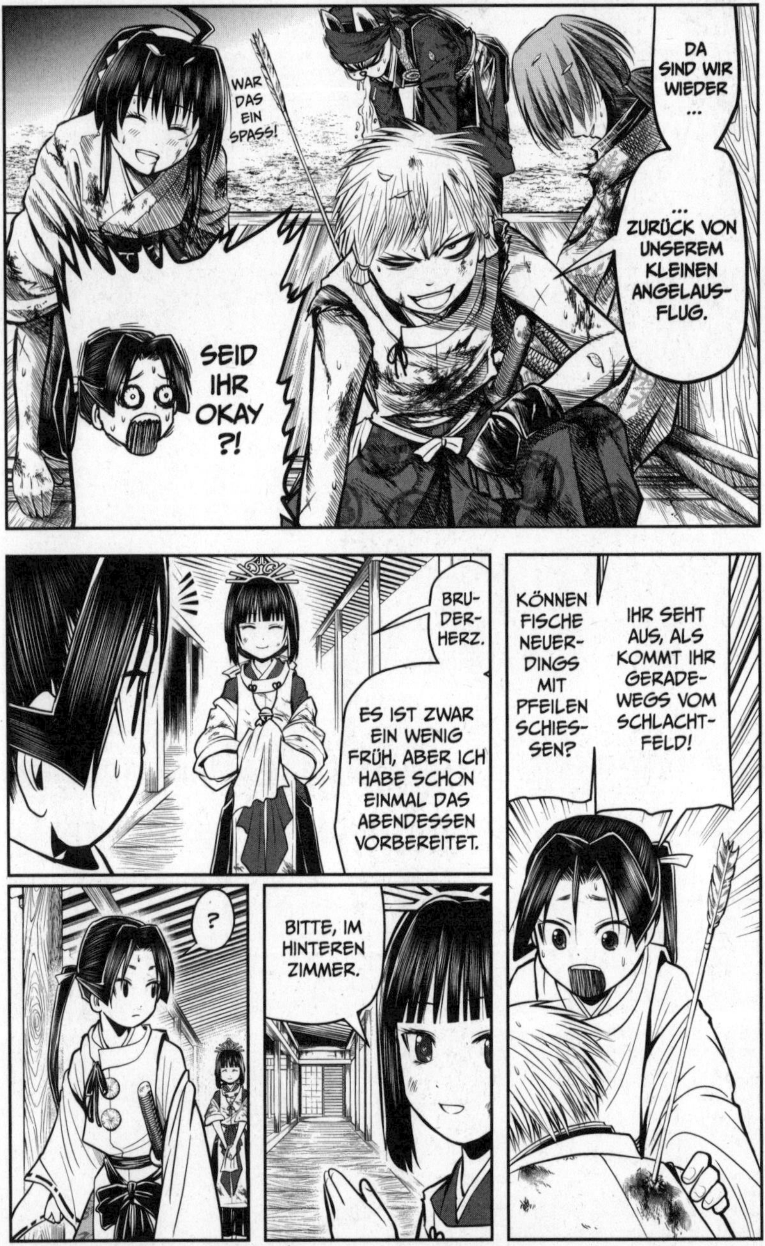
DA SIND WIR WIEDER ...
... ZURÜCK VON UNSEREM KLEINEN ANGELAUSFLUG.
WAR DAS EIN SPASS!
SEID IHR OKAY ?!
IHR SEHT AUS, ALS KOMMT IHR GERADEWEGS VOM SCHLACHTFELD!
KÖNNEN FISCHE NEUERDINGS MIT PFEILEN SCHIESSEN?
BRUDERHERZ.
ES IST ZWAR EIN WENIG FRÜH, ABER ICH HABE SCHON EINMAL DAS ABENDESSEN VORBEREITET.
BITTE, IM HINTEREN ZIMMER.
?

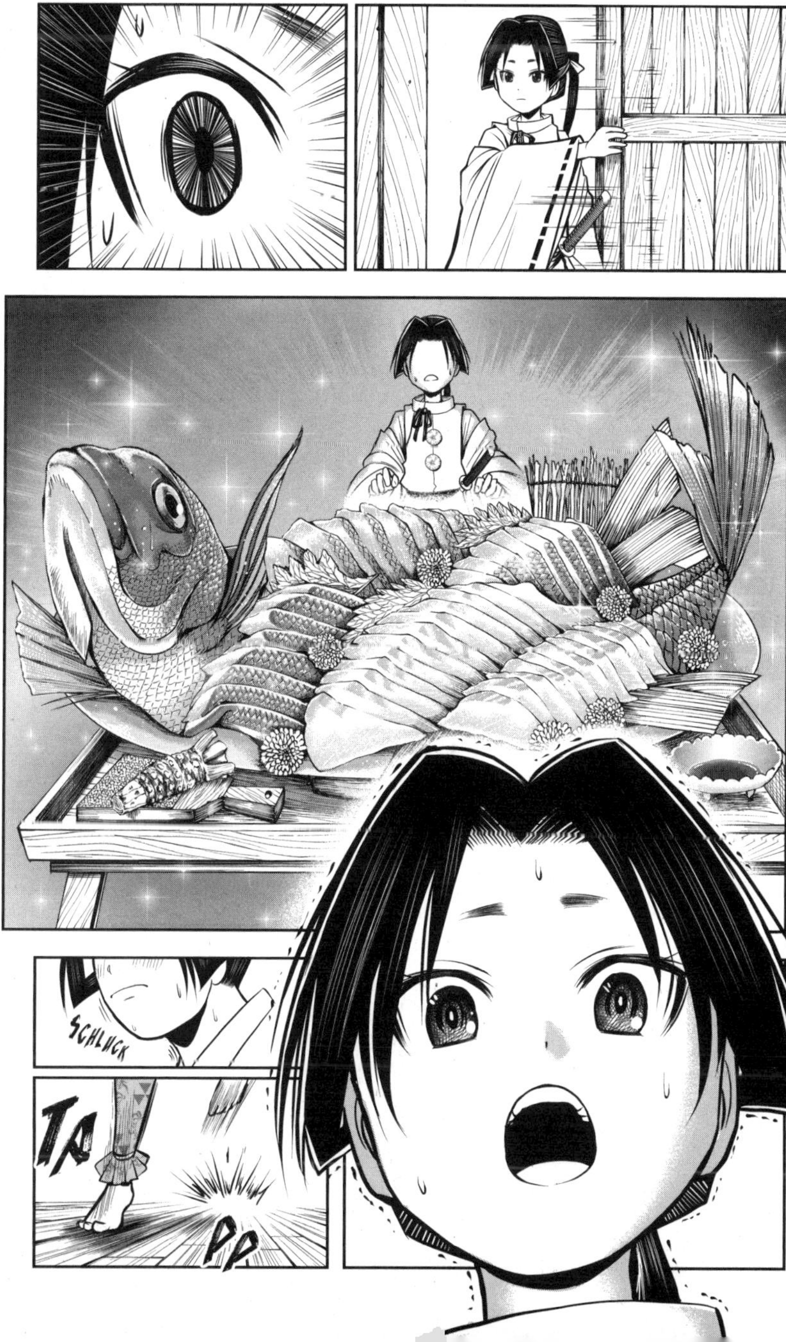
SCHLUCK
TA
PP

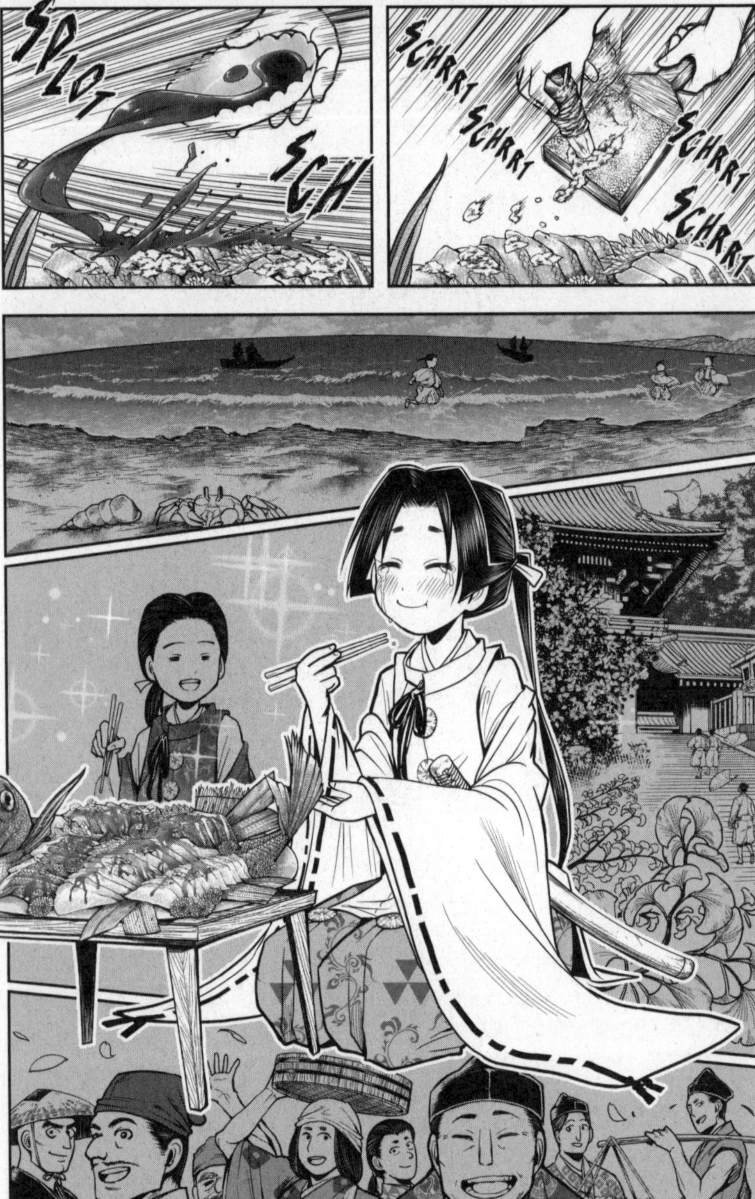
SPLOT
SCH
SCHRRT
SCHRRT
SCHRRT
SCHRRT
SCHRRT

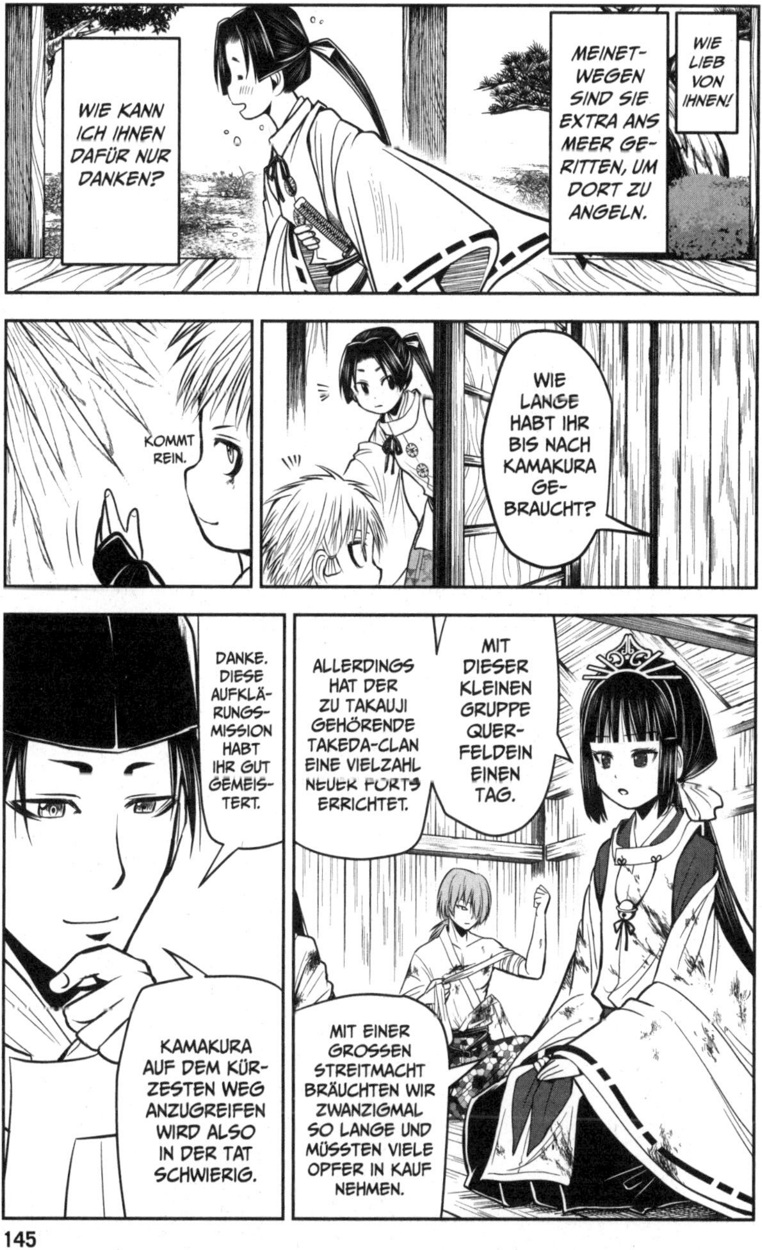
WIE LIEB VON IHNEN!
MEINET-WEGEN SIND SIE EXTRA ANS MEER GE-RITTEN, UM DORT ZU ANGELN.
WIE KANN ICH IHNEN DAFÜR NUR DANKEN?
WIE LANGE HABT IHR BIS NACH KAMAKURA GE-BRAUCHT?
KOMMT REIN.
MIT DIESER KLEINEN GRUPPE QUER-FELDEIN EINEN TAG.
ALLERDINGS HAT DER ZU TAKAUJI GEHÖRENDE TAKEDA-CLAN EINE VIELZAHL NEUER FORTS ERRICHTET.
MIT EINER GROSSEN STREITMACHT BRÄUCHTEN WIR ZWANZIGMAL SO LANGE UND MÜSSTEN VIELE OPFER IN KAUF NEHMEN.
DANKE. DIESE AUFKLÄ-RUNGS-MISSION HABT IHR GUT GEMEIS-TERT.
KAMAKURA AUF DEM KÜR-ZESTEN WEG ANZUGREIFEN WIRD ALSO IN DER TAT SCHWIERIG.

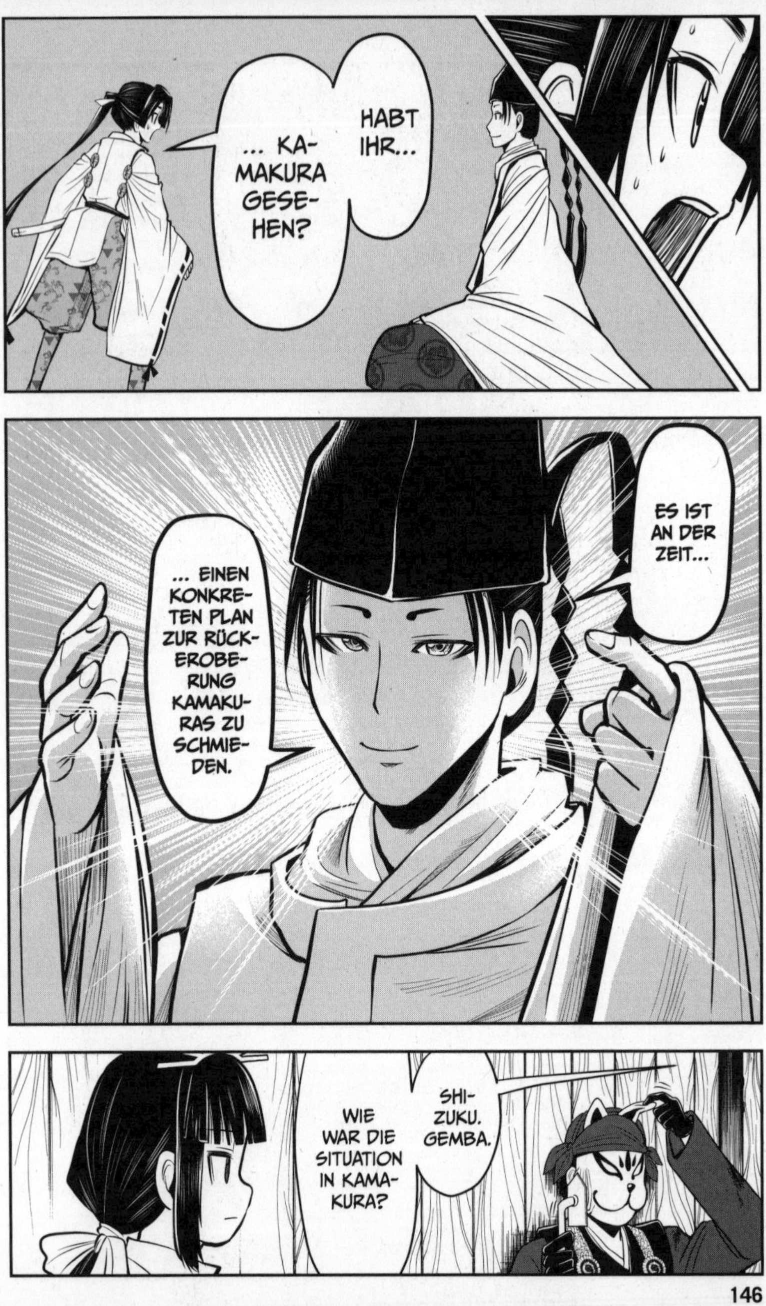
HABT IHR...
... KAMAKURA GESEHEN?
ES IST AN DER ZEIT...
... EINEN KONKRETEN PLAN ZUR RÜCKEROBERUNG KAMAKURAS ZU SCHMIEDEN.
SHIZUKU. GEMBA.
WIE WAR DIE SITUATION IN KAMAKURA?

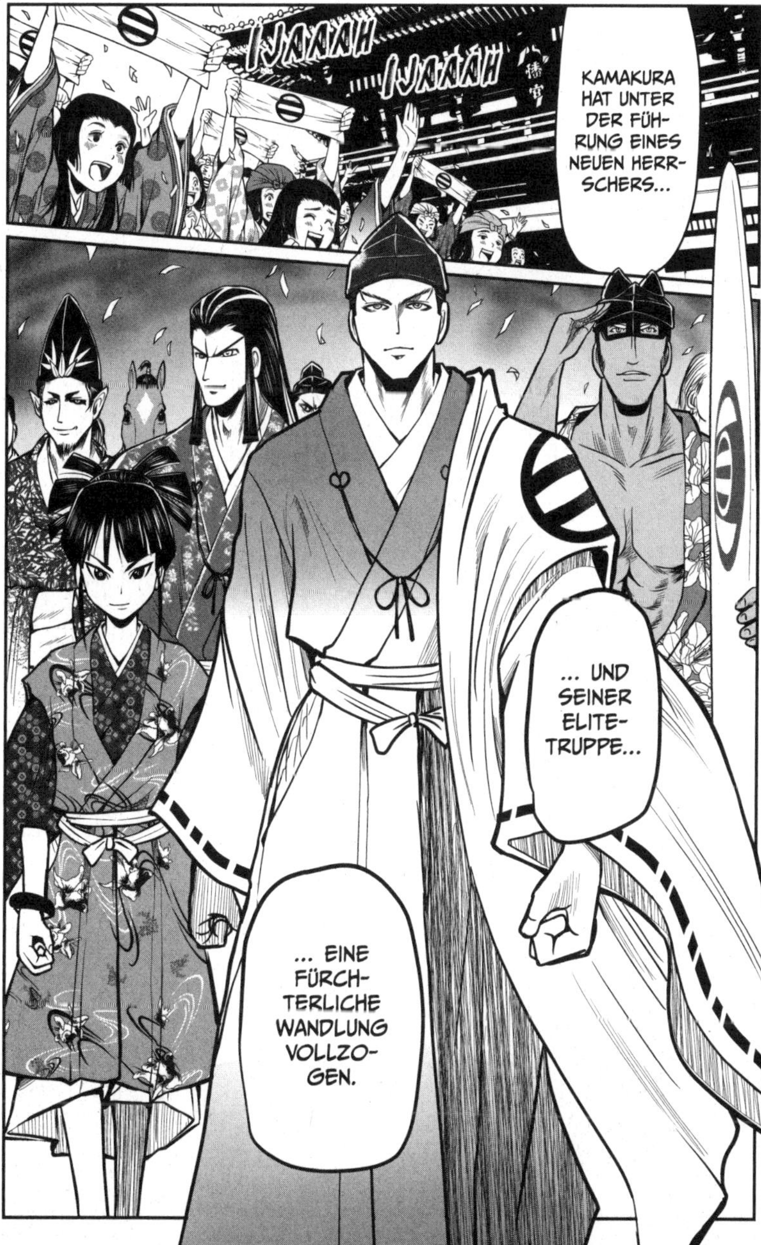
IJAAAH
IJAAAH
KAMAKURA HAT UNTER DER FÜH-RUNG EINES NEUEN HERR-SCHERS...
... UND SEINER ELITE-TRUPPE...
... EINE FÜRCH-TERLICHE WANDLUNG VOLLZO-GEN.

1334

Ashikaga Takauji

★★★★★ UR

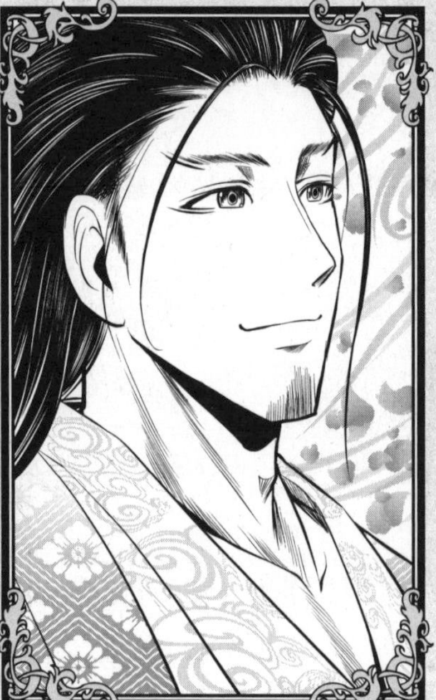

Kompetenzen		Eignung für die Namboku-cho-Zeit	
Waffen	93	Grausamkeit	85
Wissen	92	Loyalität	?
Politik	71	Chaos	97
Kommando	98	Reform	95
Charme	100	Fliehen & Verstecken	91

Muster

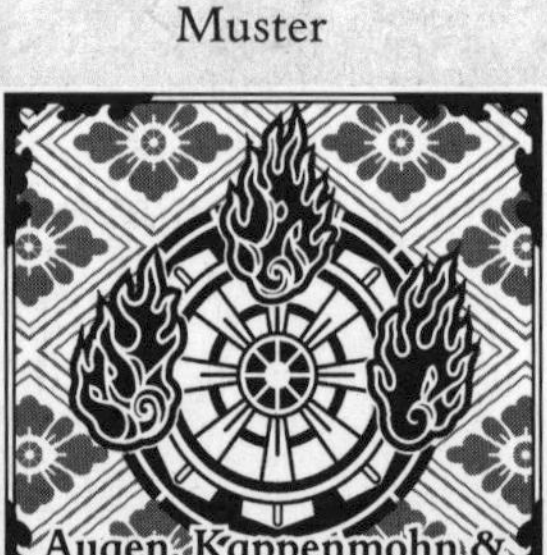

Attribut	Vorsteher der Kriegerklasse	(erhöht Charme, Rekrutierung um 50 %)
Fähigkeit	Bindekraft aus einer anderen Dimension	(erhöht Gehorsam, Loyalität, Mut, Kultur, wilde Feldherrentreue um 50 %)
Fähigkeit	Alle Arten der Kriegskunst (sehr gut)	(umfasst die Fähigkeiten Schwertkampf, Bogenschießen, Reiten)
Fähigkeit	Kulturelle Eignung für die Hauptstadt (gut)	(umfasst die Fähigkeiten Lyrik, Malerei, Musik)
Persönliche Waffe	Honekami* (ein innerhalb der Ashikaga seit Generationen weitergegebenes Naginata**)	(Erhöht Klingenkreuzen um 40 %)

* »KNOCHENFRESSER«, ** »NIEDERMÄHENDES SCHWERT«, STANGENWAFFE (CA. 2–2,5 M, DAVON 45–100 CM KLINGE)

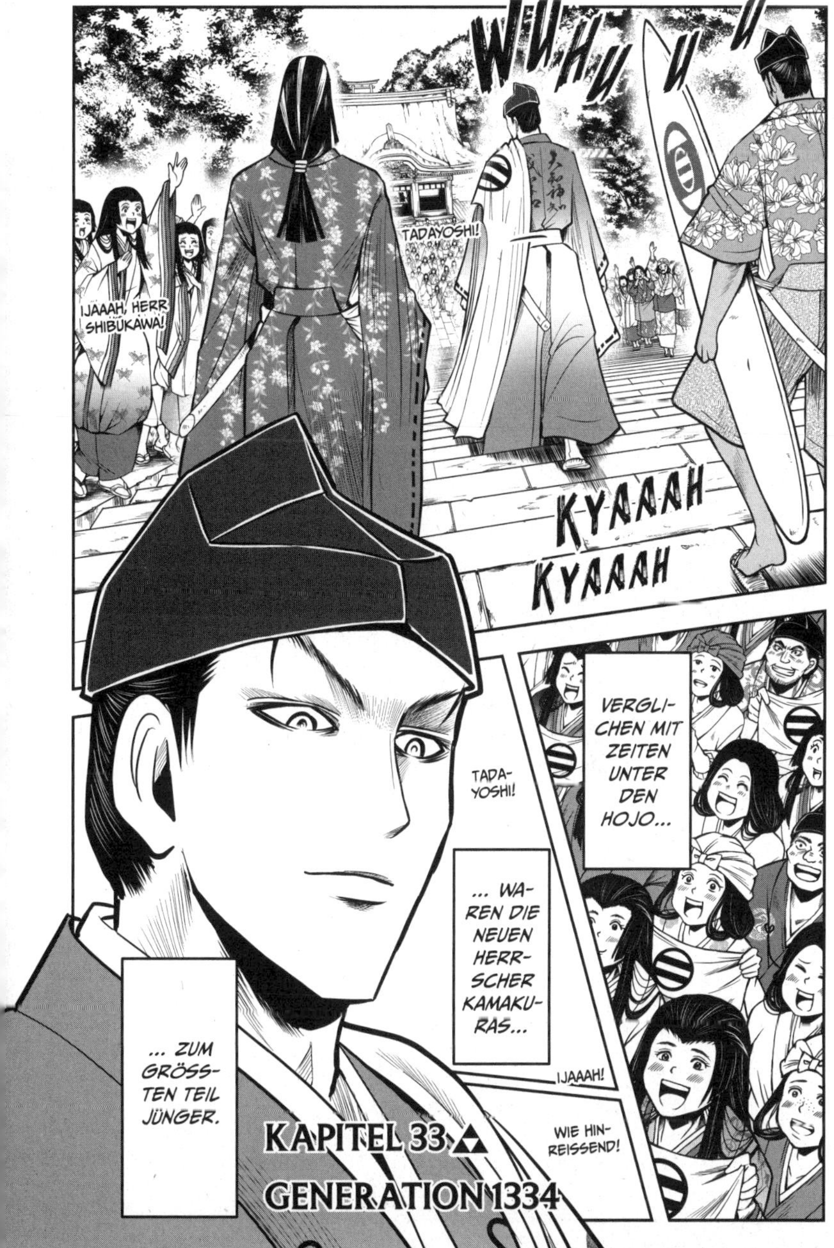
WUHUUUU
IJAAAH, HERR SHIBUKAWA!
TADAYOSHI!
KYAAAH
KYAAAH
VERGLICHEN MIT ZEITEN UNTER DEN HOJO...
TADAYOSHI!
... WAREN DIE NEUEN HERRSCHER KAMAKURAS...
IJAAAH!
WIE HINREISSEND!
... ZUM GRÖSSTEN TEIL JÜNGER.
KAPITEL 33
GENERATION 1334

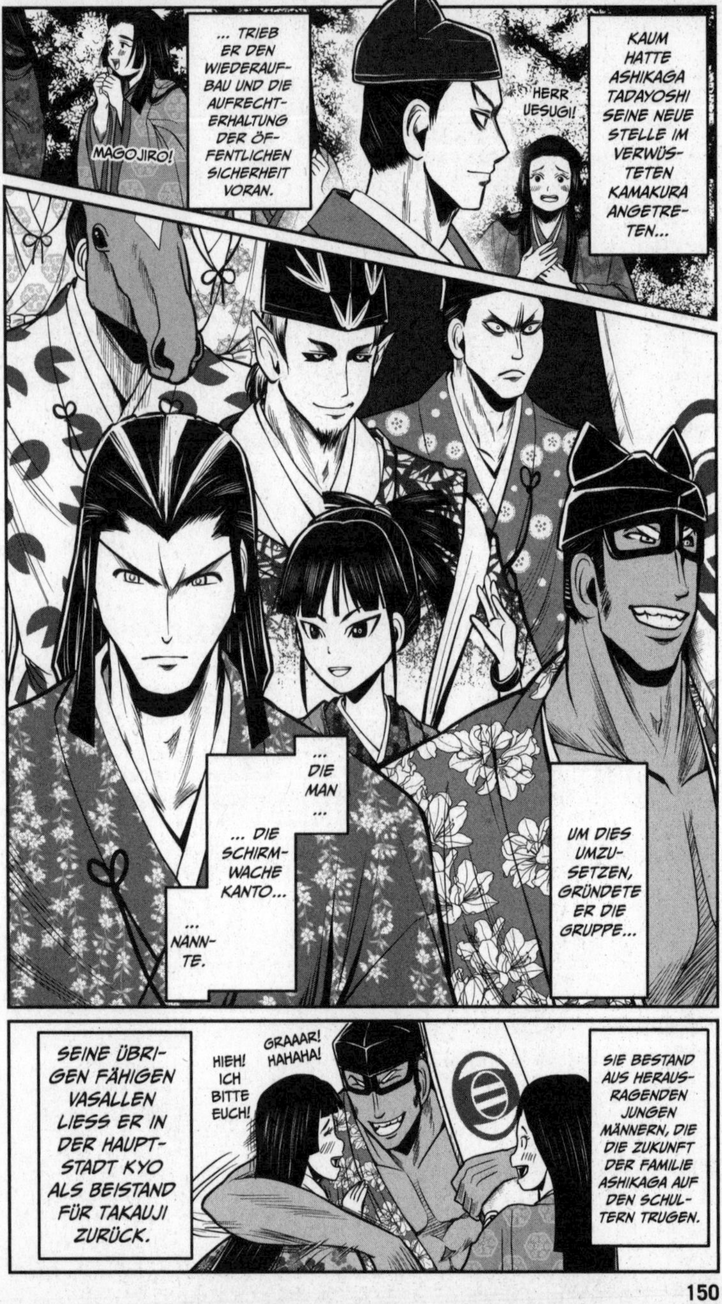
KAUM HATTE ASHIKAGA TADAYOSHI SEINE NEUE STELLE IM VERWÜSTETEN KAMAKURA ANGETRETEN...
HERR UESUGI!
... TRIEB ER DEN WIEDERAUFBAU UND DIE AUFRECHTERHALTUNG DER ÖFFENTLICHEN SICHERHEIT VORAN.
MAGOJIRO!
UM DIES UMZUSETZEN, GRÜNDETE ER DIE GRUPPE...
... DIE MAN ...
... DIE SCHIRMWACHE KANTO...
... NANNTE.
SIE BESTAND AUS HERAUSRAGENDEN JUNGEN MÄNNERN, DIE DIE ZUKUNFT DER FAMILIE ASHIKAGA AUF DEN SCHULTERN TRUGEN.
GRAAAR! HAHAHA!
HIEH! ICH BITTE EUCH!
SEINE ÜBRIGEN FÄHIGEN VASALLEN LIESS ER IN DER HAUPTSTADT KYO ALS BEISTAND FÜR TAKAUJI ZURÜCK.

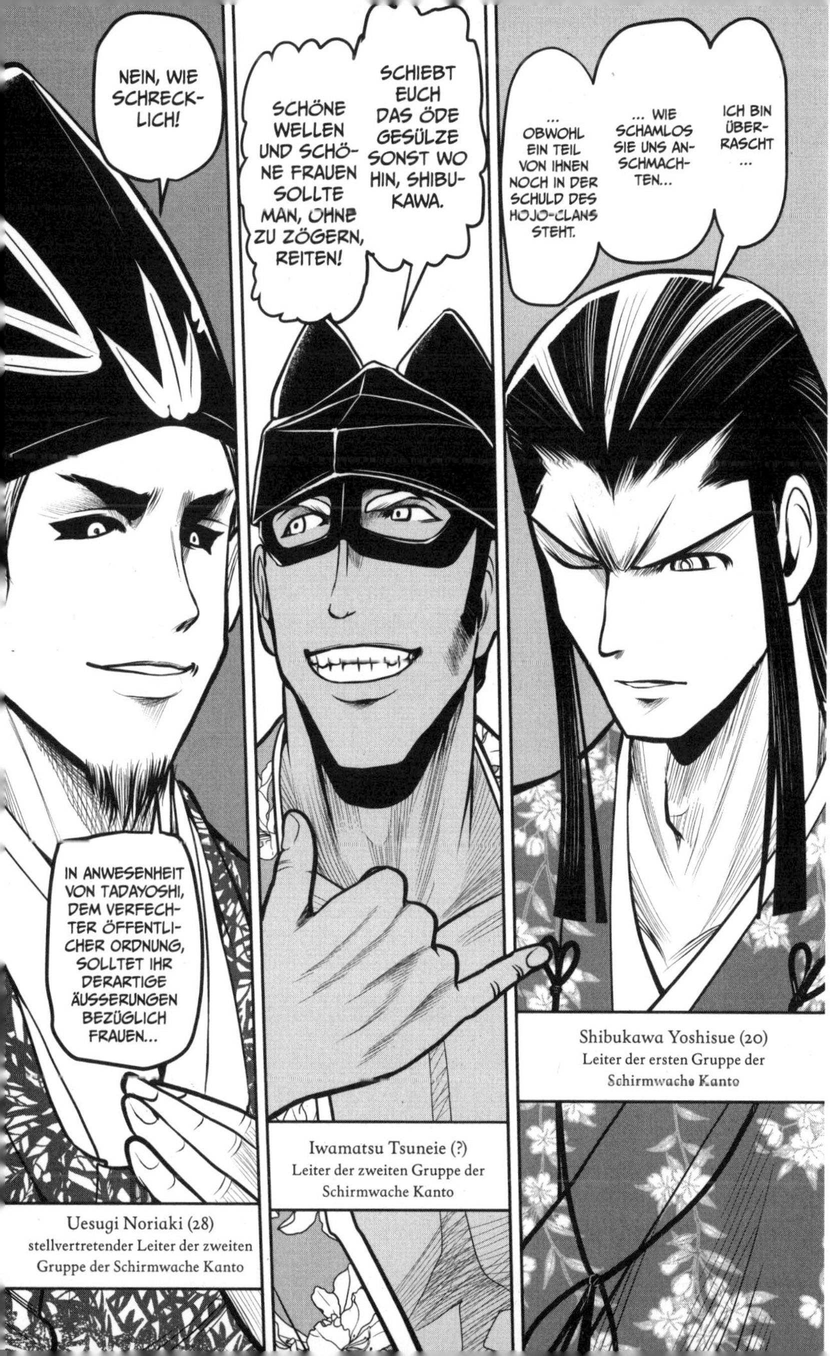
ICH BIN ÜBERRASCHT ...
... WIE SCHAMLOS SIE UNS ANSCHMACHTEN...
... OBWOHL EIN TEIL VON IHNEN NOCH IN DER SCHULD DES HOJO-CLANS STEHT.
Shibukawa Yoshisue (20) Leiter der ersten Gruppe der Schirmwache Kanto
SCHIEBT EUCH DAS ÖDE GESÜLZE SONST WO HIN, SHIBUKAWA.
SCHÖNE WELLEN UND SCHÖNE FRAUEN SOLLTE MAN, OHNE ZU ZÖGERN, REITEN!
Iwamatsu Tsuneie (?) Leiter der zweiten Gruppe der Schirmwache Kanto
NEIN, WIE SCHRECKLICH!
IN ANWESENHEIT VON TADAYOSHI, DEM VERFECHTER ÖFFENTLICHER ORDNUNG, SOLLTET IHR DERARTIGE ÄUSSERUNGEN BEZÜGLICH FRAUEN...
Uesugi Noriaki (28) stellvertretender Leiter der zweiten Gruppe der Schirmwache Kanto

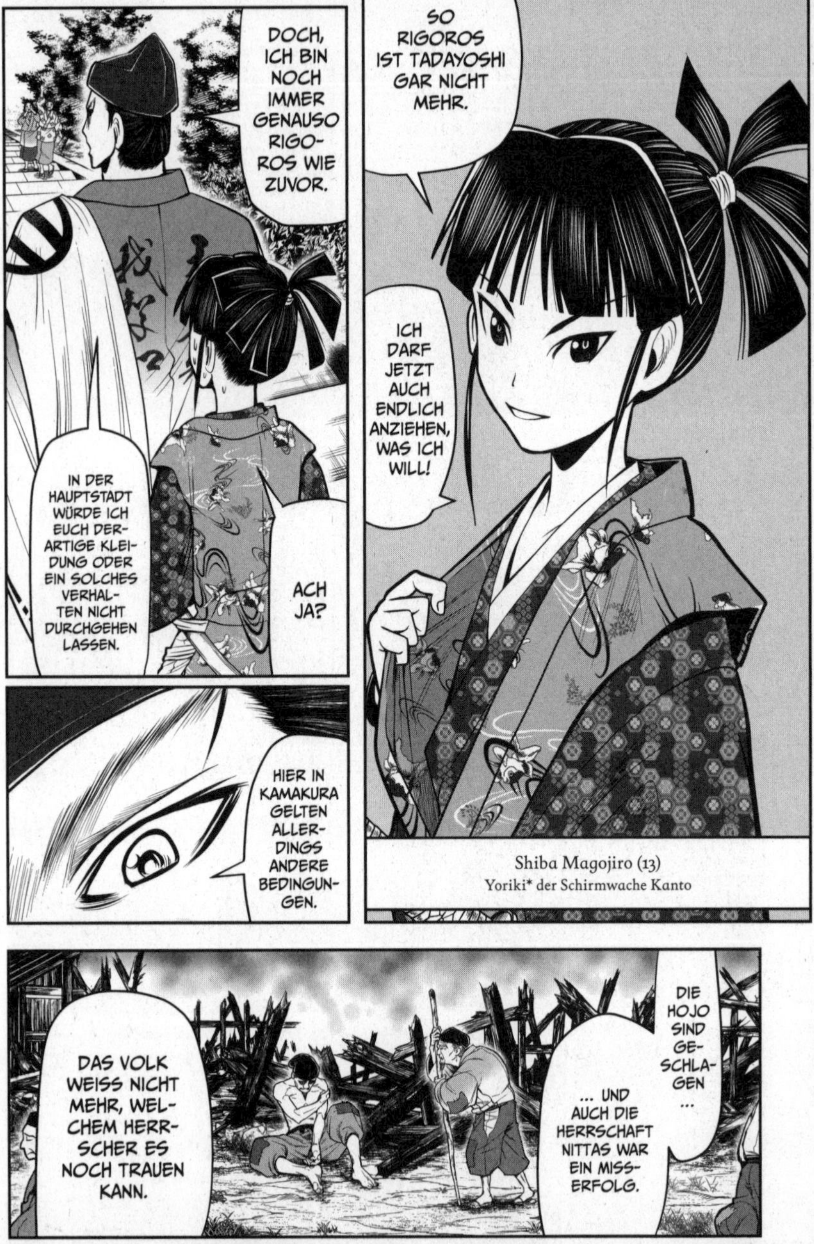

* VERGLEICHBAR MIT EINEM ASSISTENTEN

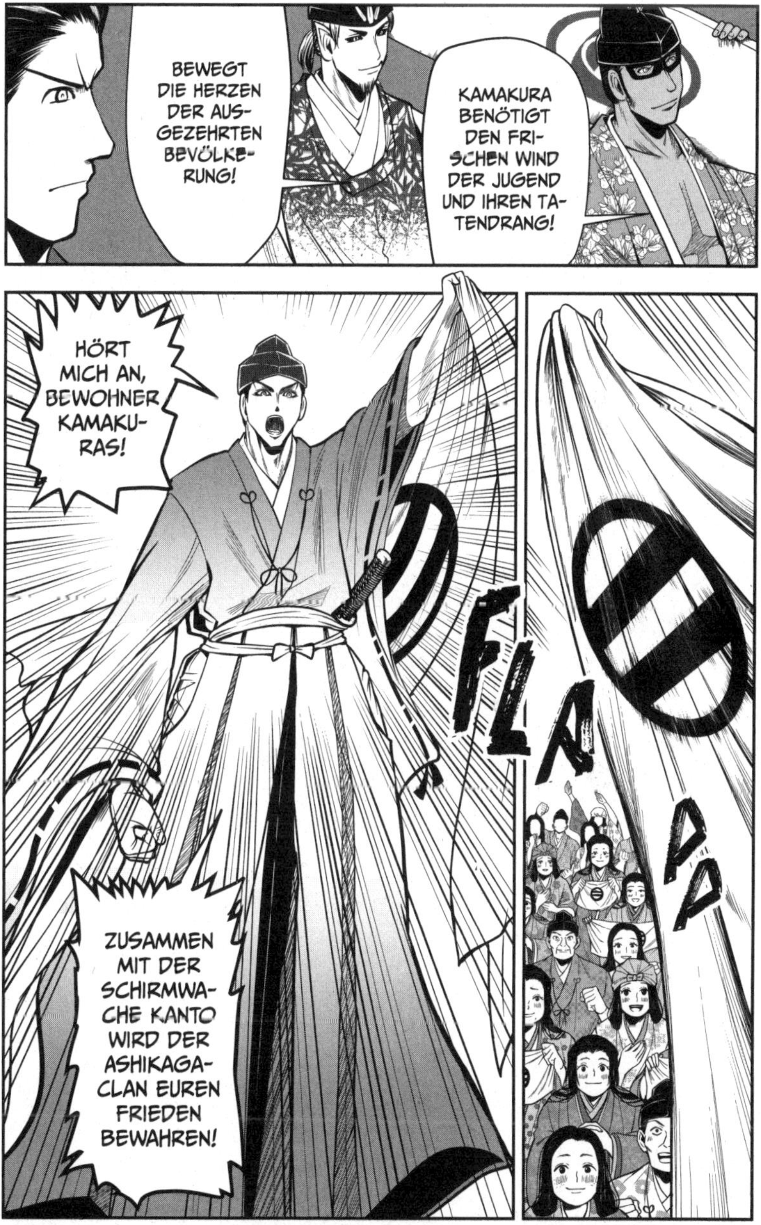
KAMAKURA BENÖTIGT DEN FRISCHEN WIND DER JUGEND UND IHREN TATENDRANG!
BEWEGT DIE HERZEN DER AUSGEZEHRTEN BEVÖLKERUNG!
HÖRT MICH AN, BEWOHNER KAMAKURAS!
ZUSAMMEN MIT DER SCHIRMWACHE KANTO WIRD DER ASHIKAGA-CLAN EUREN FRIEDEN BEWAHREN!
FLAPP

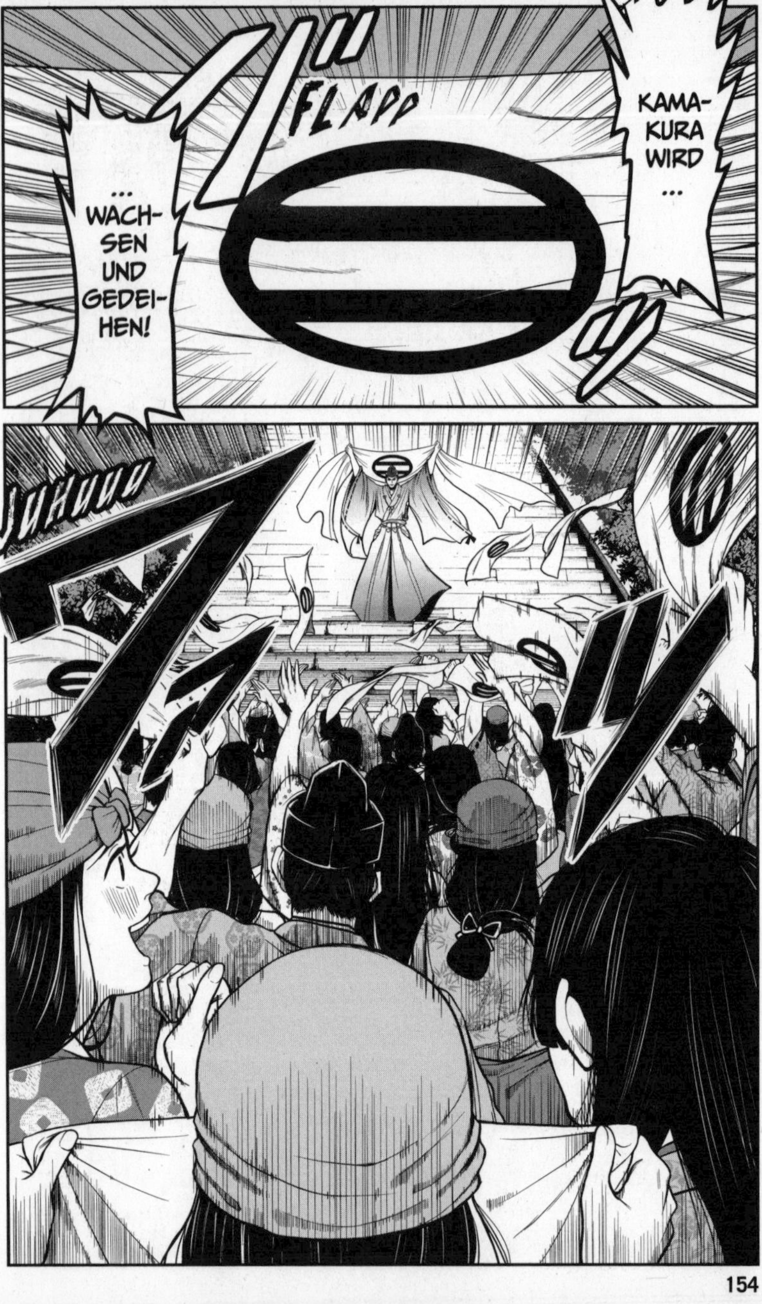
FLAPP
KAMAKURA WIRD ...
... WACHSEN UND GEDEIHEN!
JUHUUU

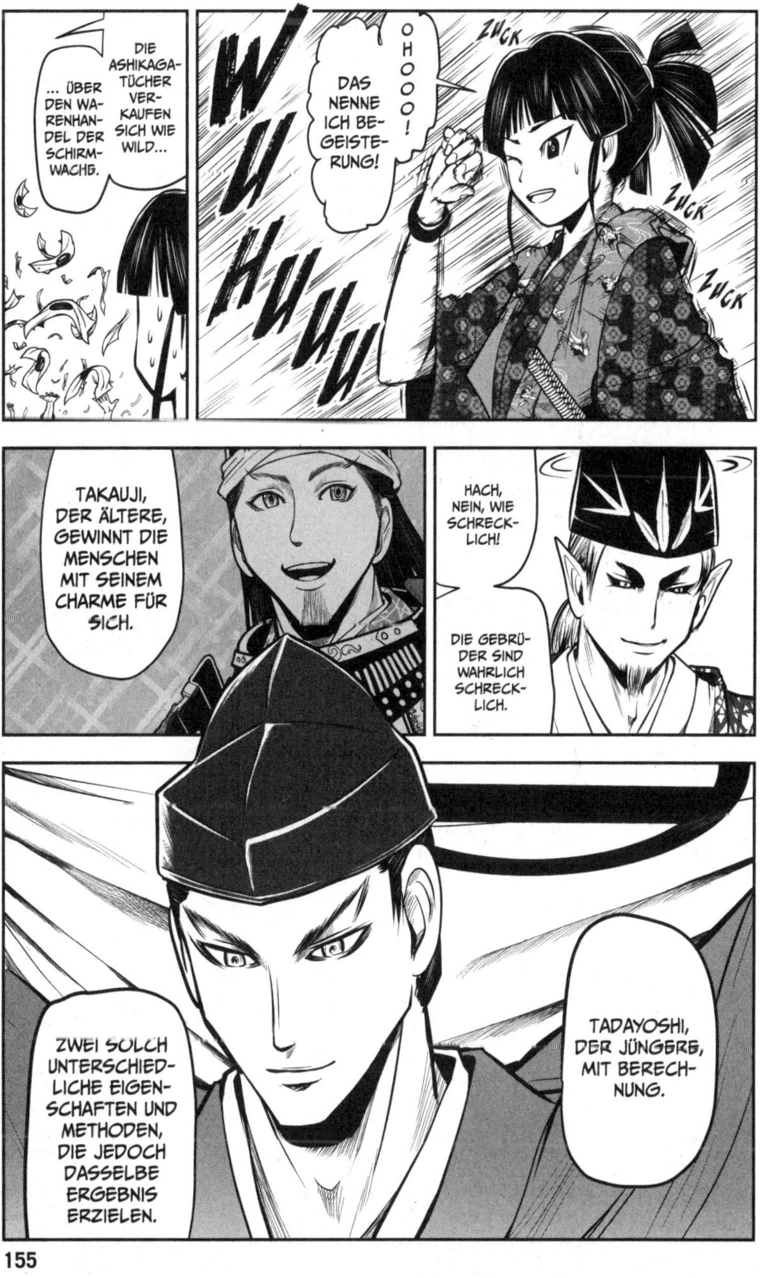
OHOOOO!
DAS NENNE ICH BEGEISTERUNG!
ZUCK
ZUCK
ZUCK
WUHUUUU
DIE ASHIKAGA-TÜCHER VERKAUFEN SICH WIE WILD...
... ÜBER DEN WARENHANDEL DER SCHIRMWACHE.
HACH, NEIN, WIE SCHRECKLICH!
DIE GEBRÜDER SIND WAHRLICH SCHRECKLICH.
TAKAUJI, DER ÄLTERE, GEWINNT DIE MENSCHEN MIT SEINEM CHARME FÜR SICH.
TADAYOSHI, DER JÜNGERE, MIT BERECHNUNG.
ZWEI SOLCH UNTERSCHIEDLICHE EIGENSCHAFTEN UND METHODEN, DIE JEDOCH DASSELBE ERGEBNIS ERZIELEN.

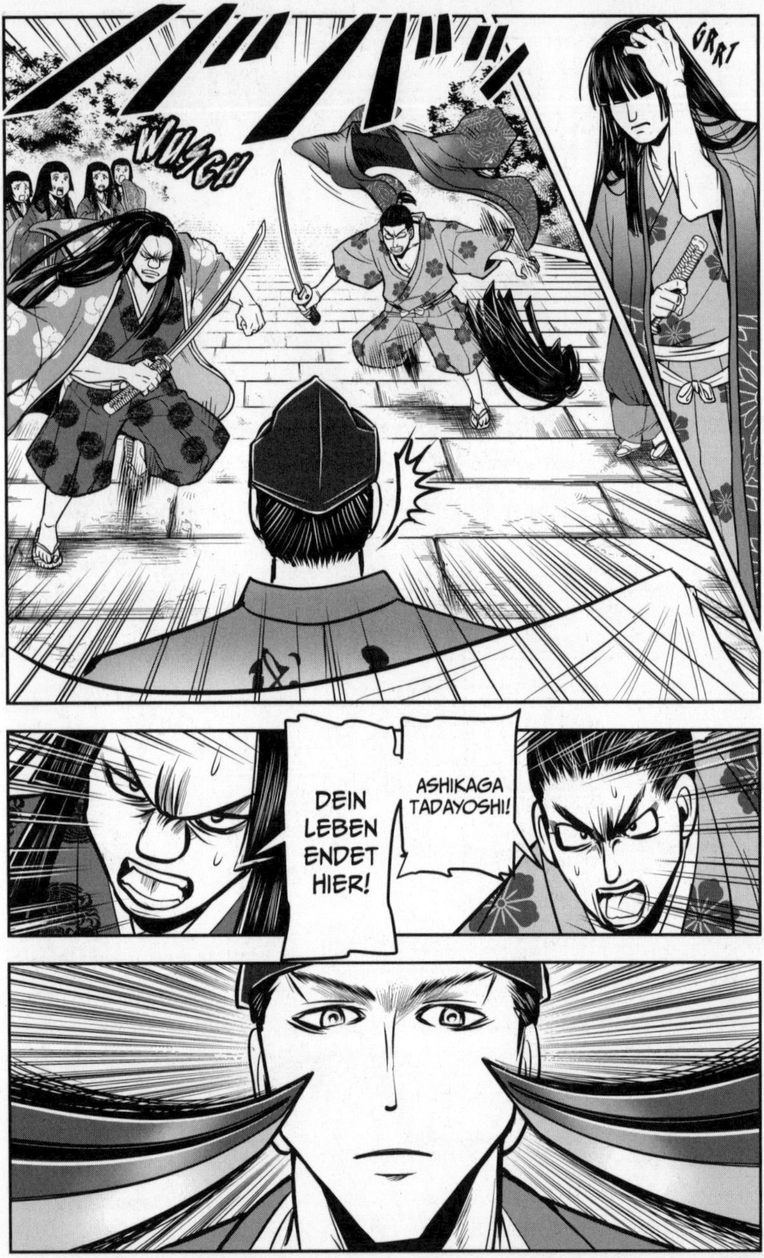
GRRT
WUSCH
ASHIKAGA TADAYOSHI!
DEIN LEBEN ENDET HIER!

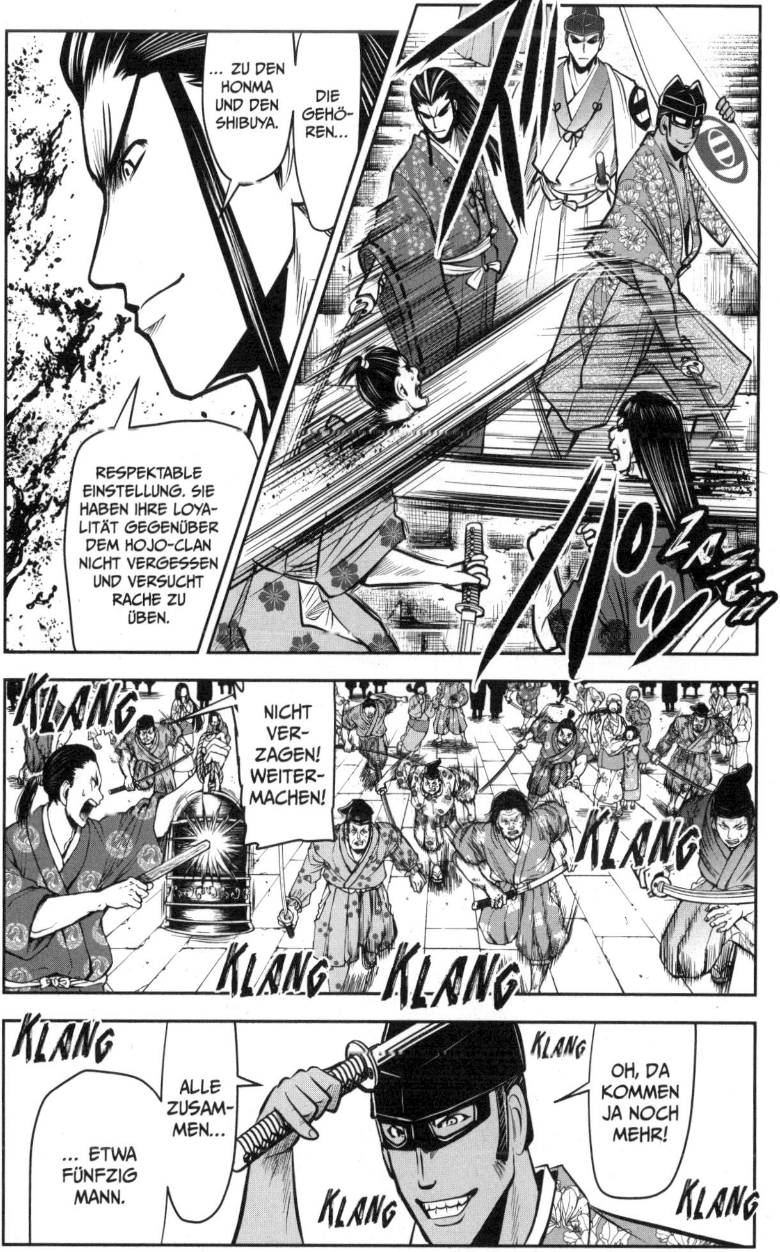

DIE GEHÖREN...
... ZU DEN HONMA UND DEN SHIBUYA.
ZASCH
RESPEKTABLE EINSTELLUNG. SIE HABEN IHRE LOYALITÄT GEGENÜBER DEM HOJO-CLAN NICHT VERGESSEN UND VERSUCHT RACHE ZU ÜBEN.
KLANG
NICHT VERZAGEN! WEITERMACHEN!
KLANG
KLANG
KLANG
KLANG
OH, DA KOMMEN JA NOCH MEHR!
KLANG
KLANG
ALLE ZUSAMMEN...
... ETWA FÜNFZIG MANN.
KLANG

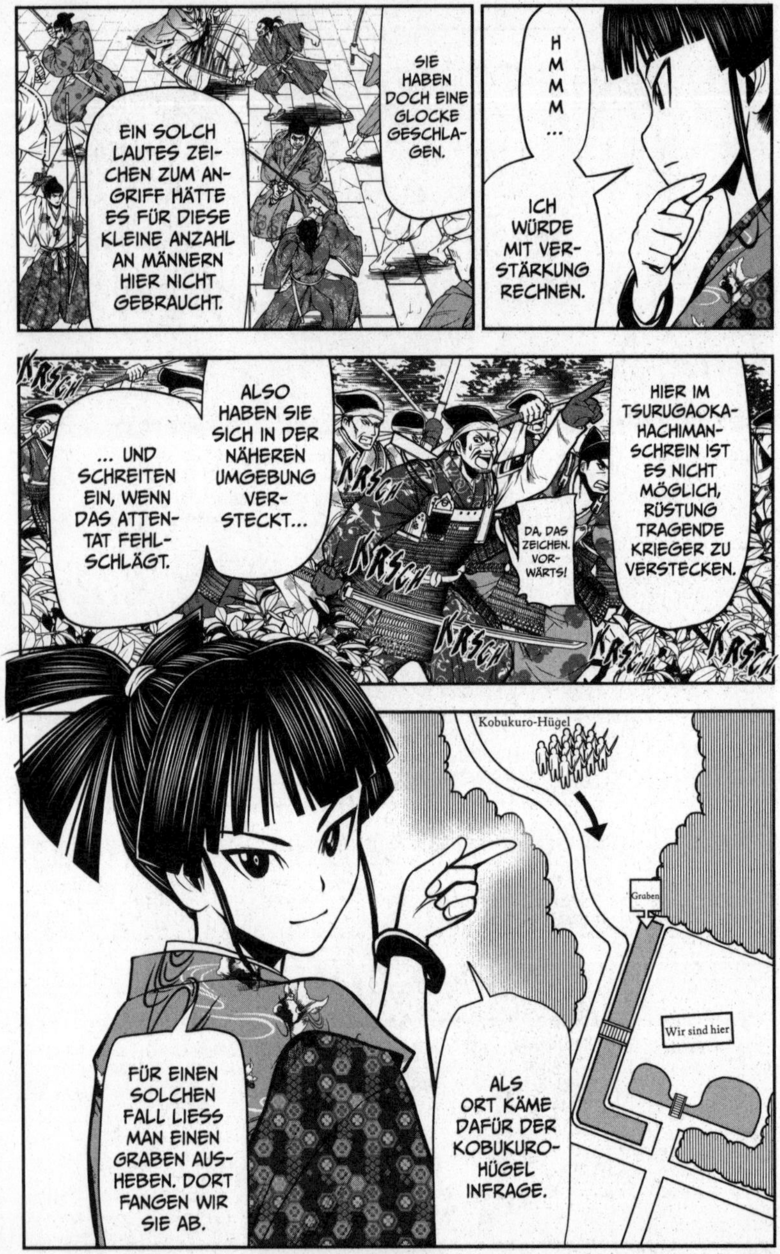
HMMM...
ICH WÜRDE MIT VERSTÄRKUNG RECHNEN.
SIE HABEN DOCH EINE GLOCKE GESCHLAGEN.
EIN SOLCH LAUTES ZEICHEN ZUM ANGRIFF HÄTTE ES FÜR DIESE KLEINE ANZAHL AN MÄNNERN HIER NICHT GEBRAUCHT.
HIER IM TSURUGAOKA-HACHIMAN-SCHREIN IST ES NICHT MÖGLICH, RÜSTUNG TRAGENDE KRIEGER ZU VERSTECKEN.
DA, DAS ZEICHEN. VORWÄRTS!
ALSO HABEN SIE SICH IN DER NÄHEREN UMGEBUNG VERSTECKT...
... UND SCHREITEN EIN, WENN DAS ATTENTAT FEHLSCHLÄGT.
KRSCH
Kobukuro-Hügel
Graben
Wir sind hier
ALS ORT KÄME DAFÜR DER KOBUKURO-HÜGEL INFRAGE.
FÜR EINEN SOLCHEN FALL LIESS MAN EINEN GRABEN AUSHEBEN. DORT FANGEN WIR SIE AB.

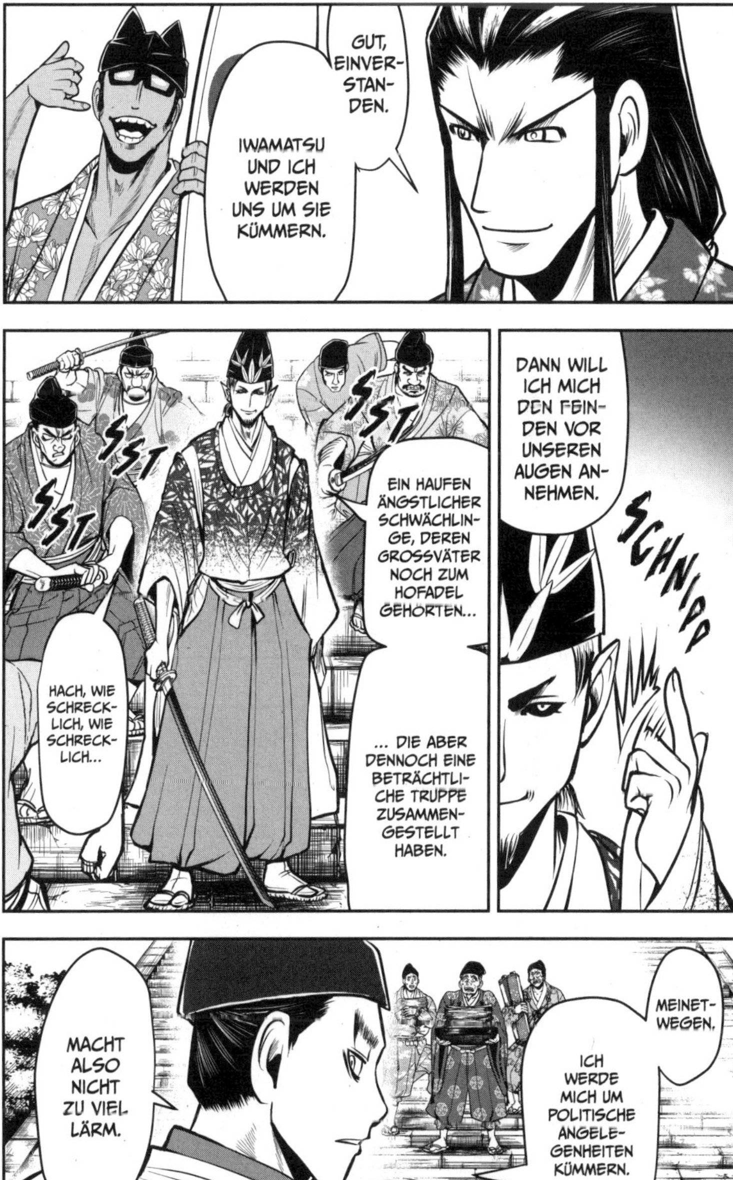
GUT, EINVERSTANDEN.
IWAMATSU UND ICH WERDEN UNS UM SIE KÜMMERN.
DANN WILL ICH MICH DEN FEINDEN VOR UNSEREN AUGEN ANNEHMEN.
SCHNIPP
SST
SST
SST
EIN HAUFEN ÄNGSTLICHER SCHWÄCHLINGE, DEREN GROSSVÄTER NOCH ZUM HOFADEL GEHORTEN...
... DIE ABER DENNOCH EINE BETRÄCHTLICHE TRUPPE ZUSAMMENGESTELLT HABEN.
HACH, WIE SCHRECKLICH, WIE SCHRECKLICH...
MEINETWEGEN.
ICH WERDE MICH UM POLITISCHE ANGELEGENHEITEN KÜMMERN.
MACHT ALSO NICHT ZU VIEL LÄRM.

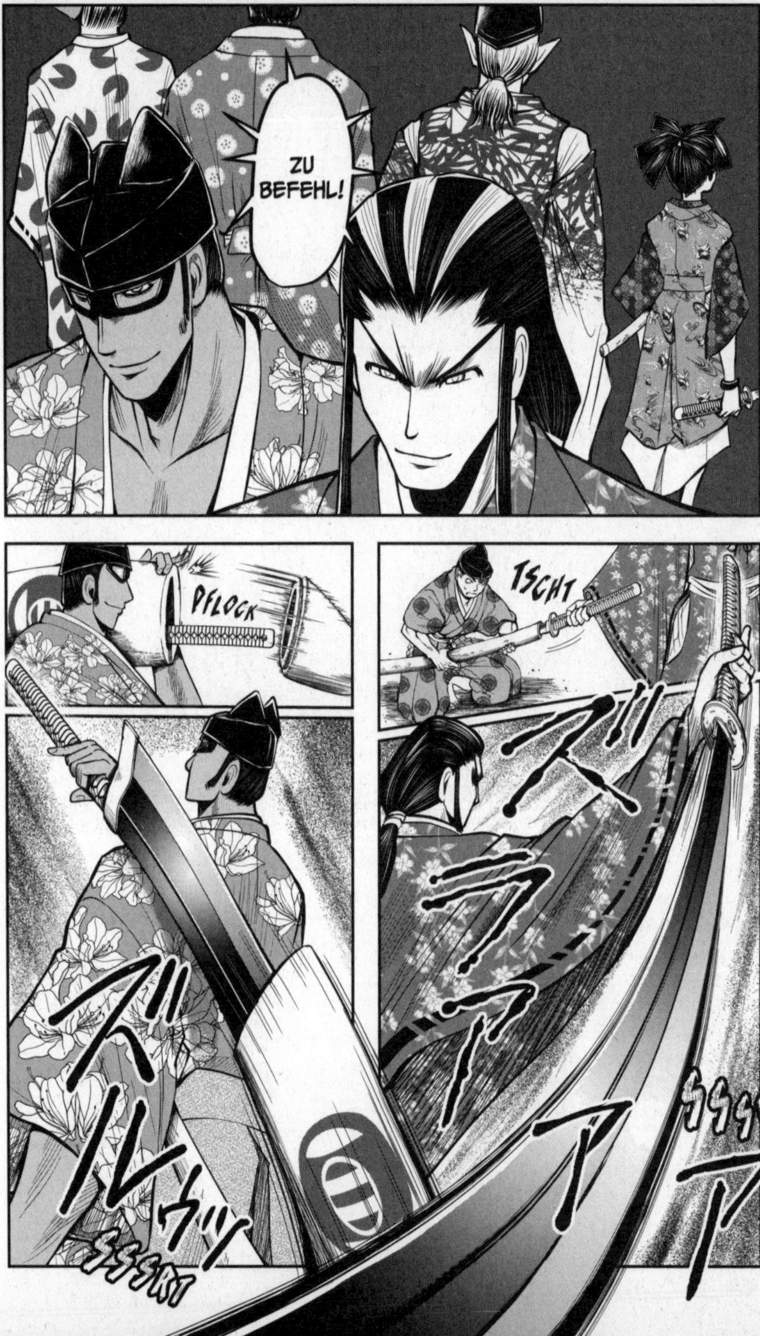
ZU BEFEHL!
TSCHT
PFLOCK
SSSRT
SSSRT

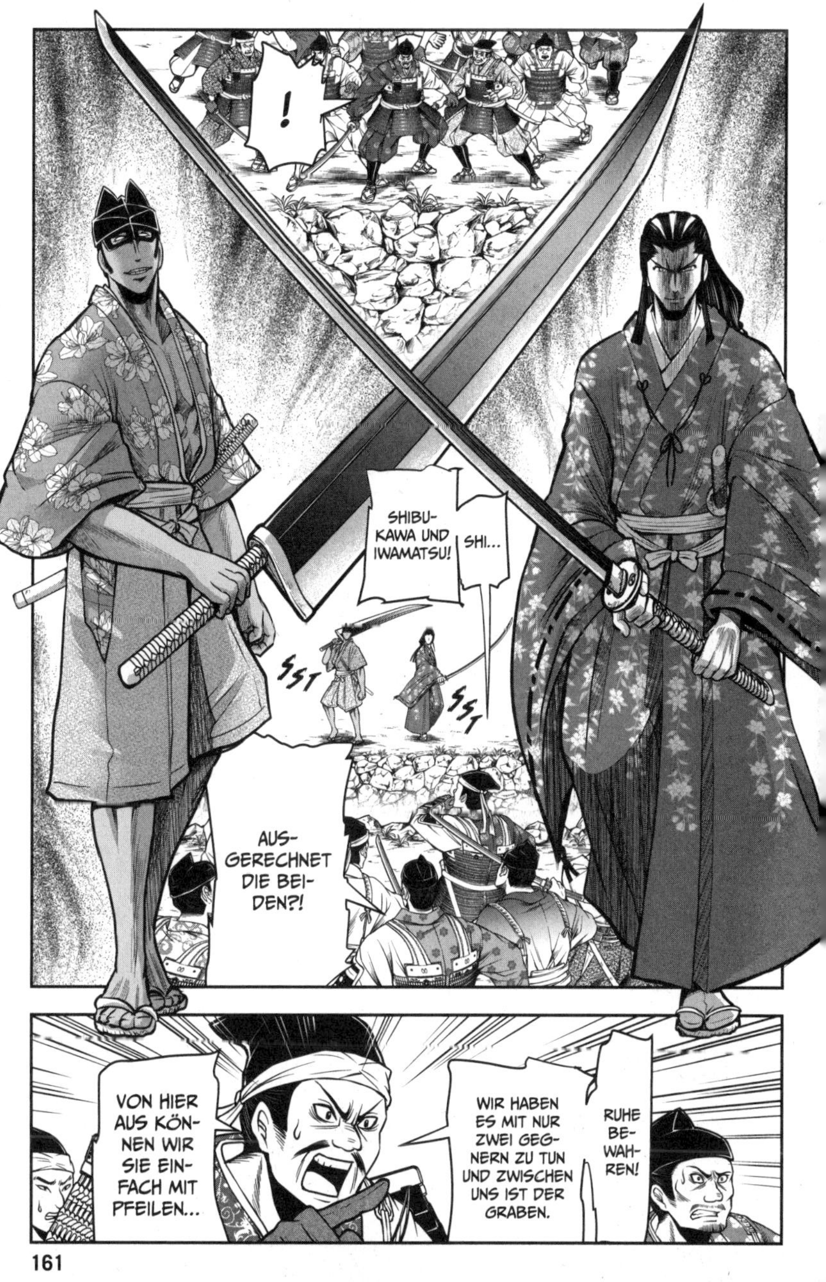
!
SHI…
SHIBU-KAWA UND IWAMATSU!
SST
SST
AUS-GERECHNET DIE BEI-DEN?!
RUHE BE-WAH-REN!
WIR HABEN ES MIT NUR ZWEI GEG-NERN ZU TUN UND ZWISCHEN UNS IST DER GRABEN.
VON HIER AUS KÖN-NEN WIR SIE EIN-FACH MIT PFEILEN…

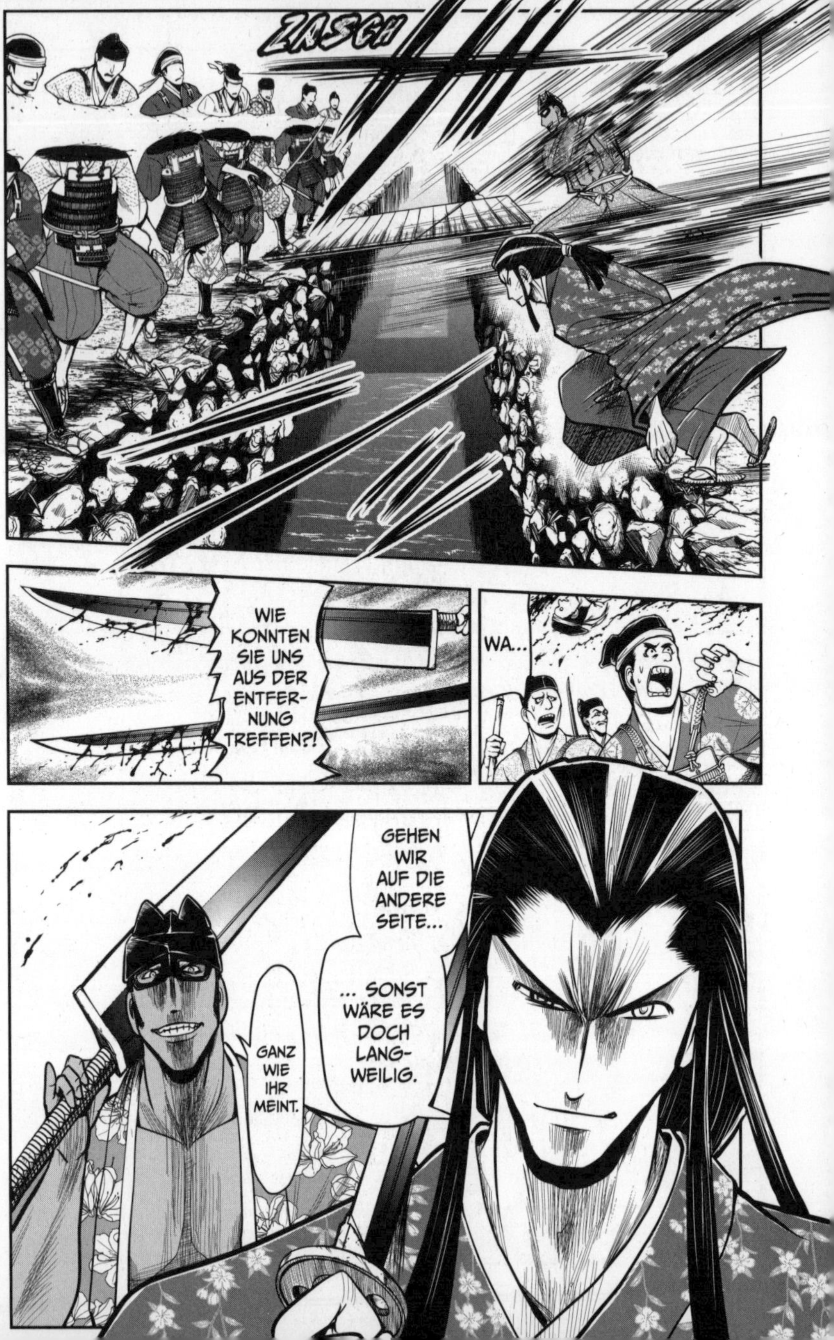
ZASCH
WA...
WIE KONNTEN SIE UNS AUS DER ENTFERNUNG TREFFEN?!
GEHEN WIR AUF DIE ANDERE SEITE...
... SONST WÄRE ES DOCH LANGWEILIG.
GANZ WIE IHR MEINT.

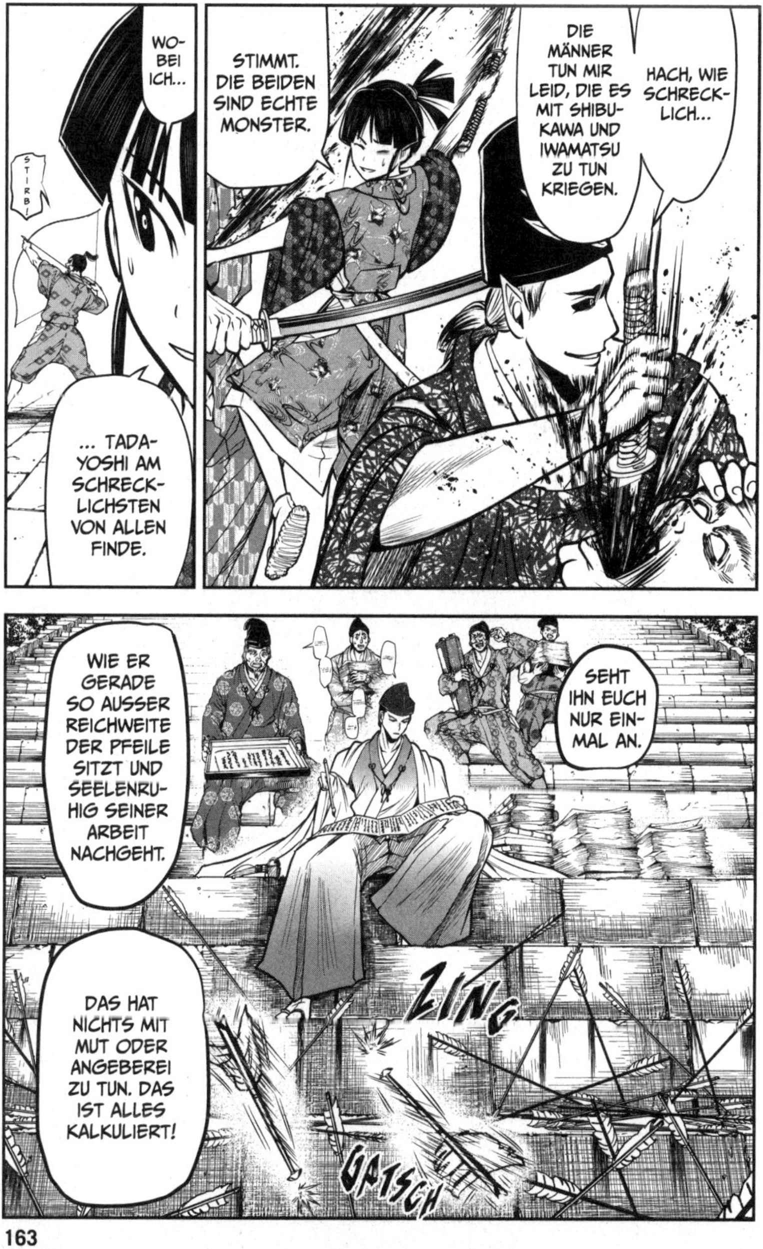

HACH, WIE SCHRECKLICH...
DIE MÄNNER TUN MIR LEID, DIE ES MIT SHIBUKAWA UND IWAMATSU ZU TUN KRIEGEN.
STIMMT. DIE BEIDEN SIND ECHTE MONSTER.
WOBEI ICH...
STIRB!
... TADAYOSHI AM SCHRECKLICHSTEN VON ALLEN FINDE.
SEHT IHN EUCH NUR EINMAL AN.
WIE ER GERADE SO AUSSER REICHWEITE DER PFEILE SITZT UND SEELENRUHIG SEINER ARBEIT NACHGEHT.
DAS HAT NICHTS MIT MUT ODER ANGEBEREI ZU TUN. DAS IST ALLES KALKULIERT!
ZING
GATSCH

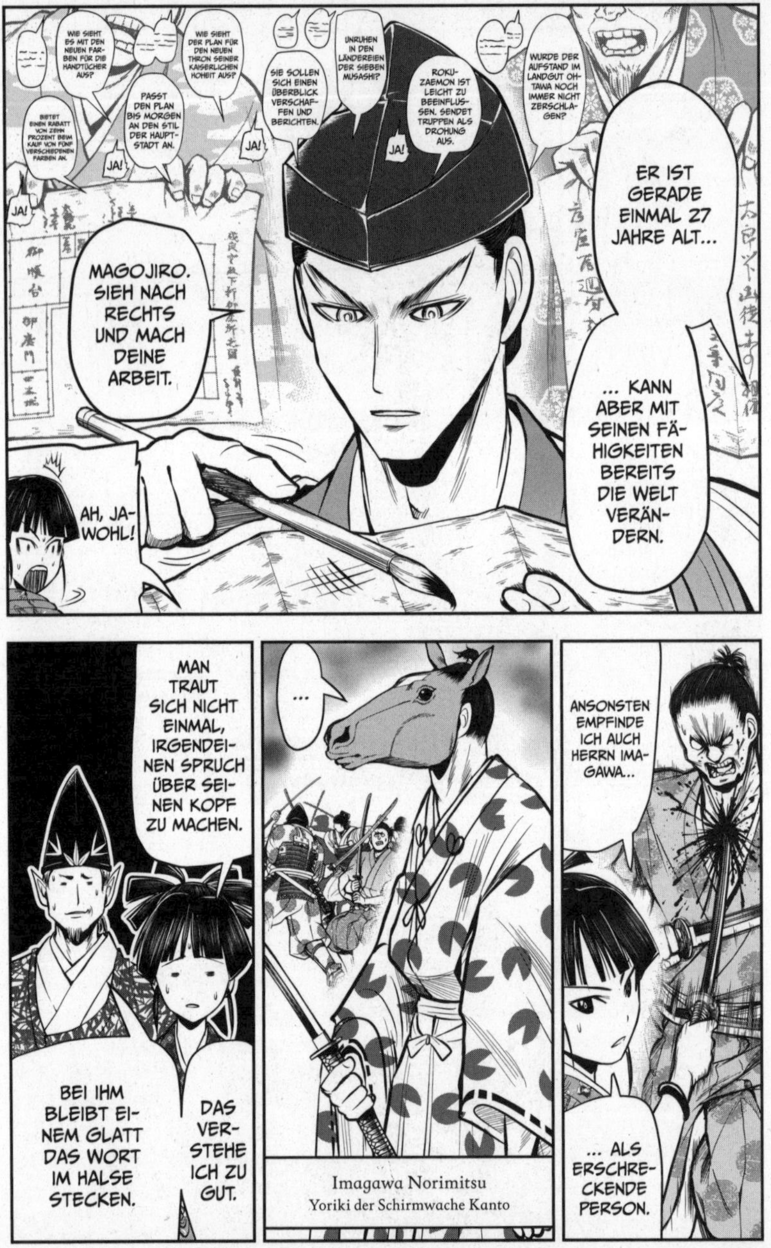

Imagawa Norimitsu
Yoriki der Schirmwache Kanto

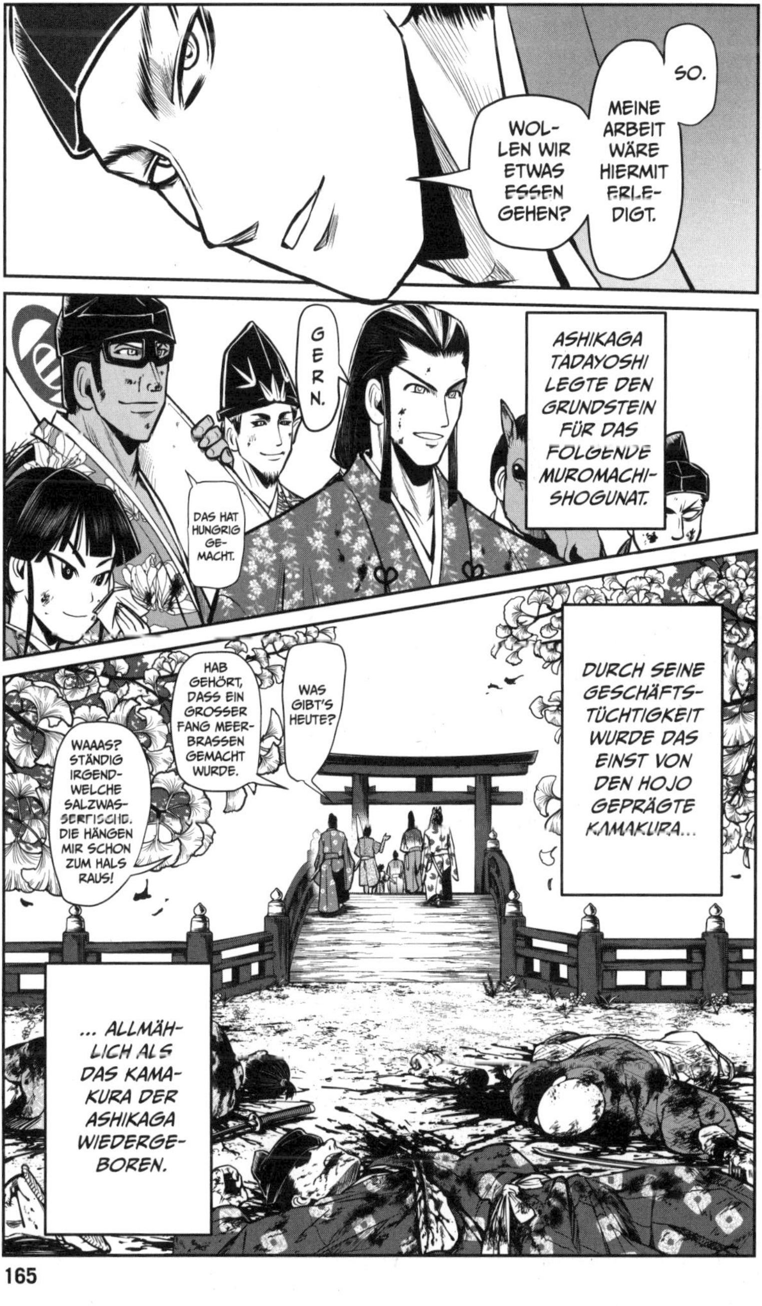
SO.
MEINE ARBEIT WÄRE HIERMIT ERLE-DIGT.
WOL-LEN WIR ETWAS ESSEN GEHEN?
ASHIKAGA TADAYOSHI LEGTE DEN GRUNDSTEIN FÜR DAS FOLGENDE MUROMACHI-SHOGUNAT.
GERN.
DAS HAT HUNGRIG GE-MACHT.
DURCH SEINE GESCHÄFTS-TÜCHTIGKEIT WURDE DAS EINST VON DEN HOJO GEPRÄGTE KAMAKURA...
WAS GIBT'S HEUTE?
HAB GEHÖRT, DASS EIN GROSSER FANG MEER-BRASSEN GEMACHT WURDE.
WAAAS? STÄNDIG IRGEND-WELCHE SALZWAS-SERFISCHE. DIE HÄNGEN MIR SCHON ZUM HALS RAUS!
... ALLMÄH-LICH ALS DAS KAMA-KURA DER ASHIKAGA WIEDERGE-BOREN.

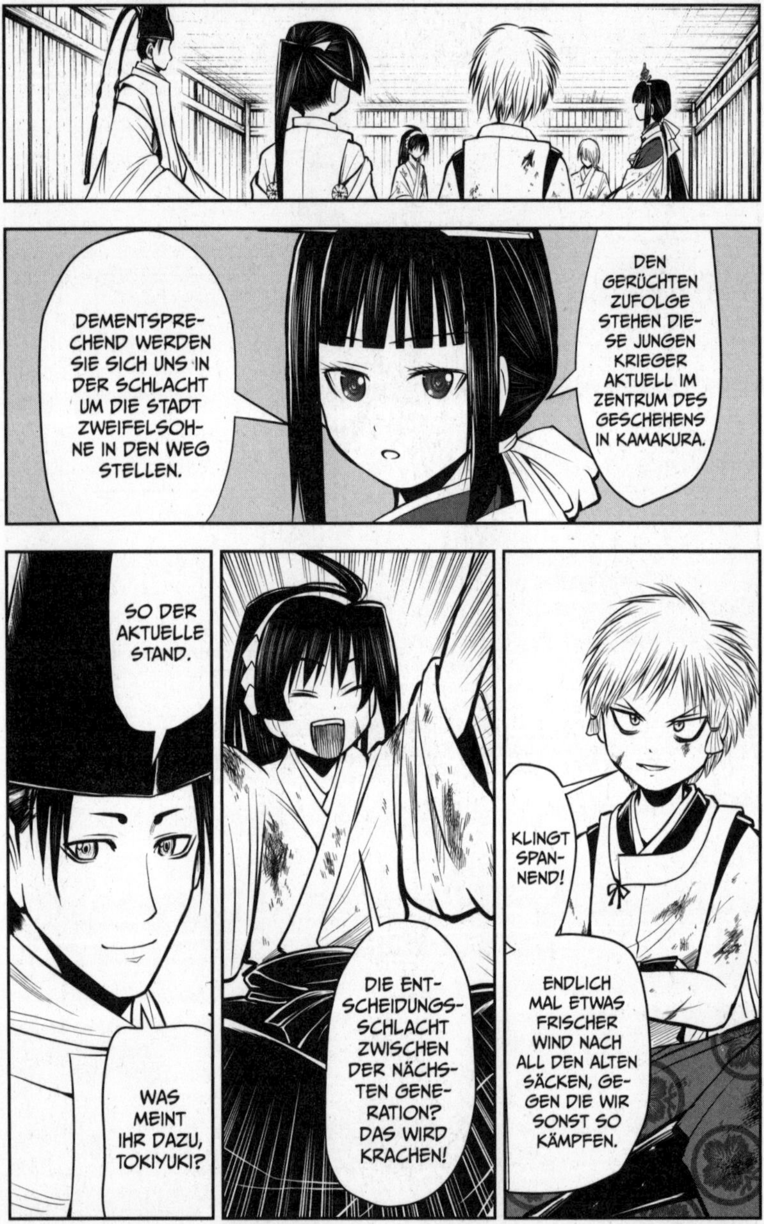
DEN GERÜCHTEN ZUFOLGE STEHEN DIESE JUNGEN KRIEGER AKTUELL IM ZENTRUM DES GESCHEHENS IN KAMAKURA.
DEMENTSPRECHEND WERDEN SIE SICH UNS IN DER SCHLACHT UM DIE STADT ZWEIFELSOHNE IN DEN WEG STELLEN.
KLINGT SPANNEND!
ENDLICH MAL ETWAS FRISCHER WIND NACH ALL DEN ALTEN SÄCKEN, GEGEN DIE WIR SONST SO KÄMPFEN.
DIE ENTSCHEIDUNGSSCHLACHT ZWISCHEN DER NÄCHSTEN GENERATION? DAS WIRD KRACHEN!
SO DER AKTUELLE STAND.
WAS MEINT IHR DAZU, TOKIYUKI?

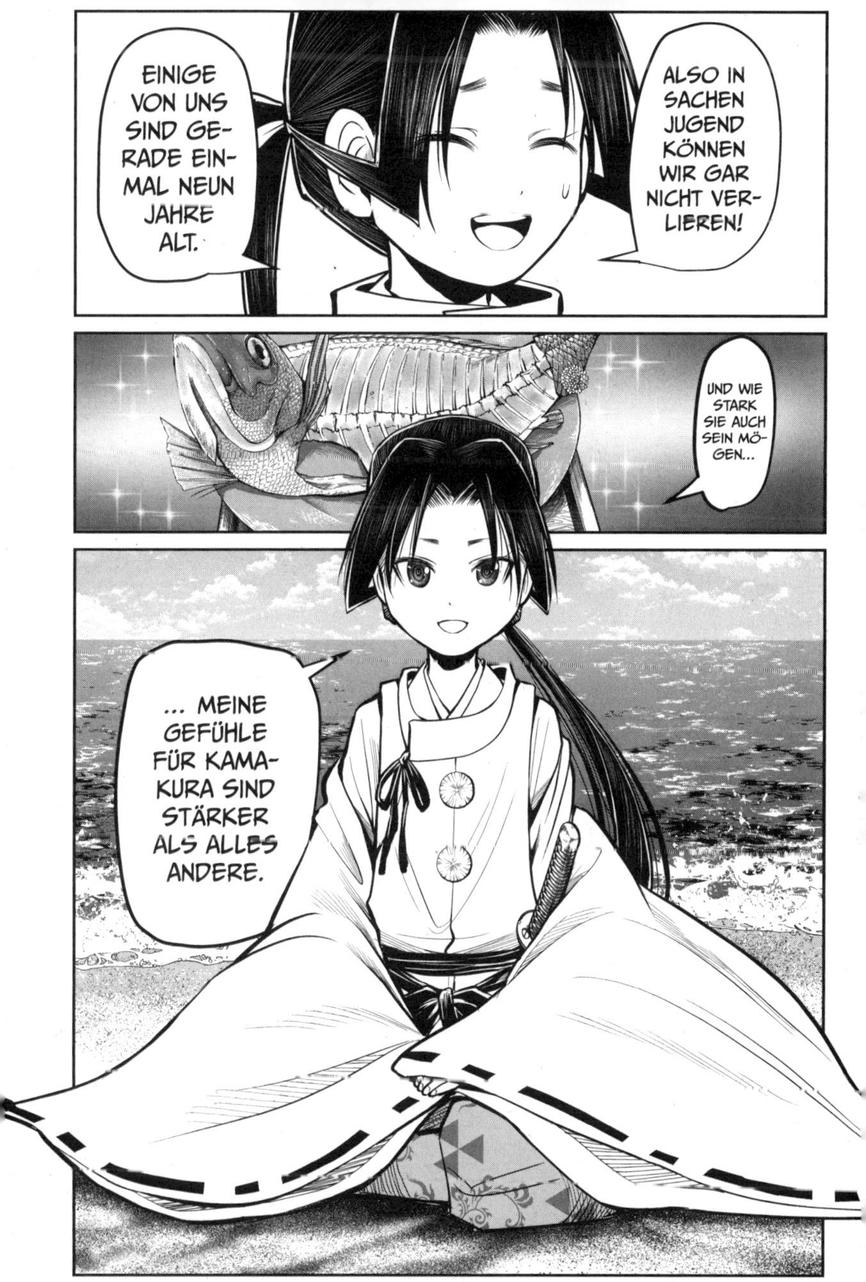
ALSO IN SACHEN JUGEND KÖNNEN WIR GAR NICHT VERLIEREN!
EINIGE VON UNS SIND GERADE EINMAL NEUN JAHRE ALT.
UND WIE STARK SIE AUCH SEIN MÖGEN...
... MEINE GEFÜHLE FÜR KAMAKURA SIND STÄRKER ALS ALLES ANDERE.

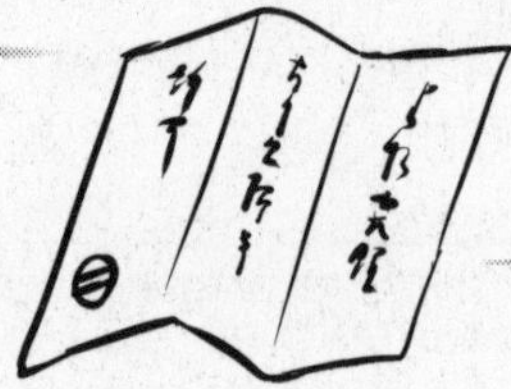

LOCKANGEBOT DES WARENVERKAUFS DER SCHIRMWACHE

TICKET FÜR DAS SCHÜTTELN DER LINKEN HAND DEINES LIEBLINGSMITGLIEDS DER SCHIRMWACHE

(ZWEI KAMMON*)

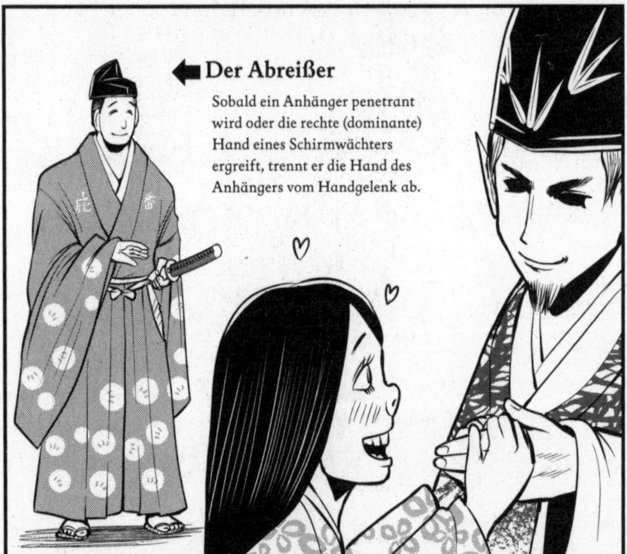

* 100.000 YEN: CA. 630 EURO

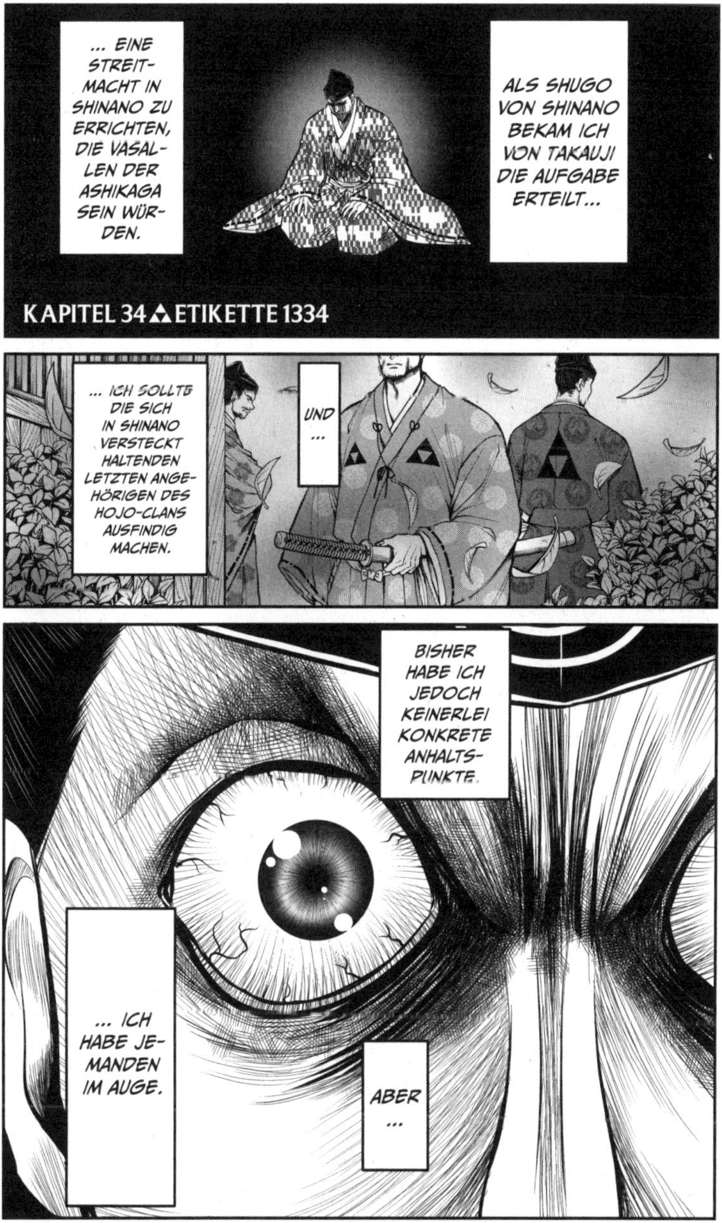
ALS SHUGO VON SHINANO BEKAM ICH VON TAKAUJI DIE AUFGABE ERTEILT ...
... EINE STREITMACHT IN SHINANO ZU ERRICHTEN, DIE VASALLEN DER ASHIKAGA SEIN WÜRDEN.
KAPITEL 34 ▲ ETIKETTE 1334
UND ...
... ICH SOLLTE DIE SICH IN SHINANO VERSTECKT HALTENDEN LETZTEN ANGEHÖRIGEN DES HOJO-CLANS AUSFINDIG MACHEN.
BISHER HABE ICH JEDOCH KEINERLEI KONKRETE ANHALTSPUNKTE.
ABER ...
... ICH HABE JEMANDEN IM AUGE.

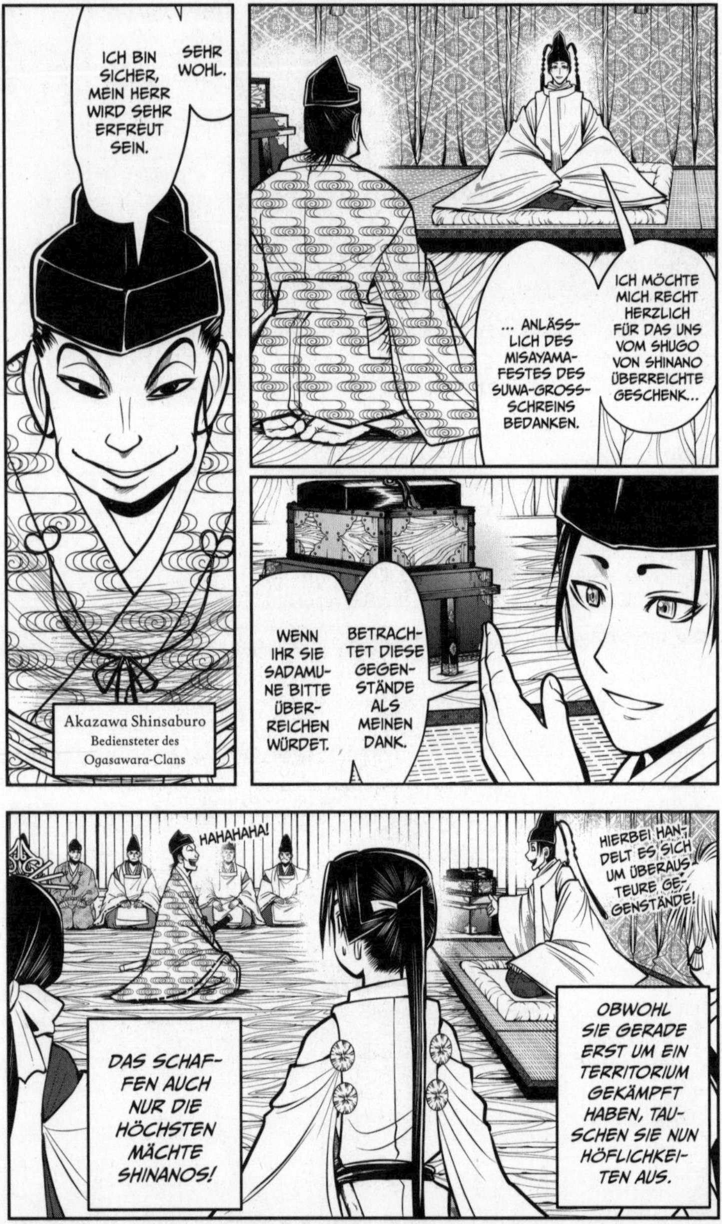
ICH MÖCHTE MICH RECHT HERZLICH FÜR DAS UNS VOM SHUGO VON SHINANO ÜBERREICHTE GESCHENK...
... ANLÄSSLICH DES MISAYAMA-FESTES DES SUWA-GROSS-SCHREINS BEDANKEN.
BETRACHTET DIESE GEGENSTÄNDE ALS MEINEN DANK.
WENN IHR SIE SADAMUNE BITTE ÜBERREICHEN WÜRDET.
SEHR WOHL.
ICH BIN SICHER, MEIN HERR WIRD SEHR ERFREUT SEIN.
Akazawa Shinsaburo Bediensteter des Ogasawara-Clans
HIERBEI HANDELT ES SICH UM ÜBERAUS TEURE GEGENSTÄNDE!
HAHAHAHA!
OBWOHL SIE GERADE ERST UM EIN TERRITORIUM GEKÄMPFT HABEN, TAUSCHEN SIE NUN HÖFLICHKEITEN AUS.
DAS SCHAFFEN AUCH NUR DIE HÖCHSTEN MÄCHTE SHINANOS!

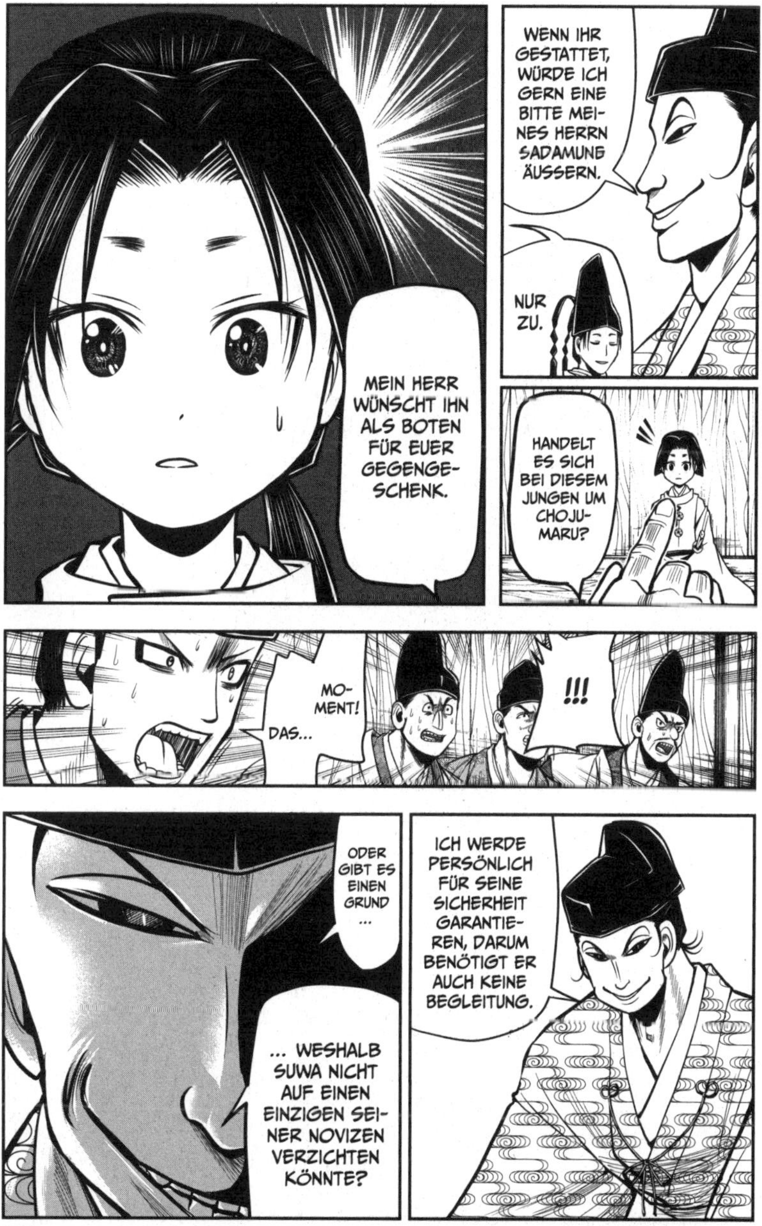
WENN IHR GESTATTET, WÜRDE ICH GERN EINE BITTE MEINES HERRN SADAMUNE ÄUSSERN.
NUR ZU.
HANDELT ES SICH BEI DIESEM JUNGEN UM CHOJUMARU?
MEIN HERR WÜNSCHT IHN ALS BOTEN FÜR EUER GEGENGESCHENK.
!!!
MOMENT!
DAS...
ICH WERDE PERSÖNLICH FÜR SEINE SICHERHEIT GARANTIEREN, DARUM BENÖTIGT ER AUCH KEINE BEGLEITUNG.
ODER GIBT ES EINEN GRUND ...
... WESHALB SUWA NICHT AUF EINEN EINZIGEN SEINER NOVIZEN VERZICHTEN KÖNNTE?

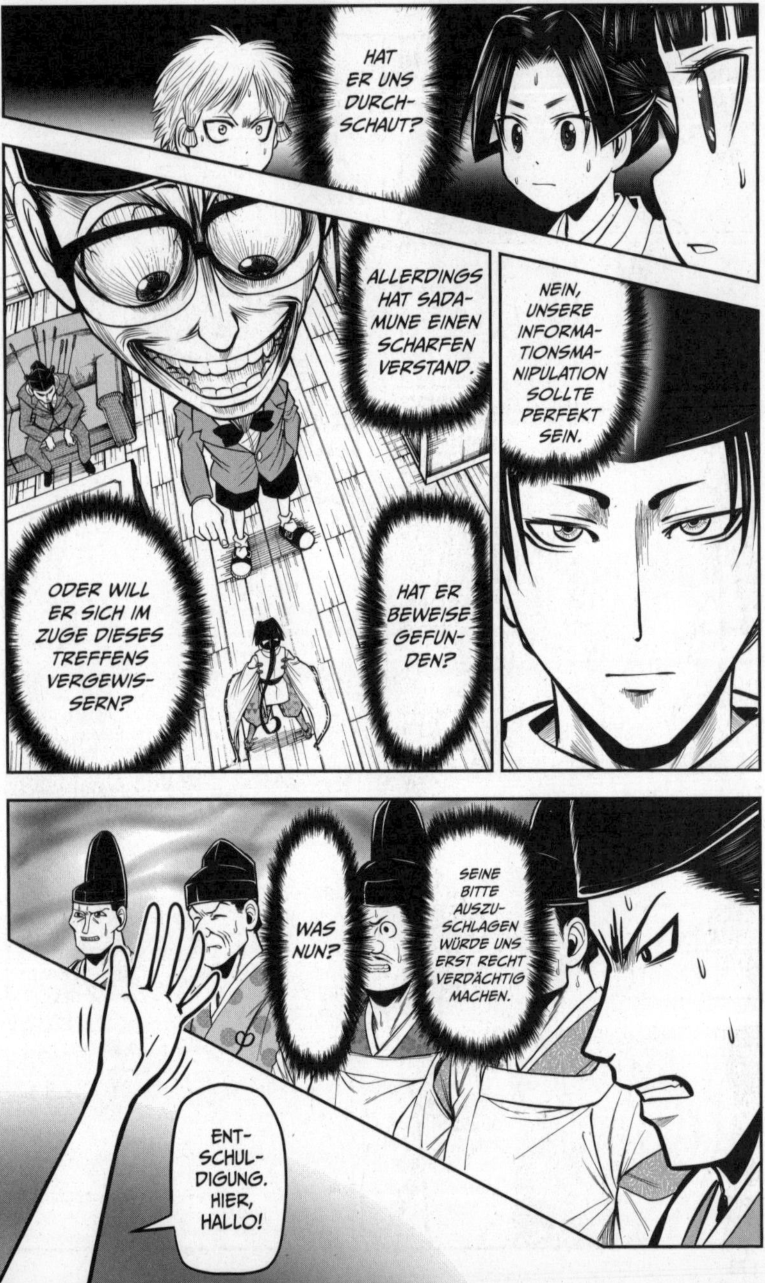
HAT ER UNS DURCHSCHAUT?
NEIN, UNSERE INFORMATIONSMANIPULATION SOLLTE PERFEKT SEIN.
ALLERDINGS HAT SADAMUNE EINEN SCHARFEN VERSTAND.
HAT ER BEWEISE GEFUNDEN?
ODER WILL ER SICH IM ZUGE DIESES TREFFENS VERGEWISSERN?
SEINE BITTE AUSZUSCHLAGEN WÜRDE UNS ERST RECHT VERDÄCHTIG MACHEN.
WAS NUN?
ENTSCHULDIGUNG. HIER, HALLO!

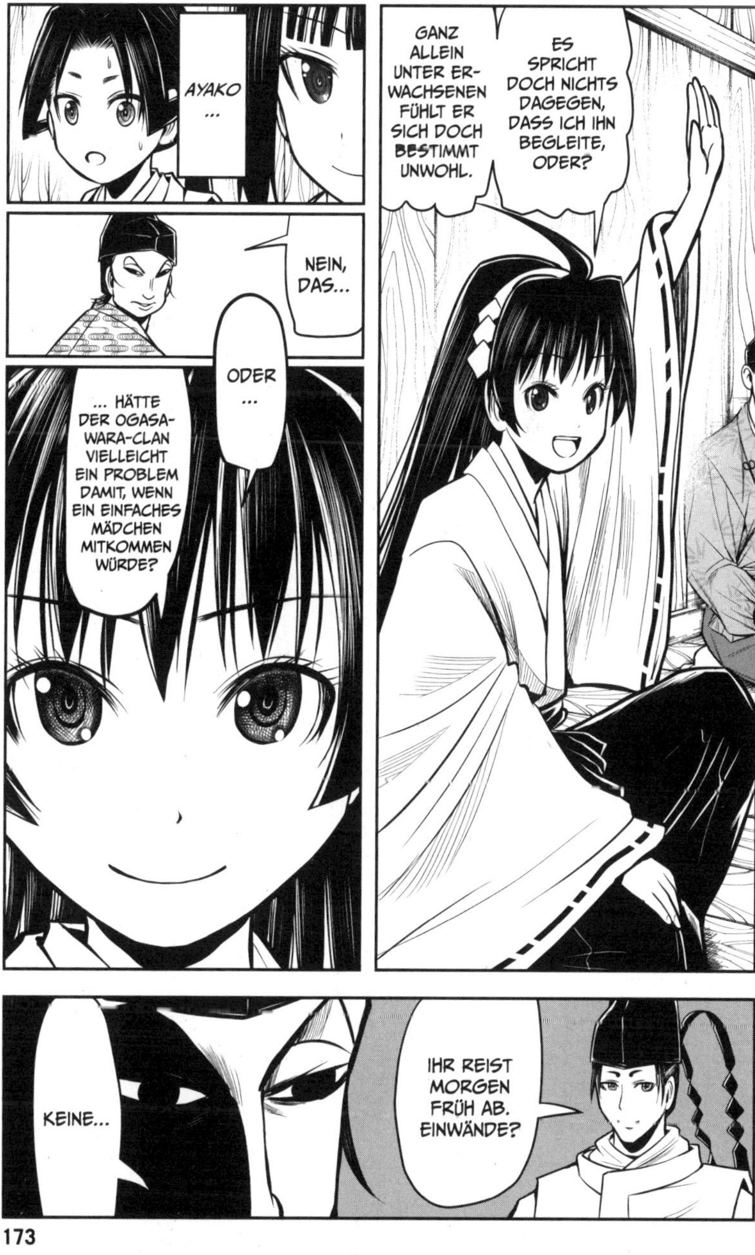
Es spricht doch nichts dagegen, dass ich ihn begleite, oder?
Ganz allein unter Erwachsenen fühlt er sich doch bestimmt unwohl.
Ayako ...
Nein, das...
Oder ...
... hätte der Ogasawara-Clan vielleicht ein Problem damit, wenn ein einfaches Mädchen mitkommen würde?
Ihr reist morgen früh ab. Einwände?
Keine...

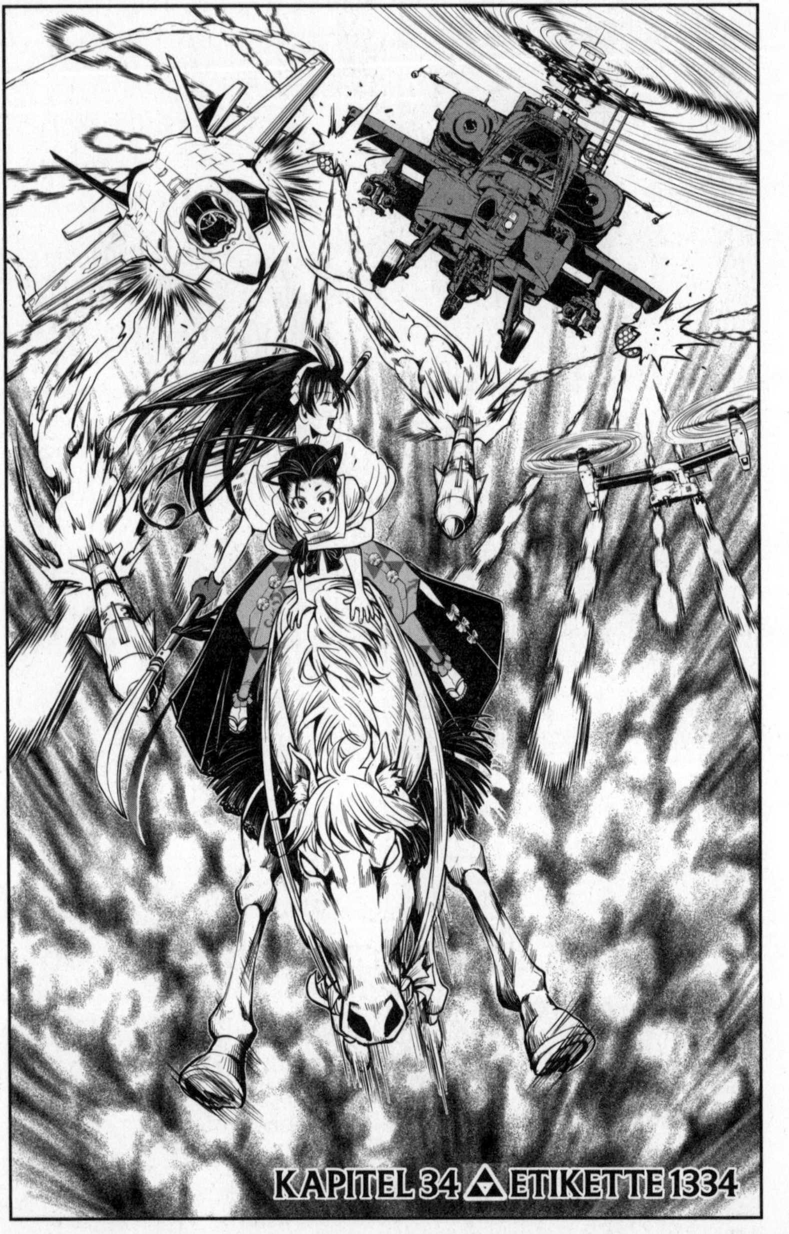
KAPITEL 34 ETIKETTE 1334

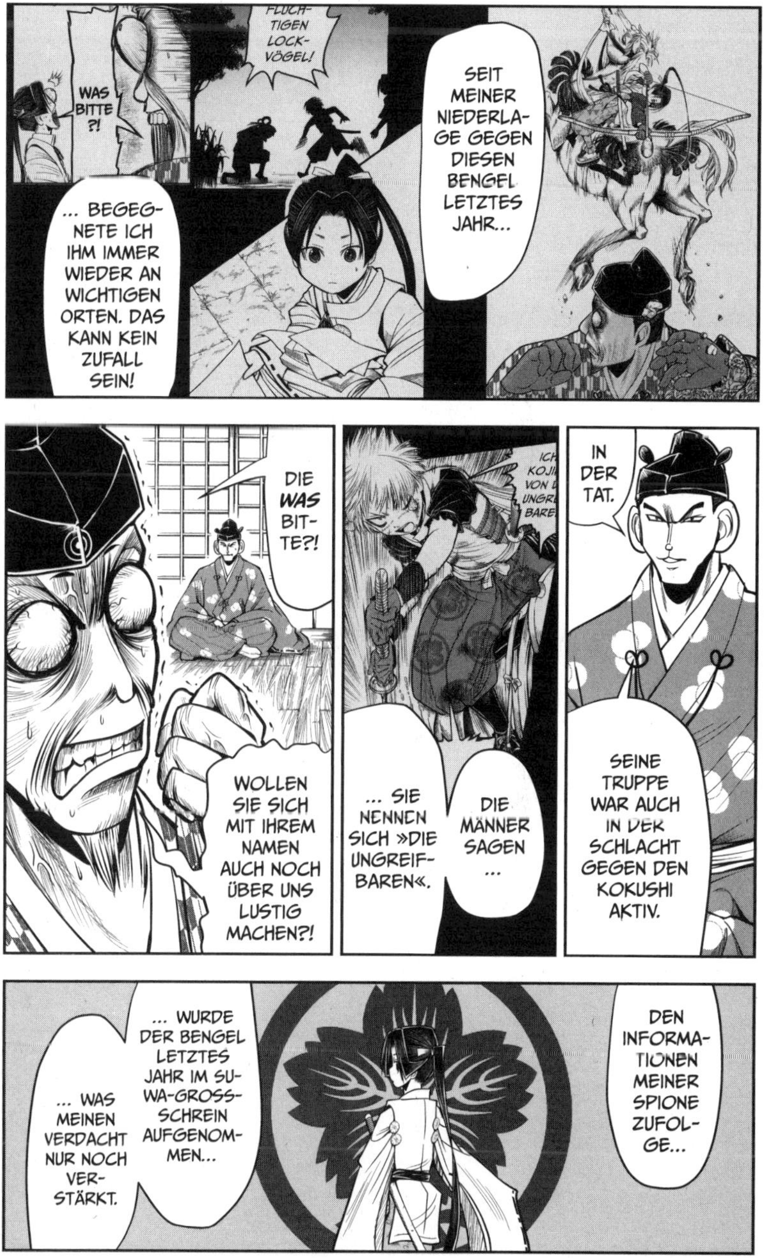
SEIT MEINER NIEDERLAGE GEGEN DIESEN BENGEL LETZTES JAHR...
FLUCH-TIGEN LOCK-VÖGEL!
... BEGEGNETE ICH IHM IMMER WIEDER AN WICHTIGEN ORTEN. DAS KANN KEIN ZUFALL SEIN!
WAS BITTE ?!
IN DER TAT.
SEINE TRUPPE WAR AUCH IN DER SCHLACHT GEGEN DEN KOKUSHI AKTIV.
DIE MÄNNER SAGEN ...
... SIE NENNEN SICH »DIE UNGREIFBAREN«.
DIE WAS BITTE?!
WOLLEN SIE SICH MIT IHREM NAMEN AUCH NOCH ÜBER UNS LUSTIG MACHEN?!
DEN INFORMATIONEN MEINER SPIONE ZUFOLGE...
... WURDE DER BENGEL LETZTES JAHR IM SUWA-GROSS-SCHREIN AUFGENOMMEN...
... WAS MEINEN VERDACHT NUR NOCH VERSTÄRKT.

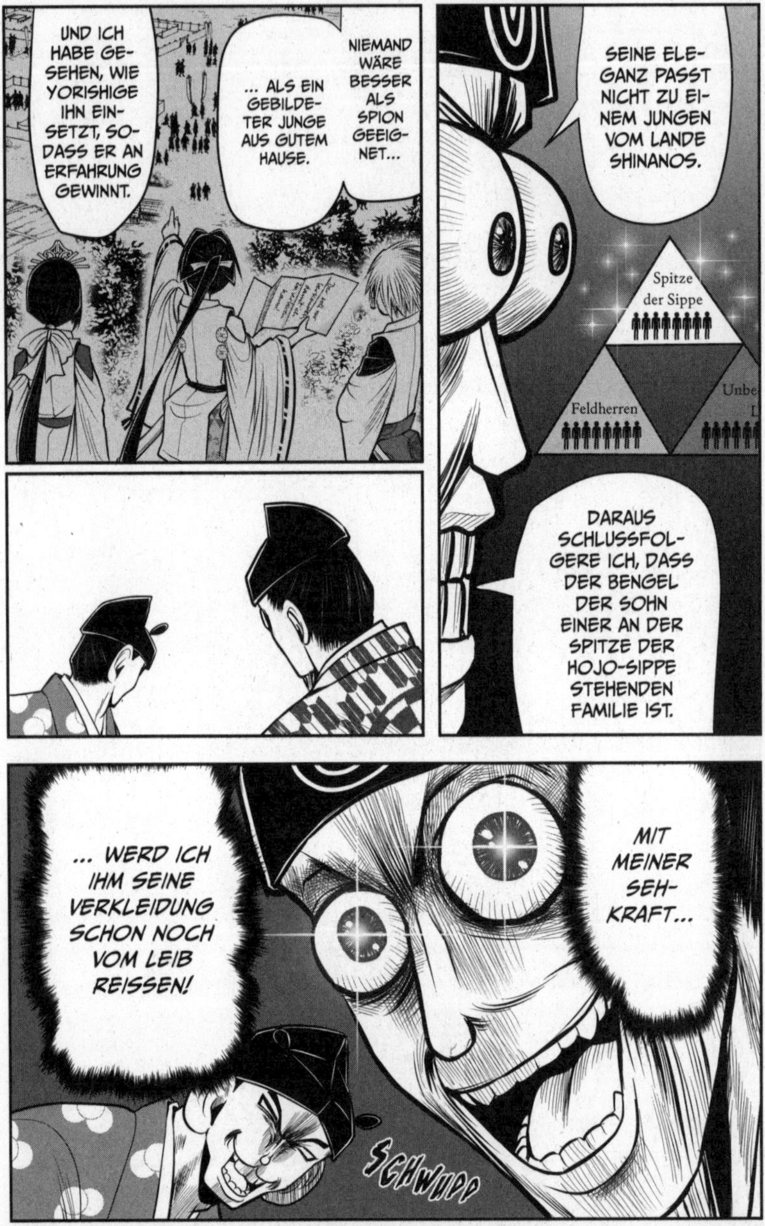
SEINE ELEGANZ PASST NICHT ZU EINEM JUNGEN VOM LANDE SHINANOS.
Spitze der Sippe
Feldherren
DARAUS SCHLUSSFOLGERE ICH, DASS DER BENGEL DER SOHN EINER AN DER SPITZE DER HOJO-SIPPE STEHENDEN FAMILIE IST.
NIEMAND WÄRE BESSER ALS SPION GEEIGNET...
... ALS EIN GEBILDETER JUNGE AUS GUTEM HAUSE.
UND ICH HABE GESEHEN, WIE YORISHIGE IHN EINSETZT, SODASS ER AN ERFAHRUNG GEWINNT.
MIT MEINER SEHKRAFT...
... WERD ICH IHM SEINE VERKLEIDUNG SCHON NOCH VOM LEIB REISSEN!
SCHWUPP

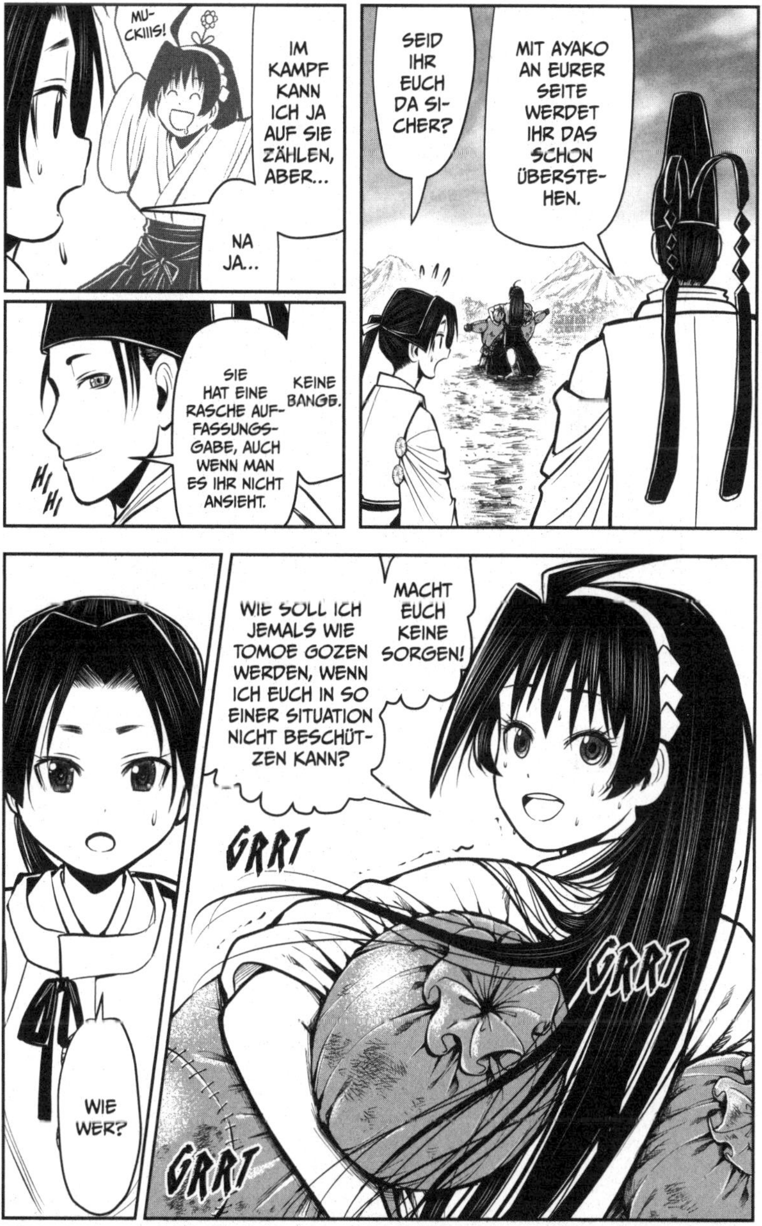
MIT AYAKO AN EURER SEITE WERDET IHR DAS SCHON ÜBERSTEHEN.
SEID IHR EUCH DA SICHER?
IM KAMPF KANN ICH JA AUF SIE ZÄHLEN, ABER...
MU-CKIIIS!
NA JA...
KEINE BANGE.
SIE HAT EINE RASCHE AUFFASSUNGSGABE, AUCH WENN MAN ES IHR NICHT ANSIEHT.
HI HI
MACHT EUCH KEINE SORGEN!
WIE SOLL ICH JEMALS WIE TOMOE GOZEN WERDEN, WENN ICH EUCH IN SO EINER SITUATION NICHT BESCHÜTZEN KANN?
GRRT
GRRT
GRRT
WIE WER?

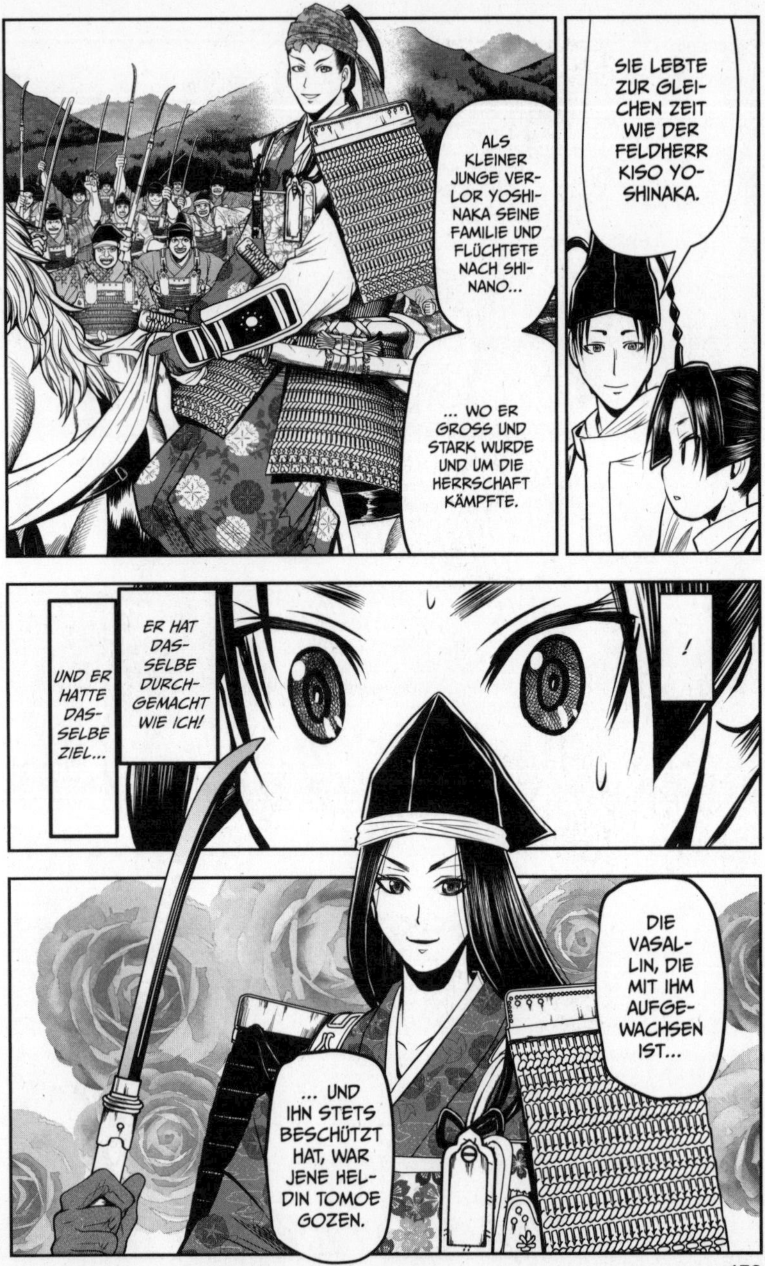

SIE LEBTE ZUR GLEICHEN ZEIT WIE DER FELDHERR KISO YOSHINAKA.
ALS KLEINER JUNGE VERLOR YOSHINAKA SEINE FAMILIE UND FLÜCHTETE NACH SHINANO...
... WO ER GROSS UND STARK WURDE UND UM DIE HERRSCHAFT KÄMPFTE.
!
ER HAT DASSELBE DURCHGEMACHT WIE ICH!
UND ER HATTE DASSELBE ZIEL...
DIE VASALLIN, DIE MIT IHM AUFGEWACHSEN IST...
... UND IHN STETS BESCHÜTZT HAT, WAR JENE HELDIN TOMOE GOZEN.

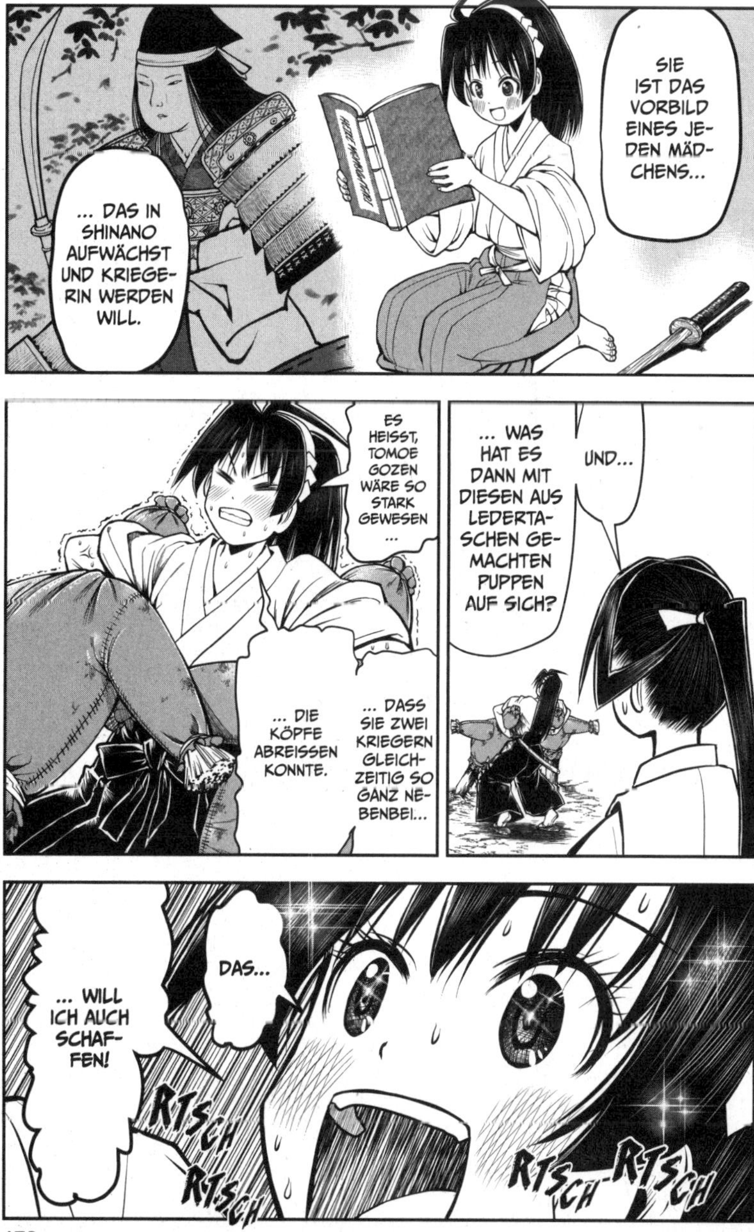
SIE IST DAS VORBILD EINES JEDEN MÄDCHENS...
... DAS IN SHINANO AUFWÄCHST UND KRIEGERIN WERDEN WILL.
UND...
... WAS HAT ES DANN MIT DIESEN AUS LEDERTASCHEN GEMACHTEN PUPPEN AUF SICH?
ES HEISST, TOMOE GOZEN WÄRE SO STARK GEWESEN ...
... DASS SIE ZWEI KRIEGERN GLEICHZEITIG SO GANZ NEBENBEI...
... DIE KÖPFE ABREISSEN KONNTE.
DAS...
... WILL ICH AUCH SCHAFFEN!
RTSCH-RTSCH
RTSCH
RTSCH

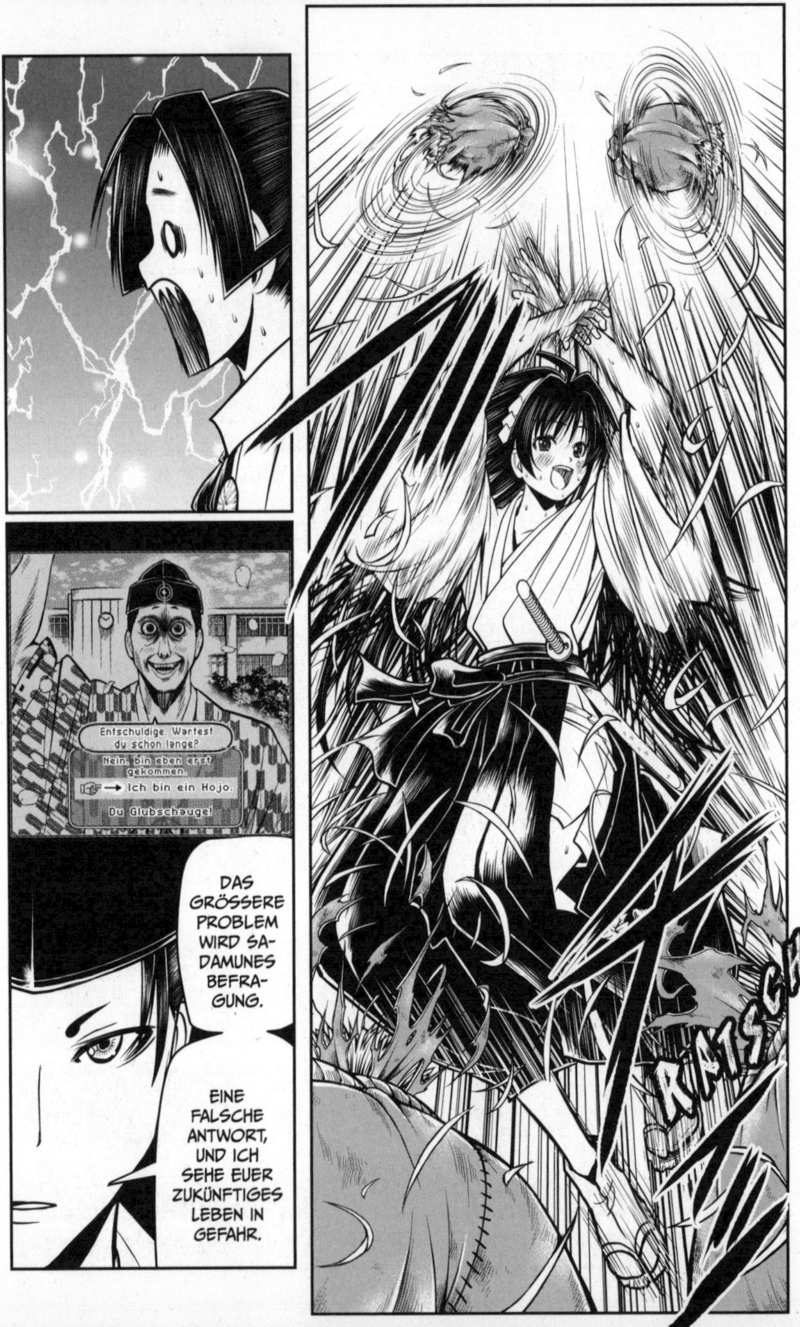
Entschuldige. Wartest du schon lange?
Nein, bin eben erst gekommen.
Ich bin ein Hojo.
Du Glubschauge!
DAS GRÖSSERE PROBLEM WIRD SADAMUNES BEFRAGUNG.
EINE FALSCHE ANTWORT, UND ICH SEHE EUER ZUKÜNFTIGES LEBEN IN GEFAHR.
RATSCH

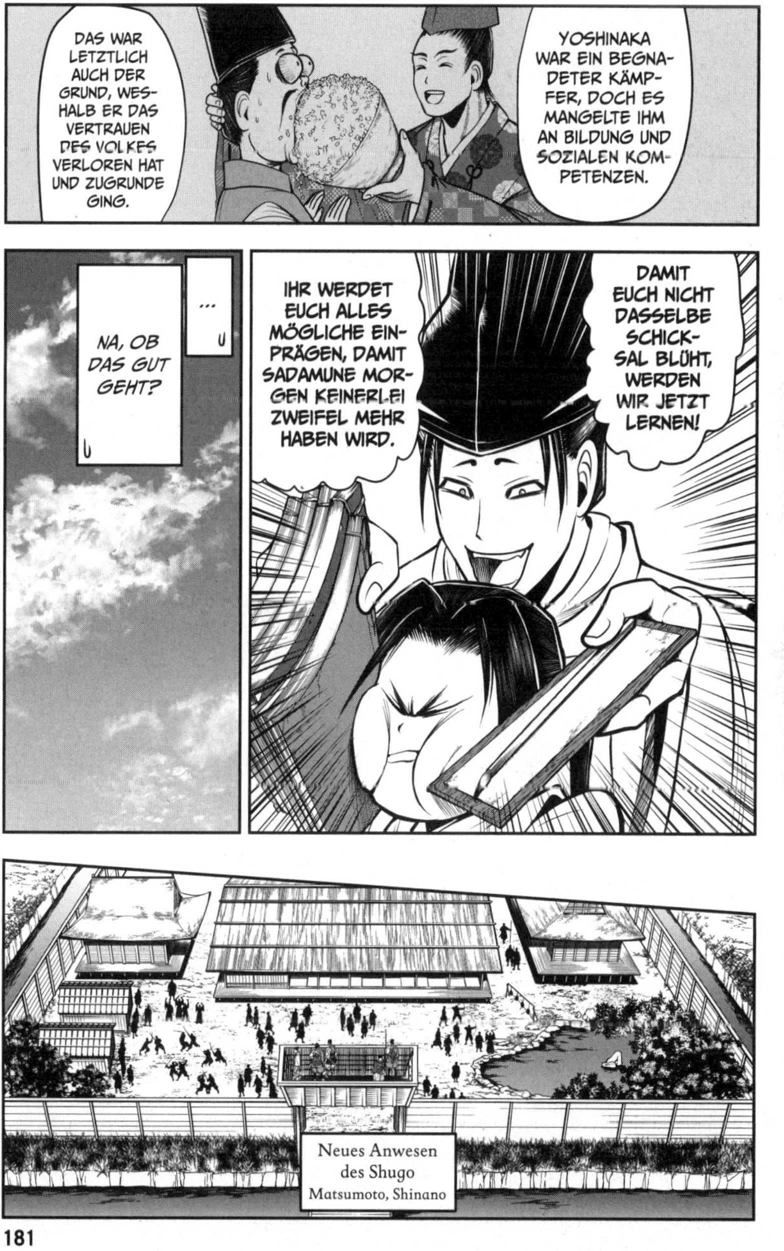

Neues Anwesen des Shugo
Matsumoto, Shinano

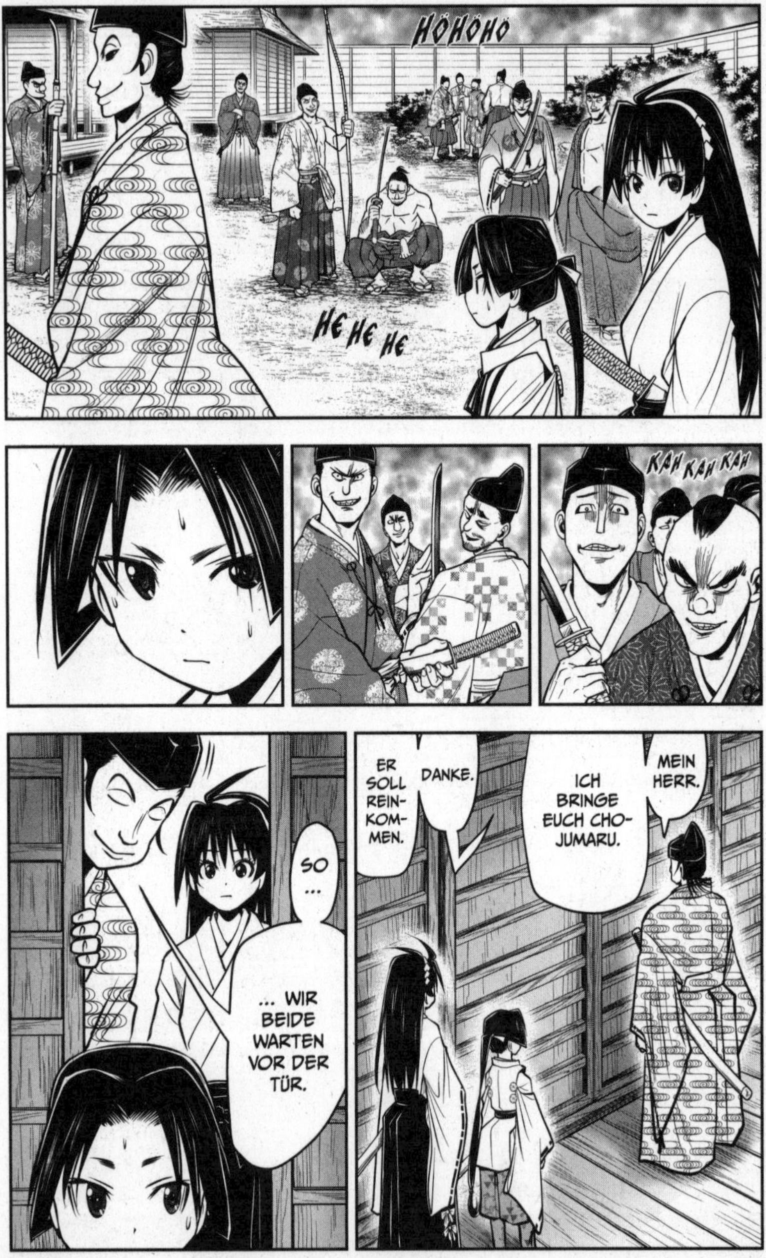
HÖHÖHÖ
HE HE HE
KAH KAH KAH
MEIN HERR.
ICH BRINGE EUCH CHO-JUMARU.
DANKE.
ER SOLL REIN-KOM-MEN.
SO ...
... WIR BEIDE WARTEN VOR DER TÜR.

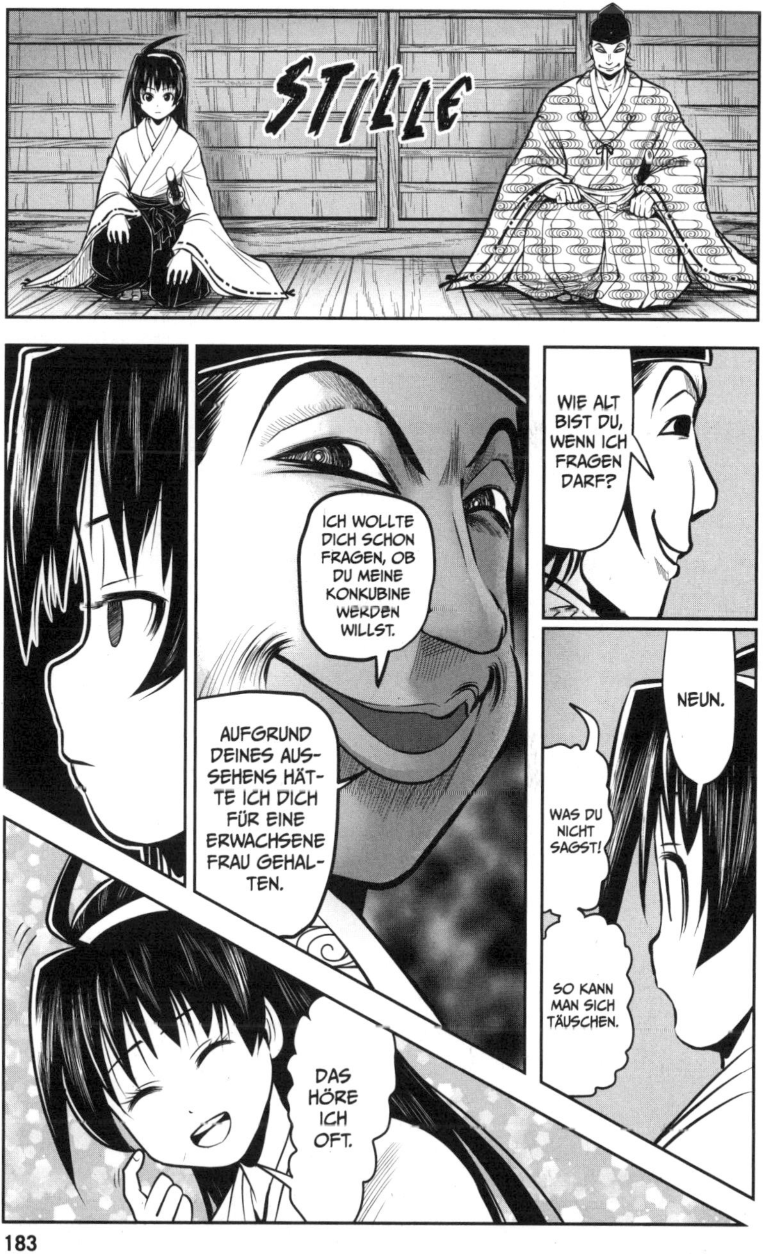
STILLE
WIE ALT BIST DU, WENN ICH FRAGEN DARF?
NEUN.
WAS DU NICHT SAGST!
SO KANN MAN SICH TÄUSCHEN.
AUFGRUND DEINES AUS-SEHENS HÄT-TE ICH DICH FÜR EINE ERWACHSENE FRAU GEHAL-TEN.
DAS HÖRE ICH OFT.
ICH WOLLTE DICH SCHON FRAGEN, OB DU MEINE KONKUBINE WERDEN WILLST.

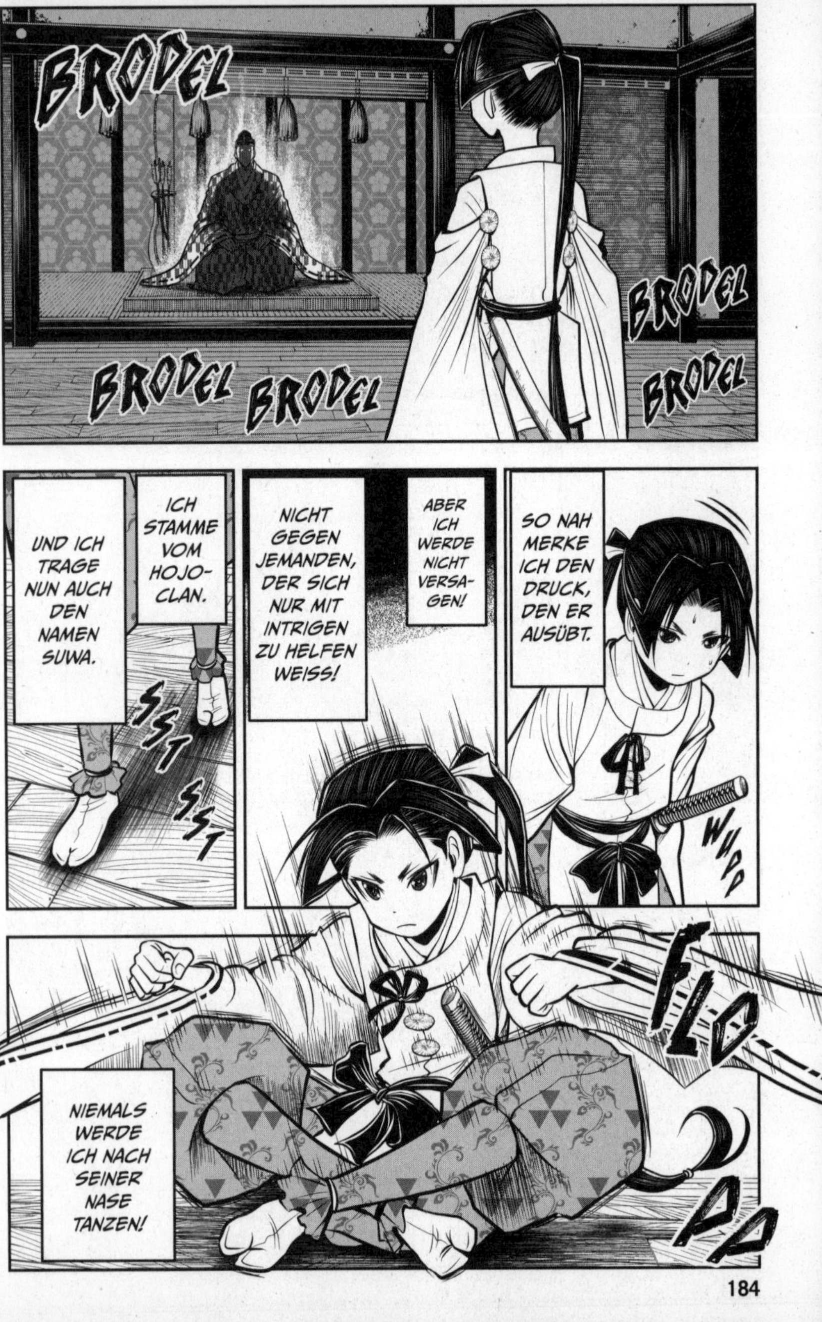
BRODEL
BRODEL
BRODEL
BRODEL
BRODEL
SO NAH MERKE ICH DEN DRUCK, DEN ER AUSÜBT.
WUPP
ABER ICH WERDE NICHT VERSAGEN!
NICHT GEGEN JEMANDEN, DER SICH NUR MIT INTRIGEN ZU HELFEN WEISS!
ICH STAMME VOM HOJO-CLAN.
UND ICH TRAGE NUN AUCH DEN NAMEN SUWA.
SST
SST
FLOPP
NIEMALS WERDE ICH NACH SEINER NASE TANZEN!

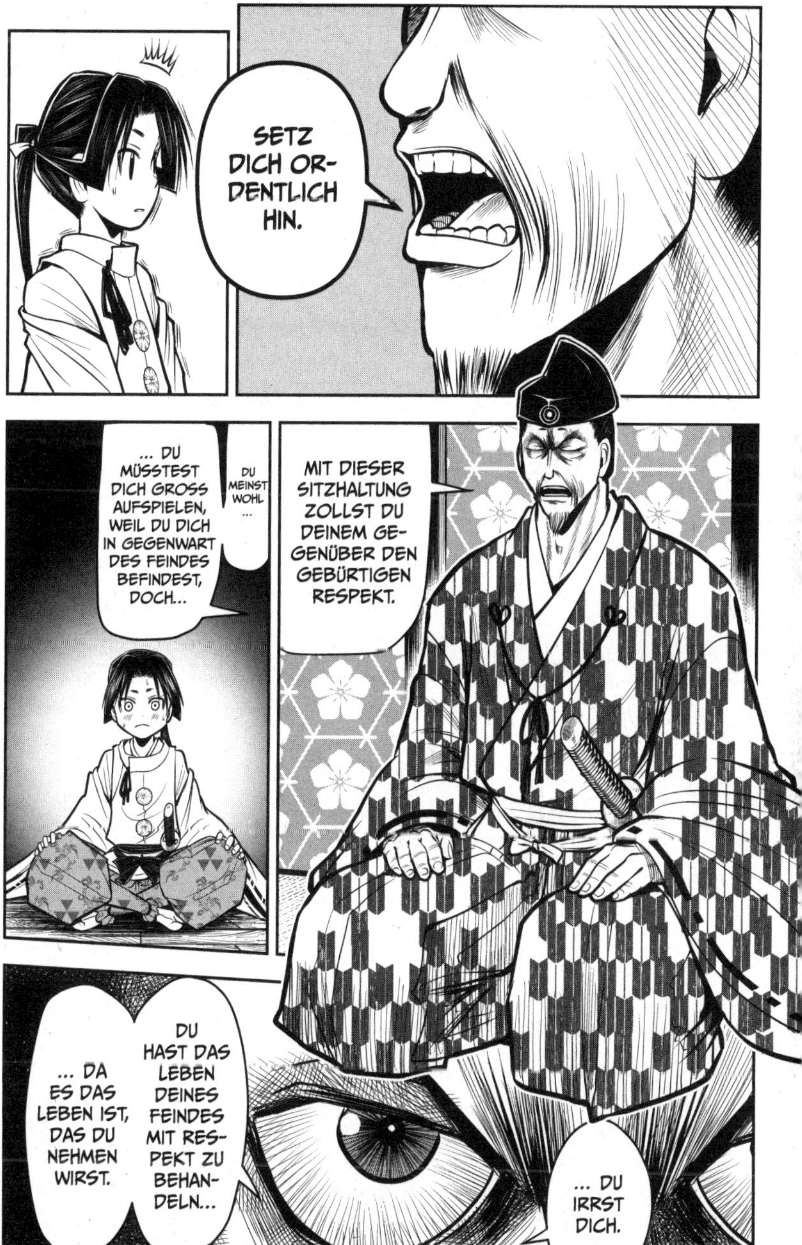
SETZ DICH ORDENTLICH HIN.
MIT DIESER SITZHALTUNG ZOLLST DU DEINEM GEGENÜBER DEN GEBÜRTIGEN RESPEKT.
DU MEINST WOHL ...
... DU MÜSSTEST DICH GROSS AUFSPIELEN, WEIL DU DICH IN GEGENWART DES FEINDES BEFINDEST, DOCH...
... DU IRRST DICH.
DU HAST DAS LEBEN DEINES FEINDES MIT RESPEKT ZU BEHANDELN...
... DA ES DAS LEBEN IST, DAS DU NEHMEN WIRST.

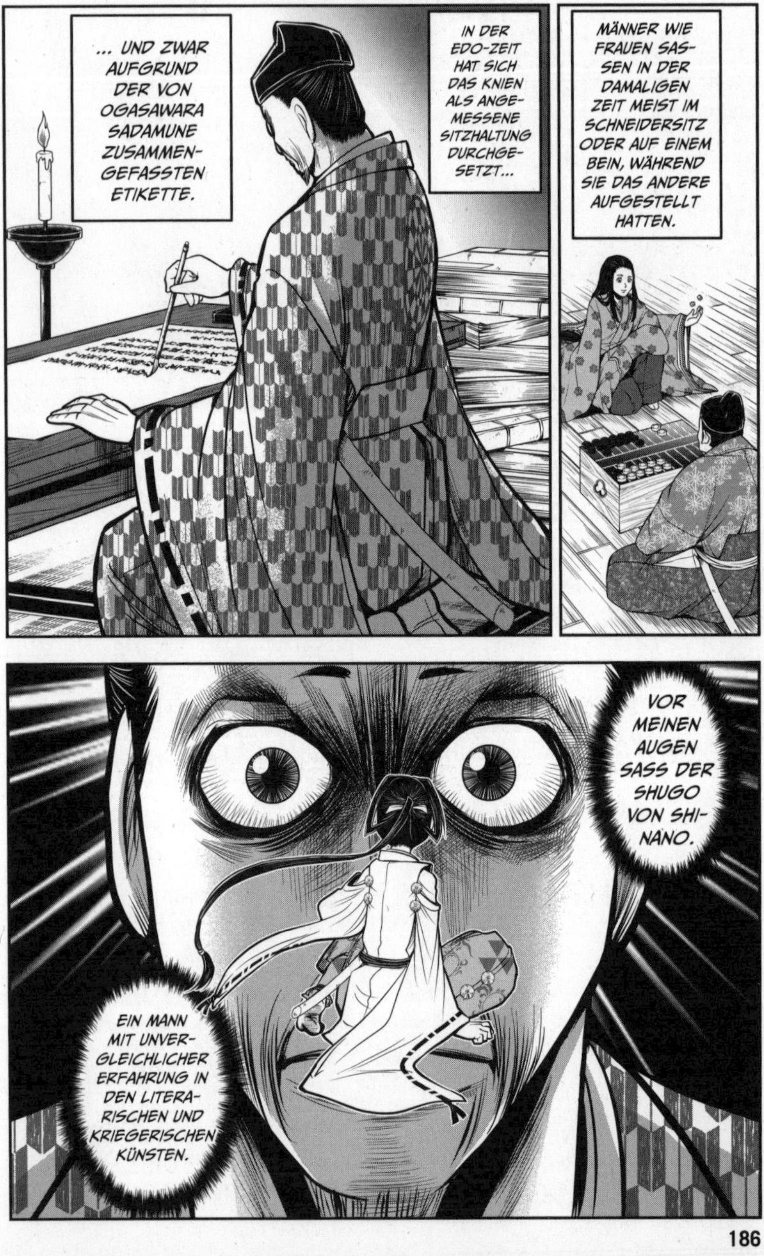
MÄNNER WIE FRAUEN SASSEN IN DER DAMALIGEN ZEIT MEIST IM SCHNEIDERSITZ ODER AUF EINEM BEIN, WÄHREND SIE DAS ANDERE AUFGESTELLT HATTEN.
IN DER EDO-ZEIT HAT SICH DAS KNIEN ALS ANGEMESSENE SITZHALTUNG DURCHGESETZT...
... UND ZWAR AUFGRUND DER VON OGASAWARA SADAMUNE ZUSAMMENGEFASSTEN ETIKETTE.
VOR MEINEN AUGEN SASS DER SHUGO VON SHINANO.
EIN MANN MIT UNVERGLEICHLICHER ERFAHRUNG IN DEN LITERARISCHEN UND KRIEGERISCHEN KÜNSTEN.

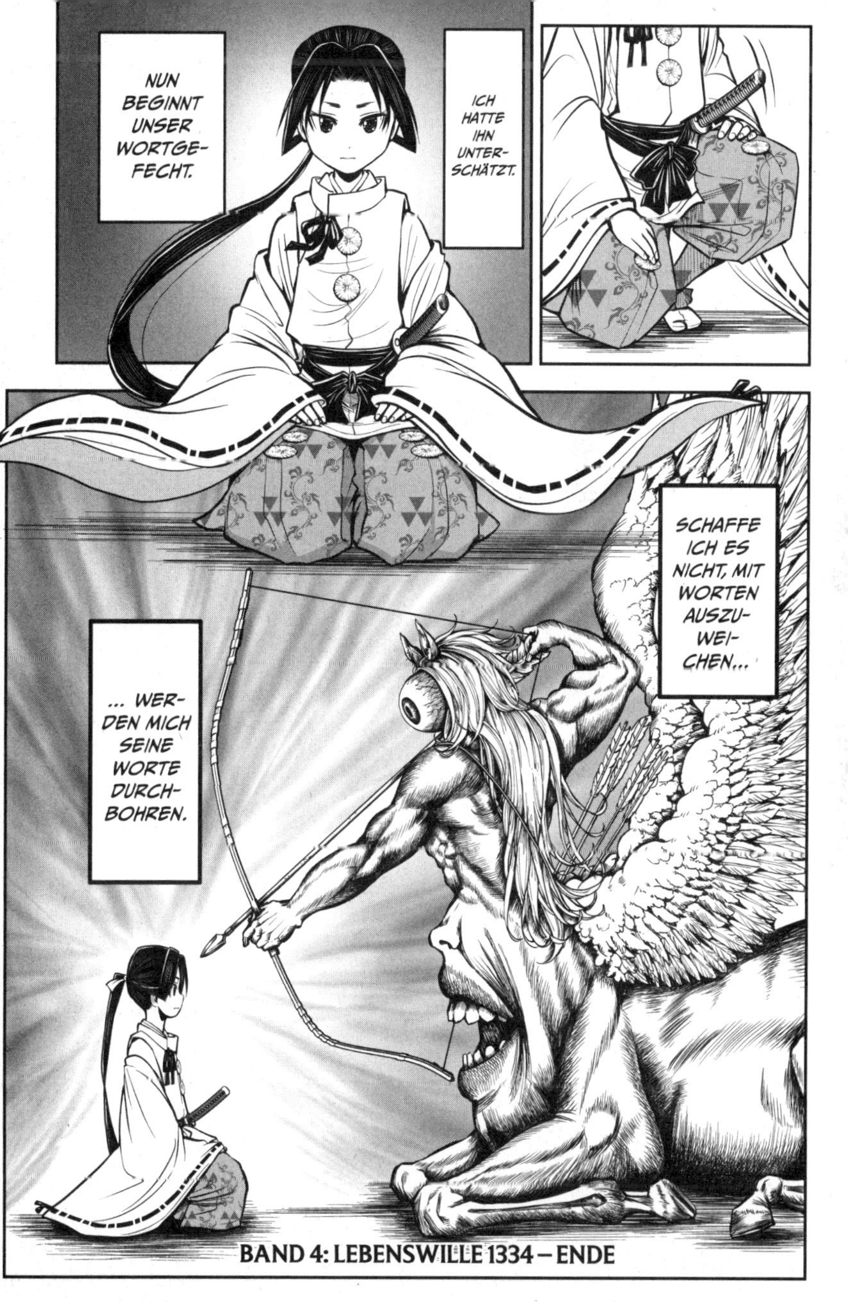
ICH HATTE IHN UNTERSCHÄTZT.
NUN BEGINNT UNSER WORTGEFECHT.
SCHAFFE ICH ES NICHT, MIT WORTEN AUSZUWEICHEN...
... WERDEN MICH SEINE WORTE DURCHBOHREN.
BAND 4: LEBENSWILLE 1334 – ENDE

THE EXPLAINING SAMURAI

In dieser Rubrik erfahrt ihr etwas über die historischen Hintergründe, wodurch ihr gleich noch viel mehr Spaß beim Lesen haben werdet.

Erklärungen von

Hongo Kazuto

Wie standen Shugo und Kokushi zueinander?

Kokushi waren die vom kaiserlichen Hof ernannten Verwalter einer Provinz (entspricht heute einer Präfektur). Insgesamt gab es pro Provinz eigentlich vier Kokushi – kami, suke, jo und sakan –, aber wir beschränken uns an dieser Stelle auf den kami, den ersten Kokushi. Dieses Amt war lange etabliert, verlor aber seit Ende der Heian-Zeit (794–1185) zunehmend an Macht, wie auch im Manga beschrieben. Dafür wurden die ab der Kamakura-Zeit (1185–1333) eingesetzten Shugo – die Anführer der Kriegerklasse ihrer jeweiligen Provinz – in der Muromachi-Zeit (1336–1573) zu Shugo-daimyo* ernannt. Diejenigen von ihnen, die eine enge Bindung zu ihrem Wirkungsort herstellen konnten, entwickelten sich schließlich zu Sengoku-daimyo** (z. B. Takeda von der Provinz Kai). Sprich, die Shugo haben mit ihrem Einfluss auf das ihnen zugeteilte Gebiet die Kokushi ihrer Kompetenzen und ihrer Arbeit beraubt. Ein Teil ihrer Macht blieb den Kokushi während der Kamakura-Zeit jedoch erhalten. Zunächst einmal solltet ihr wissen, dass es Adeligen zu der Zeit möglich war, den Rang eines Kokushi käuflich zu erwerben. Um ein Beispiel zur Mitte der Kamakura-Zeit zu nennen: Für umgerechnet drei Milliarden Yen*** konnte man Mikawa-no-kami werden. Und wer das tat, war sich auch nicht zu schade, sich solche Summen von den Bewohnern der Provinz in Form von Steuerzahlungen zurückzuholen, denn Schulden aufbauen kam natürlich nicht infrage. Ja, die Kokushi verdienten ordentlich. Sie hatten das Recht, Steuern einzutreiben. Tenno Go-Daigo legte besonders viel Wert auf die Kokushi. Zum Zweck der Regionalförderung ernannte er deshalb Adelige höheren Ranges zu Kokushi. Dementsprechend konnten Shugo beziehungsweise die gesamte Kriegerklasse die Existenz der Kokushi nicht einfach ignorieren. Das galt sowohl für Shinano als auch für alle andere Provinzen zu der Zeit, in der wir uns in diesem Manga bewegen.

* PROVINZPROTEKTOREN, DIE GLEICHZEITIG TERRITORIALFÜRSTEN SIND ** TERRITORIALFÜRSTEN DER SENGOKU-ZEIT (1477–1573) *** CA. 18 MILLIONEN EURO

Die verwendeten Bilder stammen aus den *Weekly Shonen Jump*-Ausgaben 35–44.

Wie kam es dazu, dass zweimal im Jahr geerntet wurde?

Zunächst einmal zu den Grundlagen: Auf Reisfeldern wird Reis angebaut und im Herbst geerntet. Das sind letztendlich die Basics der Landwirtschaft. Wenn man nach der Haupternte noch einmal Reis anbaut, spricht man von zwei Reisernten pro Jahr. Wird stattdessen etwas anderes statt Reis gesät, spricht man allgemein von zwei Ernten pro Jahr, auch wenn beide Sorten zum Getreide zählen. Der Trend, zweimal im Jahr zu ernten, ist in der Kamakura-Zeit aufgekommen. Anders gesagt: In der vorherigen Heian-Zeit war es gar nicht möglich. Wieso nicht? Einerseits aufgrund des Mangels an nährstoffreichem Ackerboden. Im Gegensatz zum europäischen Weizen werden Reispflanzen in einem Saatbeet angesät und die Reissetzlinge anschließend ausgepflanzt. Dadurch kam es kaum zu Schäden durch wiederholten Anbau, weswegen die Ackerflächen aufgrund geringen Bedarfs zunehmend schrumpften und es mit dieser verhältnismäßig kleinen Fläche unmöglich war, zwei verschiedene Getreidesorten pro Jahr anzubauen und anschließend zu ernten. In der Kamakura-Zeit kamen schließlich Pflug und Feldhacke zum Einsatz, mithilfe derer der Boden besser umgeackert werden konnte, was zu einer Regeneration der sich in der Erde befindlichen Nährstoffe führte. Des Weiteren benötigte man zum Pflügen die Hilfe von Rindern oder Pferden, deren Exkremente mit der Erde vermischt wurden, was den Boden ebenfalls reichhaltiger machte. Erst so wurde es überhaupt möglich, zwei Ernten im Jahr einzufahren, vermutlich aber auch aufgrund des generellen Mangels an Ackerfläche. Bis Anfang der Kamakura-Zeit konnte man mit nur wenig Aufwand mehr brauchbaren landwirtschaftlichen Boden schaffen, als man zu der Zeit brauchte. Ab Mitte bis Ende der Kamakura-Zeit wurde das Land allerdings mit dem wachsenden Einfluss der Kriegerklasse vollständig erschlossen. Demnach war die Profitabilität des verfügbaren Ackerlands zu erhöhen die einzige Möglichkeit, die Agrarproduktion noch weiter anzukurbeln. Daher die Idee, zweimal pro Jahr zu ernten.

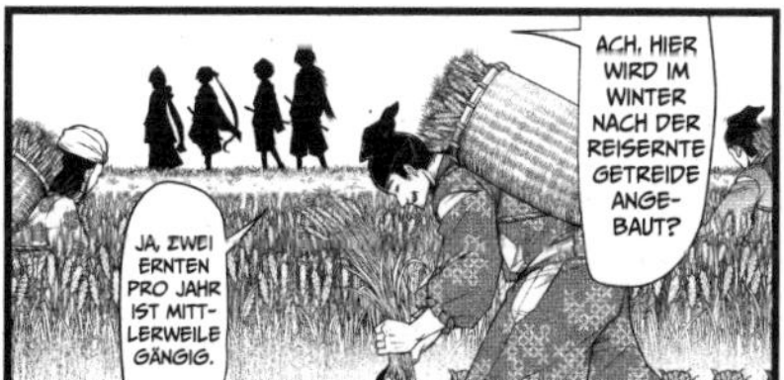

Was für Alkohol trank man zu der Zeit?

Alkohol wurde in Japan schon seit Ewigkeiten aus Reis hergestellt. Da es am kaiserlichen Hof das Miki-no-tsukasa, eine Behörde für das Sake-Brauen, gab, wird der Adel der Nara-Zeit (710–794) vermutlich dem Reiswein gefrönt haben. Zur Kamakura-Zeit florierte die Sake-Herstellung dann erst recht, und auch das einfache Volk soll in seinen Genuss gekommen sein. Der Sake jener Zeit ist mit unserem heutigen süßen halb gegorenen (Amazake) oder trüben Sake (Toburoku) vergleichbar. Sprich, er hatte einen hohen Zuckergehalt und übermäßiger Konsum konnte Diabetes verursachen. Neben Beriberi und Tuberkulose war Diabetes eine der drei am meisten verbreiteten Krankheiten im damaligen Japan. Da stellt sich doch die Frage, ob der übermäßige Alkoholkonsum innerhalb der adeligen und kriegerischen Gesellschaft sowie der wohlhabenderen Kreise des einfachen Volkes den Diabetes nicht bedingt haben könnte. Hojo Sadatoki, Tokiyukis Großvater, oder Ashikaga Yoshikazu, der fünfte Shogun des Muromachi-Shogunats, sind bekannte Beispiele von Personen, die ihren Körper durch übermäßigen Alkoholgenuss zugrunde gerichtet haben und daran gestorben sind. Es gab aber auch einen Reiswein, der mit unserem heutigen raffinierten Sake (Seishu) vergleichbar ist. Dieser wurde Morohaku (»alles weiß«) genannt. Dessen Ursprung war der Soboshu (»Mönchsunterkunft-Reiswein«), der zur Heian-Zeit in großen Tempeln Naras gebraut wurde. Mit der Zeit wurde der Nanto*-Morohaku der Sake-Brauereien Naras ein Synonym für hochwertig raffinierten Sake. Seit der Muromachi-Zeit etablierten sich in Sakai, im Tenno-Tempel, in Kyoto und anderen Teilen der Kinki**-Region eine Vielzahl weiterer Morohaku-Sorten, die jeweils nach dem Ort ihrer Herstellung benannt wurden. So gab es auch immer mehr Menschen, die raffinierten Sake tranken.

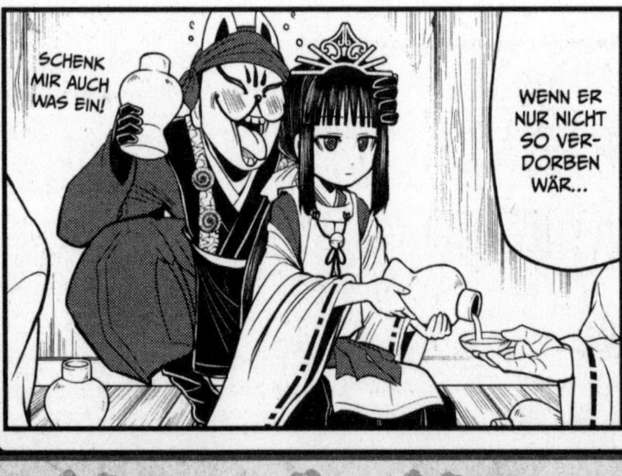

* »SÜDLICH DER HAUPTSTADT«, GEMEINT IST NARA
** DIE GEGEND UM KYOTO, NARA UND OSAKA

Gingen Armeen damals häufig ein Bündnis ein?

Es gab tatsächlich einmal eine Allianz mittelalterlicher Kriegertruppen, für die ich im Vergleich zu der im Manga behandelten Allianz allerdings ein wenig weiter ausholen muss. Während des Gempei-Krieges (Minamoto/Genji gegen Taira/Heike; 1180–1185) hob Kiso Yoshinaka (auch Minamoto no Yoshinaka), der sich im Gebiet Kiso versteckt hielt, etwas später als Minamoto no Yoritomo seine Truppen aus, eroberte die Provinz Shinano und breitete seinen Einfluss auch auf die Provinz Kozuke aus. Daraufhin rückte Jo Nagamochi, Angehöriger einer mächtigen Familie der Provinz Echigo, auf Befehl des Taira-Clans mit einer großen Armee nach Shinano vor. Trotz des militärischen Stärkeunterschieds gelang es Yoshinaka, Jos Truppen zu schlagen (Schlacht bei Yokotagawara, 1181), und er marschierte über die Hokuriku-do (»nördliche Landesroute«) entlang der sieben Provinzen an der Japansee in Richtung Hauptstadt. Den Tagebüchern Adeliger zufolge bestand die Kiso-Armee im Kampf gegen Jo aus Kiso-, Saku- und Kai-Truppen. Die Hauptkräfte der Saku-Truppen stellte der sich in der Gegend von Karuizawa befindliche Hiraga Yoshinobu, dessen Clan zu den Minamoto gehörte. Es heißt überdies, dass nicht Truppen aus Kai, sondern viel wahrscheinlicher welche aus Kozuke den dritten Teil der Allianz ausmachten. So oder so handelte es sich bei Yoshinakas Armee um eine bunte Mischung, was aber nicht hieß, dass sie ihn auch als ihren Herrn betrachteten. Tatsache ist, dass Hiraga Yoshinobu anschließend nach Kamakura aufbrach und ein Vasall Yoritomos wurde. Jedenfalls versammelte Yoshinaka die verschiedensten Leute unter sich, nachdem er die Kämpfe in den nördlichen Provinzen entlang der Japansee gewonnen hatte. Dass sich ihm sein Onkel Minamoto Yukiie anschloss, war logisch, aber es folgten ihm auch Personen wie Toki Mitsunaga von den Omi-Genji oder Tada Yukitsuna von den Settsu-Genji. Obwohl diese keineswegs die Absicht hatten Vasallen Yoshinakas zu werden, gelang es Yoshinaka, seine Streitkräfte zu erweitern, indem er vor Ort entsprechend verhandelte. Letztendlich kommandierte er sie doch alle, schlug die Heike-Truppen auf dem Weg zur Hauptstadt nieder und erreichte diese sogar noch vor Yoritomo.

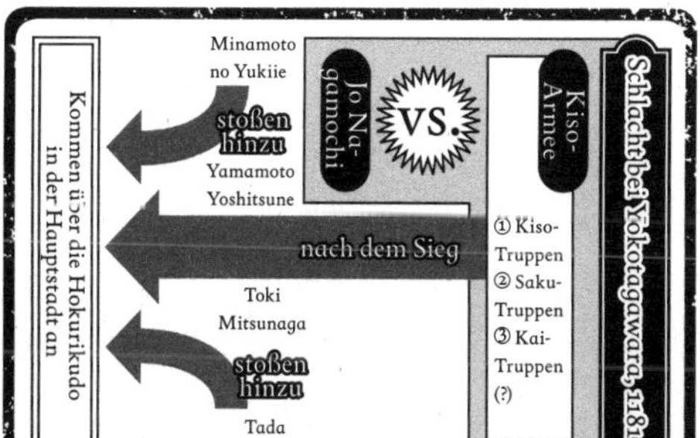

Im Japanischen wird die Truppenstärke in »Reiter« angegeben, auch wenn nicht alle Kavalleristen waren. Wie kam es zu dieser Zähleinheit?

Während der Hogen-Unruhen 1156 befehligte Taira no Kiyomori eine Streitkraft von rund 300 Reitern und Minamoto no Yoshitomo (Yoritomos Vater) eine von rund 200 Reitern. Diese Zahlen dürften den tatsächlichen Zahlen ziemlich nahe kommen. Der Forschung zufolge war es damals üblich, dass jedem Pferd ein paar Fußsoldaten folgten, weshalb die gesamte Streitkraft Kiyomoris bei über tausend Mann gelegen haben musste. Hmmm, könnte das hinkommen? Tatsache ist, dass berittene Soldaten von Fußsoldaten begleitet wurden. Das bestätigt die überlieferte Aussage eines Daimyo (»Territorialfürsten«) vom Yuki-Clan aus der Sengoku-Zeit (1477–1573): »Es haben diejenigen an der Schlacht teilzunehmen, die von ihrem Territorium ein Einkommen von fünf Kan erwarten. Diejenigen, die zehn Kan erwarten, nehmen überdies einen Gefolgsmann mit. Wer 15 Kan erwartet, wird zu Pferd und in Begleitung von zwei Gefolgsleuten antreten.« Davon ausgehend lässt sich in der Tat ableiten, dass ein berittener Soldat von zwei Fußsoldaten unterstützt wurde und Kiyomoris Streitmacht darum 900 Mann umfassen musste. Bis zum Gempei-Krieg kämpfte man jedoch grundsätzlich Mann gegen Mann, weswegen die Fußsoldaten möglicherweise gar nicht zu den Streitkräften zählten. Dies ließe die Annahme zu, dass die Angabe »300 Reiter« für die gesamte Streitkraft galt, die damit tatsächlich nur aus 300 Mann bestehen würde. Die Forschung konnte bisher noch keine konkreten Antworten zu dieser Frage finden. In der Sengoku-Zeit nahmen auch die rangniederen Samurai zu Fuß aktiv an den Schlachten teil und die Zähleinheit »Reiter« fand kaum noch Verwendung. In der Epoche, die im Manga behandelt wird, verabschiedete man sich von Mann-gegen-Mann-Kämpfen, was somit auch die letzte Epoche war, in der »Reiter« noch als Zähleinheit zum Tragen kam.

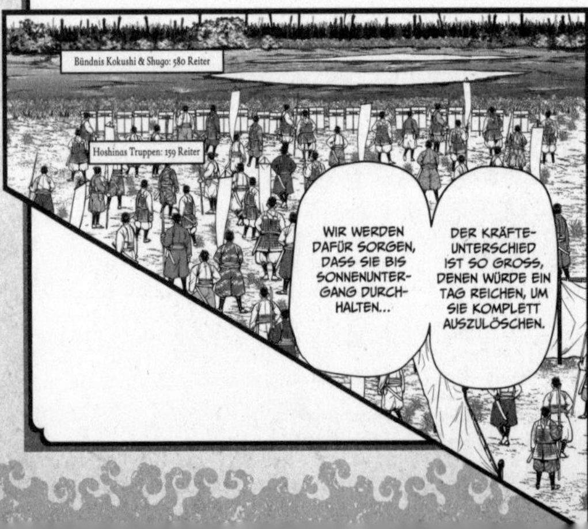

Wie kam es, dass Kawanakajima häufiger zum Austragungsort von Schlachten wurde?

Kawanakajima während der Sengoku-Zeit: Takeda Shingen, der die Provinz Shinano langsam, aber sicher eroberte, traf auf Uesugi Kenshin, der sich in der Burg Kasugayama in Naoetsu in der benachbarten Provinz Echigo befand. Einerseits könnte sich ihm Uesugi auf Bitten des Feldherrn von Shinano, der in Begriff war, sein Territorium zu verlieren, in den Weg gestellt haben, andererseits könnte ihn die Gefahr, dass Shingens Truppen auch über die Burg Kasugayama herfallen könnten, dazu bewegt haben. Heutzutage kommt man mit dem Zug ja in null Komma nichts von Nagano (das heutige Shinano) nach Naoetsu. Und jemand wie Shingen, der es auf das Meer abgesehen hatte, hätte das wirtschaftlich gedeihende Naoetsu mit seinem prächtigen Hafen damals definitiv ins Visier genommen. Shingen dagegen ließ die Burg Kaizu (in Shinano bzw. Nagano; früherer Name der Burg Matsushiro) als Verteidigungsstützpunkt errichten, nutzte die zwei großen Flüsse Sai und Chikuma zur Abwehr und stellte sich dort den Truppen von Uesugi entgegen. Den Namen Kawanakajima (»Insel inmitten von Flüssen«) hat dieses dreieckige Gebiet seiner Lage zwischen diesen beiden Flüssen zu verdanken. In Naoetsu befand sich damals sowohl der Amtssitz des Kokushi als auch der des Shugo der Provinz Echigo. Wer es also von Echigo aus auf Shinano abgesehen hatte, musste mit seinen Truppen die damalige Shin'etsu-Hauptstrecke entlangmarschieren. Für Shingen war es offenbar die effektivste Art der Verteidigung, sich Uesugis Truppen in Kawanakajima entgegenzustellen, diese zu schlagen und so schnellstmöglich wieder aus Shinano zu vertreiben. Das Muster wiederholte sich im Gempei-Krieg, als sich Kiso Yoshinaka, der Shinano unter seine Kontrolle brachte, in Yokotagawara (in der Stadt Nagano) gegen die aus Echigo kommende Großarmee der superreichen Familie Jo verteidigen konnte. Yokotagawara ist quasi derselbe Ort wie Kawanakajima. Jedenfalls war das der Hauptgrund, warum dieser Ort wiederholt zum Austragungsort verschiedener Schlachten wurde.

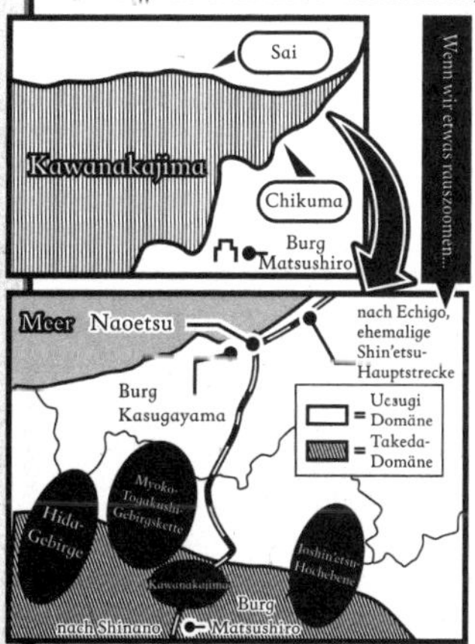

Wie wichtig waren Befehlsbotschaften und welcher Inhalt wurde vermittelt?

Auf NHK* wurde dazu in der Sendung *Fuun! Dai-rekishi-jikken* (»Zeig, was du kannst! Große Experimente der Geschichte«) ein Experiment gemacht. Dabei wurden zwei Gruppen gebildet: eine kleine Gruppe A und eine große Gruppe B. Aufgabe war es, die Papierballons auf den Köpfen der Gegner mit seinem Schaumstoffstab zu treffen. Wer getroffen wurde, schied aus dem Spiel aus. Wurde der Ballon des gegnerischen Generals getroffen, war das Spiel vorbei. Gruppe A wurde mit Apparaten zur Informationsübermittlung ausgestattet, Gruppe B nicht. Sobald das Signal ertönte, stürmte Gruppe A augenblicklich auf den General von Gruppe B zu. Sein Ballon wurde zerstört und Gruppe A gewann. So entscheidend kann der Informationsaustausch sein. Aus diesem Grund war es im Falle eines Kampfes unabdinglich, sein Lager auf einer kleinen Anhöhe zu errichten und sich so einen guten Ausblick zu sichern. Von dort aus konnte ein General das Kampfgeschehen verfolgen und vorab festgelegte Zeichen zum Beispiel mit Glocken, Trommeln oder Schneckenhorn weitergeben. Ein Trommelwirbel signalisierte zum Beispiel den Angriff. Für wichtigere Informationen wurden Boten ausgesandt. Geschwindigkeit war dabei entscheidend, weswegen diese zu Pferd unterwegs waren. Und sie mussten entsprechende Fähigkeiten besitzen, um nicht auf dem Weg getötet zu werden. Das waren dann Anweisungen wie »Jetzt! Großer Angriff von rechts, da hat sich eine Lücke aufgetan!«. In der Sengoku-Zeit organisierte der Takeda-Clan eine professionelle Gruppierung von Befehlsüberbringern, auf deren Helmen ein Tausendfüßler abgebildet war. Unter Oda Nobunaga gab es zwei Gruppen, die Horo (ein Umhang, der wie ein riesiger Ballon aussah) auf dem Rücken trugen: eine Gruppe mit einem roten und eine mit einem schwarzen Horo. Dies zeichnete sie als elitäre Leibwache aus.

Wie stand es um frische Nahrungsmittel in der Zeit?

Während Kiso Yoshinaka im Gempei-Krieg zwar noch vor Minamoto no Yoritomo in der Hauptstadt ankam, versagte er im Umgang mit den Adeligen Kyotos und ging daran zugrunde. Das Heike Monogatari (»Erzählungen von den Heike«) beschreibt, wie Yoshinaka den Nekoma-chunagon (»Mittlerer Kabinettsrat von Nekoma«) verstimmte, indem er ihn wie auf dem Land bediente. »Hier sind ein paar ungesalzene Austernseitlinge. Bitte, greif zu.« Mit ungesalzen meinte Yoshinaka also eine Suppe mit unbehandelten, erntefrischen, naturbelassenen Austernseitlingen. Der Kabinettsrat aber meckerte, warum er keine schöneren Schälchen für die Suppe hätte, dass die Menge viel zu viel wäre und warum es keine Matsutake-Pilze gäbe. Diese Geschichte zeigt uns, dass die Leute damals in Kyoto in Salz Konserviertes gegessen haben. Hauptsächlich Fisch, insbesondere Makrelen. Makrelen sind bekannt dafür, sehr schnell schlecht zu werden. Es war also unmöglich, frische Makrelen auf den Tisch zu bekommen. Unter den Adligen gab es außerdem eine Familie, die sich auf das Kochen spezialisiert hatte (der Shijo-Clan). Sie filetierten Fisch zeremoniell mit einem großen Küchenmesser, konnten dafür aber nur frische Karpfen verwenden. In Kyoto war es schließlich unmöglich, an frischen Fisch aus dem Meer zu kommen. Von der geografischen Lage her galt das so auch für Suwa. Man kam an Karpfen oder Karauschen, aber Meerbrassen waren unmöglich zu bekommen. Im Gegensatz zu Kyoto hatte Suwa allerdings eine lange Geschichte und ein reiches Vorkommen naturbelassener Nahrung, zum Beispiel leckere Früchte oder Insekten. Heuschrecken machten sich gut in Sojasoße, wie es bereits im Manga vorkam (lach).

* NIPPON HOSO KYOKAI (»JAPANISCHE RUNDFUNKGESELLSCHAFT«)

Warum haben Krieger sowohl einen Rufnamen als auch einen erwachsenen Eigennamen?

In dem Augenblick, in dem Kinder aus Kriegerfamilien ihren ersten Schrei von sich gaben, bekamen sie einen sogenannten Kindheitsnamen, der sie nur während ihrer Kindheit begleiten würde. Minamoto no Yoritomo hieß zum Beispiel Onimusha. Minamoto no Yoshitsune hieß Ushiwakamaru. Tja, für Krieger waren Namen wie Onimusha (»unerschrockener Krieger«) natürlich der Hit. Takatoki, Tokiyukis Vater, hieß Seijumaru. Die Kinder aus der Hauptlinie des Hojo-Clans hießen anscheinend alle irgendwas mit -jumaru. Mit ungefähr 15 Jahren erreichten sie das Mannbarkeitsalter. Sobald sie im Kreis der Erwachsenen aufgenommen wurden, entledigten sie sich ihres Kindheitsnamens, woraufhin sie einen Ruf- und einen Eigennamen bekamen. Der Rufname basiert auf der Reihenfolge ihrer Geburt: Taro (»erster Sohn«), Jiro (»zweiter Sohn«), Saburo (»dritter Sohn«). Takatoki, Tokiyuki und dergleichen sind Eigennamen. Wichtig ist aber, dass ausschließlich Ranghöhere einen mit dem Eigennamen ansprechen. Freunde oder Rangniedrigere hatten einen mit Rufnamen anzusprechen. Der Kriegermönch Benkei hatte Yoshitsune also nicht mit »Gnädiger Herr Yoshitsune, bezüglich der kommenden Schlacht…«, sondern mit »Gnädiger Herr Kuro*…« anzusprechen. Yoritomo konnte dafür schon so etwas sagen wie: »Los, Yoshitsune, wir rücken aus.« In alltäglichen Situationen würde aber auch er stattdessen seinen Rufnamen verwenden. Die Sache änderte sich, wenn man vom kaiserlichen Hof einen Posten als Beamten zugeteilt bekam. Fortan würde man nicht mehr mit dem Rufnamen, sondern bei mit seinem Posten angesprochen werden. Bekam Yoshitsune also Besuch, nachdem er mit dem Posten des Iyo-no-kami (also Kokushi der Provinz Iyo auf der Insel Shikoku) betraut wurde, aber in Kamakura lebte, wurde er wohl »Herr Iyo« genannt. Das Bekleiden eines Amtes hatte auch Auswirkungen auf die Rufnamen der Kinder. Angenommen, Yoshitsune hätte während seines Aufenthaltes in Kamakura drei Söhne bekommen, würden sie vom ältesten Sohn angefangen Iyotaro, Iyojiro und Iyosaburo heißen. Sobald diese ihre eigenen Posten bekleiden würden, würden sie den entsprechenden Namen ihrer Position als Rufnamen übernehmen. Wie ihr seht, fand der Eigenname beinahe keinerlei Verwendung. Bei der Materialsammlung frage ich mich auch öfter einmal, wie eigentlich der Eigenname dieser und jener Person war. Was bleibt einem da anderes übrig, als stattdessen seinen Rufnamen zu verwenden? Daher kommen solch uneinheitliche Sätze wie: »Ausgerückt waren Ashikaga Takauji, Kusunoki Musashige, Nitta Kotaro, Nawa Hoki-no-kami…«

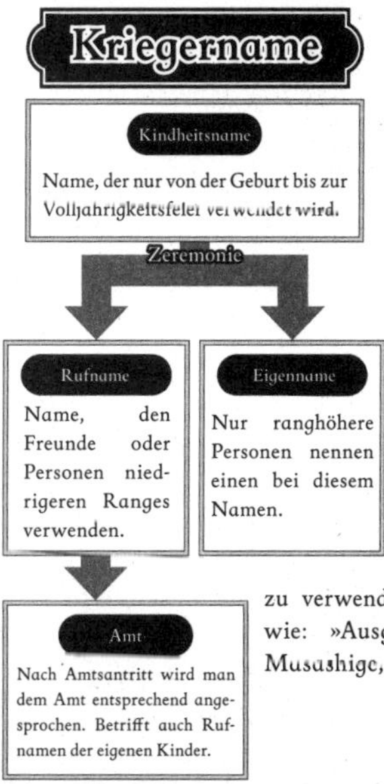

* »NEUNTER SOHN«

SPECIAL THANKS

Für *The Elusive Samurai* borge ich mir die Fähigkeiten vieler Personen.

Produktionsteam

Ashigaki Tei

(Seine Reihe *Make Heroine wo Katasetai!!* begann im Januar 2022 im *Jump+*!)

Enoshima Daisuke
Koizumi Sakuju

Koyoi Wahare

Inoue Keiji

Wada Shinji

Sie helfen mir bei der Anfertigung der Zeichnungen.
Sie sind meine Kamakura-Krieger, die auf allmächtige
Weise die Bilder zeichnen, die ich mir wünsche.

Redaktion

Azuma Riki

Er ist Redakteur bei *Weekly Shonen Jump*.
Kommt aus guten Kreisen, weshalb er trotz seines
jungen Alters einen verfeinerten Geschmackssinn hat.

Redaktion der Taschenbuchausgabe

Watanabe Satoshi

Er kümmert sich um alles, was mit der Taschenbuchausgabe
zu tun hat. Er hat unglaublich dünne Beine.

Design

Matsumoto Yuki (Banana Grove Studio)

Sie hat das Logo entworfen und kümmert sich
um das Design der Taschenbuchausgabe.
Sie ist qualifizierte Kuratorin.

Maler (japanischer Stil)

Asakura Takafumi

Ich habe ihn für die Muster und den Hintergrund des Covers der Taschenbuchausgabe beauftragt. Bei seinen Fähigkeiten und seinem Format kann man kaum glauben, dass wir im selben Alter sind.

Kalligrafie

Maeda Kamari

Ihn habe ich um die Schriftzüge beim Auftreten von u. a. Dämonen gebeten. Er ist nicht nur ein begeisterter Kalligraf, sondern auch ein Meister der Präsentation. Er ist vielseitig begabt.

Schriftleitung & Artikelschreiber

Hongo Kazuto

Er überprüft die historischen Fakten und entwirft die Erklärungsseiten. Die Details, die im Widerspruch zu den historischen Fakten stehen, sind entweder erfunden oder persönliche Interpretationen.

Personal Mark Designer

Matsumoto Marika (& CAT)

Sie hat eine Vielzahl an Kimonomustern entworfen. Sie ist sehr serviceorientiert, weshalb sie diverse Muster vorgeschlagen hat.

3D CF Modeling

Melta AG

Ich habe sie beauftragt, 3D-Modelle von Rüstungen, Helmen, Schwertern etc. zu machen, die nicht käuflich zu erwerben sind. Einer der Hauptgründe, warum es so wenige Manga zu dieser Epoche gibt, ist, dass die Rüstungen verdammt lästig zu zeichnen sind. Ich danke den Menschen und dem digitalen Zeitalter dafür, dieses Problem aus der Welt geschafft zu haben.

Hilfe bei der Recherche zu Suwa

Ishino Michiho

Ihr habe ich das Material zu Suwa zu verdanken. Aufgrund ihrer zahlreichen Erfahrungen und Ambitionen ist sie nicht nur zum Thema Suwa, sondern generell sehr bewandert.

Illustration

Nanahara Shie

Sie hat die Hintergründe einiger Farbseiten übernommen. Ihre Dateien sind erschreckend groß, doch ihre wunderschönen, lebendigen Bilder machen das wieder wett.

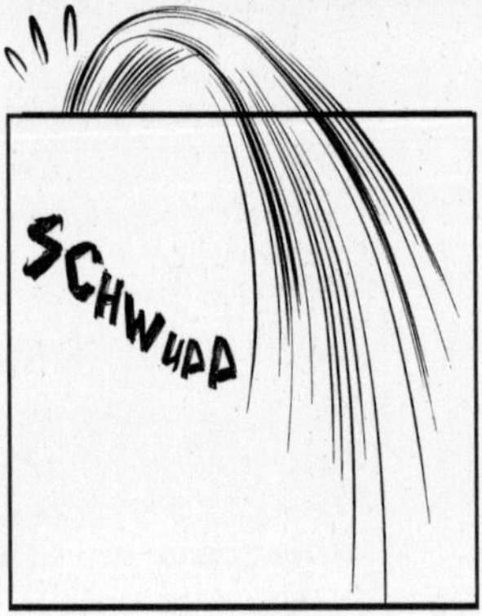

Yusei Matsui

Hin und wieder werden Videospiele auf den Markt gebracht, in denen Charaktere aus sämtlichen Shonen-Jump-Reihen vorkommen. Ich freue mich sehr, dass es auch einige meiner Charaktere in ein solches Spiel geschafft haben.

Und das, obwohl die Fähigkeiten meiner Charaktere nicht gerade ideal für solche Spiele sind. Sie sind eher raffiniert oder flink...

Als Spieler konzentriert man sich jedoch vor allem auf Charaktere mit hoher Schlagkraft, weswegen meine Charaktere keine Beachtung finden.

Vielleicht sollte mein nächster Hauptcharakter übermenschliche Kräfte haben...

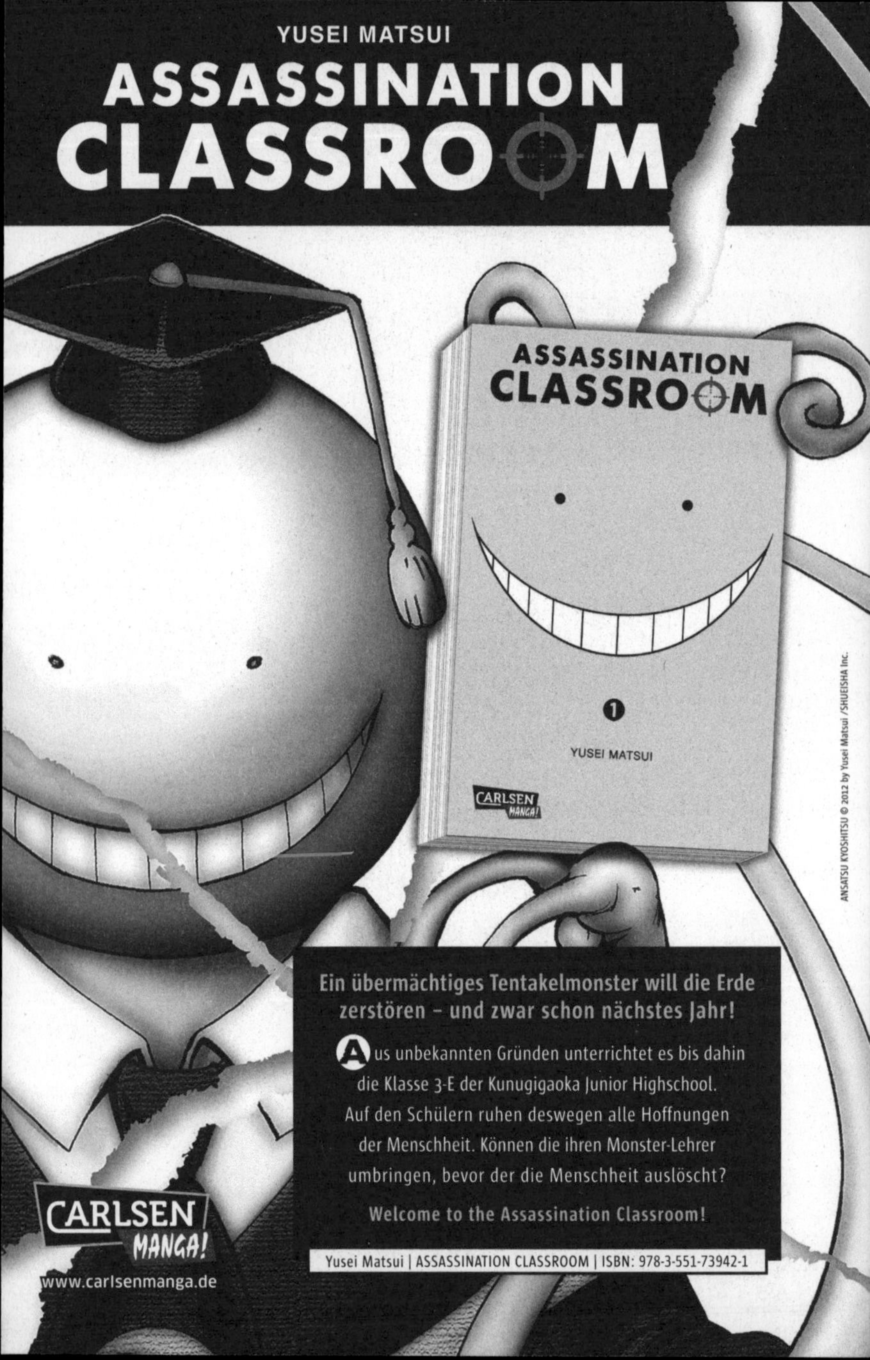
YUSEI MATSUI
ASSASSINATION CLASSROOM
ASSASSINATION CLASSROOM
1
YUSEI MATSUI
CARLSEN MANGA!
Ein übermächtiges Tentakelmonster will die Erde zerstören – und zwar schon nächstes Jahr!
Aus unbekannten Gründen unterrichtet es bis dahin die Klasse 3-E der Kunugigaoka Junior Highschool. Auf den Schülern ruhen deswegen alle Hoffnungen der Menschheit. Können die ihren Monster-Lehrer umbringen, bevor der die Menschheit auslöscht?
Welcome to the Assassination Classroom!
Yusei Matsui | ASSASSINATION CLASSROOM | ISBN: 978-3-551-73942-1
CARLSEN MANGA!
www.carlsenmanga.de
ANSATSU KYOSHITSU © 2012 by Yusei Matsui / SHUEISHA Inc.

MISSION: Yozakura Family

HITSUJI GONDAIRA

VORHANG AUF FÜR DIE SCHRÄGSTE UND GEFÄHRLICHSTE FAMILIE DER WELT!

Taiyo Asano ist ein extrem schüchterner Oberschüler. Die einzige Person, mit der er unbeschwert reden kann, ist seine Kindheitsfreundin Mutsumi Yozakura. Doch dann stellt sich heraus, dass Mutsumi ein Geheimnis hat, das Taiyos Leben völlig auf den Kopf stellt: Ihre Familie besteht aus lauter Superspionen! Und als wäre das nicht schon aufregend genug, trachtet Mutsumis großer Bruder ihm auch noch nach dem Leben! Wie weit wird Taiyo gehen, um seine Haut zu retten?

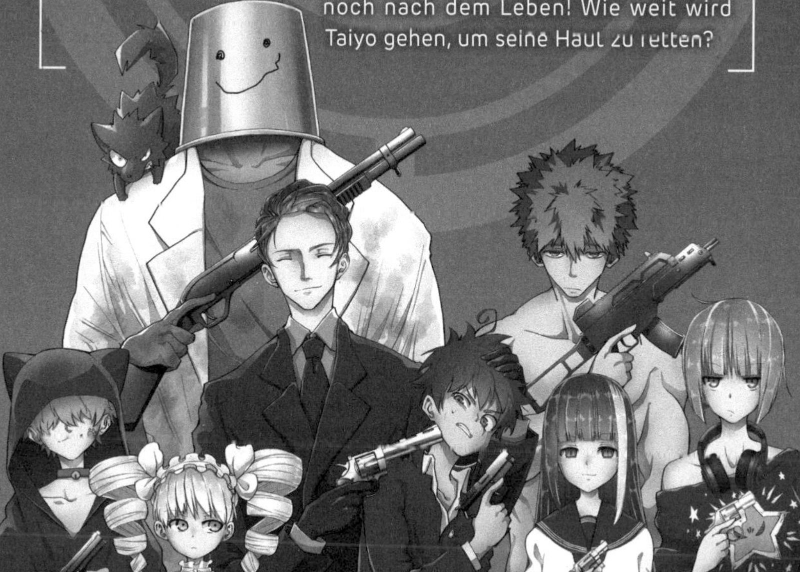

CARLSEN MANGA!

www.carlsenmanga.de

carlsen_manga

carlsenmanga

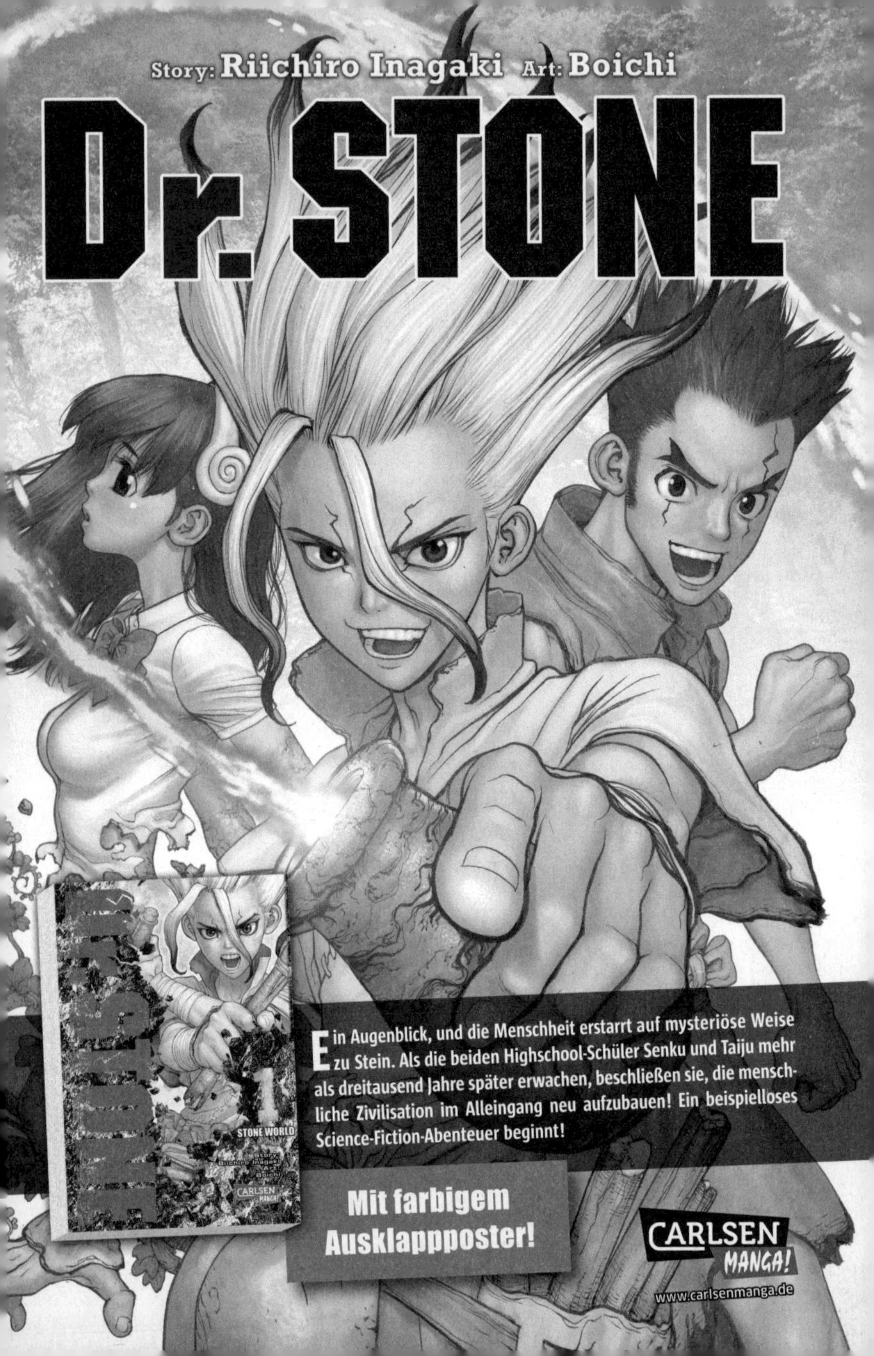
Story: Riichiro Inagaki Art: Boichi
Dr. STONE
STONE WORLD
1
Ein Augenblick, und die Menschheit erstarrt auf mysteriöse Weise zu Stein. Als die beiden Highschool-Schüler Senku und Taiju mehr als dreitausend Jahre später erwachen, beschließen sie, die menschliche Zivilisation im Alleingang neu aufzubauen! Ein beispielloses Science-Fiction-Abenteuer beginnt!
Mit farbigem Ausklappposter!
CARLSEN MANGA!
www.carlsenmanga.de

HALT!

Dieser Comic beginnt nicht auf dieser Seite.
The Elusive Samurai ist ein japanischer Comic.
Da in Japan von »hinten« nach »vorne« gelesen wird und von rechts nach links, müsst ihr auch diesen Comic auf der anderen Seite aufschlagen und von »hinten« nach »vorne« blättern. Auch die Bilder und Sprechblasen werden von rechts oben nach links unten gelesen, so wie es die Grafik hier zeigt.
Viel Spaß mit
The Elusive Samurai!

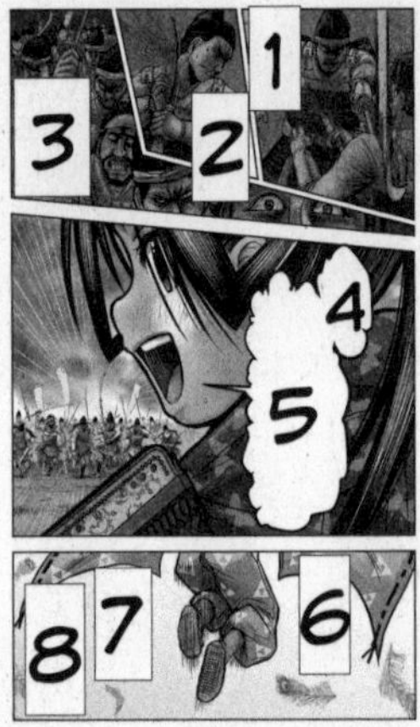

Carlsen Manga! News – jeden Monat neu per E-Mail!
www.carlsenmanga.de
www.carlsen.de

CARLSEN MANGA
Deutsche Ausgabe/German Edition

Aus dem Japanischen von Carina Dallmeier

First published in Japan in 2021 by SHUEISHA Inc., Tokyo.
German translation rights in Germany, Austria, Luxembourg and German-speaking Switzerland arranged by SHUEISHA Inc. through VME PLB SAS, France.
Redaktion: Lisa Gocke
Textbearbeitung: Beatrice Tavares
Lettering: Vibrant
Herstellung: Maria Niemann

ISBN: 978-3-551-80227-9

FSC
www.fsc.org
MIX
Papier | Fördert gute Waldnutzung
FSC® C083411

Unser Versprechen für mehr Nachhaltigkeit
- Klimaneutrales Produkt
- Papiere aus nachhaltigen und kontrollierten Quellen
- Hergestellt in Europa